GÜTERSLOHER
VERLAGSHAUS

Gütersloher Verlagshaus. Dem Leben vertrauen

Für Elke und Fernanda

Thomas Fischermann | Götz Hamann

ZEITBOMBE
Internet

Warum unsere vernetzte Welt immer
störanfälliger und gefährlicher wird

Gütersloher Verlagshaus

Inhalt

5

Innerhalb eines Jahrzehnts ist die Internetwirtschaft zur größten Geldmaschine der Welt geworden. Ein Ende der Erfolgsgeschichte scheint nicht in Sicht. Doch in Wahrheit steuert das weltumspannende Netz, das Konzerne, Behörden und Computerfreaks geknüpft haben, gerade auf die größte Krise seiner Geschichte zu. Wie konnte es so weit kommen? Und was kann man dagegen tun? Davon handelt dieses Buch.

1. Warum die Bombe tickt

Es ist ein später Sommernachmittag in Ludwigshafen, als im Kulturzentrum »dasHaus« der Glaube an das Internet zerbricht. Die Sparkasse Vorderpfalz hat die Unternehmen aus der Region gebeten, ein paar Vertreter zu einer Informationsveranstaltung zu entsenden, und nun winken Platzanweiserinnen in Sparkassen-Rot-Weiß die Gäste in einen halb verdunkelten Saal. Einige sind in Anzügen gekommen, die Mehrzahl in legerem Sommerlook. Auf der Rednertribüne stehen tragbarere Computer, hübsch mit Strahlern beleuchtet und verbunden durch ein Kabelgewirr.

Optisch betrachtet, könnte hier gleich die Elektronikband »Kraftwerk« auftreten. Tatsächlich aber klettert ein pausbäckiger Biedermann Ende dreißig aufs Podium, ruckelt an seiner Krawatte, setzt ein gewinnendes Grinsen auf und macht sich an einem der Computer zu schaffen. »Wir begrüßen Götz Schartner«, spricht ein Sparkassenverteter ins Mikrofon. »Hacker im Dienste der Industrie.« Der Vortragsredner übernimmt das Podium und sagt: »Guten Tag, ich komme von der Firma 8com aus Neustadt an der Weinstraße.«

Nein, das wird nichts mit dem Elektronikkonzert. Aber trotzdem ein unterhaltsamer Nachmittag.

Das Publikum lacht nervös, als Götz Schartner zur Einstimmung ein Verzeichnis der Smartphones im Raum an die Wand projiziert – Geräte, die in den Hosen-, Westen- und Handtaschen seines Publikums stecken. Er verliest Typbezeichnungen (»Da hat jemand ein Nokia N97, damit kann man tolle Sachen machen«), er verliest Namen der Besitzer. »Da haben wir zum Beispiel einen Ralph im Publikum. Wer ist Ralph?« Irgendwer hat sein Telefon »Sexymama« genannt. Die Platzanweiserinnen, die eben noch gelangweilt in der vorletzten Reihe Platz genommen hatten, kichern.

Der Vortragsredner, der sich vor vielen Jahren selber das Hacken beigebracht hat und heute von Beratungsjobs und solchen Vorträgen lebt, reißt Witzchen, führt Kunststückchen vor, präsentiert routiniert seine Pointen. Aber eigentlich wird sein Vortrag von Minute zu Minute ernster. Schartner führt vor, wie man bei manchen Telefonmodellen »mit einfachen Tricks« die ganze Liste der empfangenen SMS-Nachrichten lesen kann, unbemerkt und aus sicherer Entfernung. Er führt vor, wie man ein Blackberry-Smartphone in eine Wanze verwandelt, die sämtliche Gespräche aufzeichnet und über das Netz an Schartner verschickt. Einem Freund, erzählt Schartner, habe er einmal ein Video über seinen Gesichtsausdruck beim Autofahren geschenkt. »Der hatte sein Kamera-Telefon immer so praktisch am Armaturenbrett festgemacht.«

Schartner führt vor, wie man auf der Webseite eines Onlinehändlers einen Satz Cocktailflaschen bestellt, aber kurz vor dem Bezahlen eigenmächtig den Preis herabsetzt. Von 35 Euro auf 2 Euro pro Stück. »Wenn ich jetzt wirklich die Bestellung aufgeben würde, wäre das strafbar«, warnt Schartner. Er erzählt vom Chefingenieur einer deutschen Firma, der viel zu spät herausfand, dass alle Konstruktionspläne auf seinem Rechner laufend und automatisch an unbekannte Empfänger im Internet verschickt wurden. Schartner erzählt von Bankdiebstählen. Von Datenklau durch Spione in Russland und China. Von einem Steuerberater, der sich an Schartners Unternehmen wandte, weil er von Hackern erpresst wurde: Wenn er nicht bald eine massive Geldsumme überweise, würden alle Steuerdetails seiner Kunden im Netz veröffentlicht. Und die Täter? Internationales Verbrechen. Mafia. Lateinamerikanische Drogenkartelle, »die inzwischen groß im Internet eingestiegen sind«. Finstere Bösewichte, wie sie den braven Geschäftsleuten im Ludwigshafener Bürgerzentrum kaum ferner erscheinen könnten. Aber im Internet sind ja alle mit allen verbunden, über Glasfaserkabel und Kupferdrähte, Richtfunkantennen und Satelliten.

Als die Informationsveranstaltung der Kreissparkasse Vorderpfalz zu Ende geht, kichert keiner mehr. Schartner hat seinen Zuhörern richtig Angst eingejagt. Er hat eine Welt heraufbeschworen, in der Alltagsgeräte außer Kontrolle geraten, in der geheimste Firmendaten in großer Gefahr sind. Das ist natürlich Schartners Geschäft. Seine Masche. Später wird er eine Menge Visitenkarten von besorgten Unternehmern einsammeln.

Doch das ändert nichts an der Tatsache: Schartners Geschichten stimmen. Er hat sogar Rücksicht genommen. Auf seinen Gastgeber, die Sparkasse Vorderpfalz. In welchem Umfang Bankdaten gestohlen werden und Onlinebanking-Betrüger ihr Unwesen treiben – darüber hat Schartner nicht viel gesagt.

Risse im Netz: Die digitale Infrastruktur trägt nicht mehr

Wer hätte das vor zehn Jahren gedacht? Die Internetbranche war Ende der neunziger Jahre überhaupt erst entstanden, dann zur Jahrtausendwende in einem Börsencrash untergegangen, und danach hieß es: Nette Sache, das Netz, aber ganz bestimmt nicht weltverändernd. Heute aber kommt die Kommunikationsplattform Facebook monatlich auf mehr als 500 Millionen Nutzer, die Internetsuchmaschine Google auf fast eine Milliarde. Microsoft verkauft pro Jahr weit mehr als 200 Millionen Lizenzen seiner Bürosoftware, deren jüngste Version so gut funktioniert, weil sie quasi ununterbrochen mit dem Netz in Verbindung steht. Apple verkauft pro Jahr rund 85 Millionen Tablettcomputer, Handys, Musikspieler und Laptops und hat mit ihnen eine Kaskade neuartiger Internetdienste ausgelöst.

Im Standard & Poor's 500, dem bedeutendsten Börsenindex der amerikanischen Wirtschaft, machen High-Tech-Konzerne inzwischen fast ein Fünftel der Werte aus. Unter den zwanzig wertvollsten Marken der Welt, die regelmäßig von der Werbeagentur Interbrand ermittelt werden, gehören die Plätze zwei, drei und vier den Firmen IBM, Microsoft und Google. Von den fünfzig reichsten Amerikanern hat jeder Vierte sein Vermögen mit Computern, Software und dem Internet gemacht. Leute wie der Apple-Gründer Steve Jobs und die Google-Boys Sergey Brin und Larry Page werden als Popstars gefeiert. Man bespricht ihre neuesten Produkte in den Abendnachrichten, und die Käufer erwarten Software-Aktualisierungen, als seien sie der nächste Harry Potter. Über das bisherige Leben des Facebook-Erfinders Mark Zuckerberg (27) wurde ein Hollywood-Film gedreht. 2011 folgt ein spektakulärer Börsengang nach dem anderen.

Bill Gates, Steve Jobs, Mark Zuckerberg und Konsorten sind aus einem bestimmten Grund so reich: Ihre Unternehmen und die ganze IT-Branche unterhalten das wichtigste Nervensystem des Planeten. Zehn Jahre nach dem großen Internetcrash an den Börsen benutzen schätzungsweise 2 Milliarden der 6,7 Milliarden Menschen das Internet. Sie nutzen es zunehmend kommerziell: Die Information Technology & Innovation Foundation schätzt, dass die gesamte digitale Wirtschaft im Jahr 2010 zehn Billionen Dollar umsetzte – und rein wirtschaftlich betrachtet heute mehr zum Wohlstand der Welt beitrage als der Verkauf von Arzneimitteln, Investitionen in erneuerbare Energie und staatliche Forschungsausgaben zusammengenommen.

So großartig ist der Erfolg des Netzes, dass ihm in Industrie- wie auch in Schwellenländern heute niemand mehr entkommt. Man kann sich kaum noch an die Zeit erinnern, als es keine Webseiten wie Google, Amazon oder CNN.com gab (die erste Webseite wurde vor einem Vierteljahrhundert registriert). Informationstechnik prägt unser Leben, ob wir wollen oder nicht, ob wir mitmachen oder nicht. Gesellschaft und Wirtschaft funktionieren nicht mehr ohne.

Selbst wer zuhause noch ein altes Telefon mit Drehscheibe der Bundespost nutzt, dessen Telefonate gehen spätestens an der nächsten Straßenecke in den riesigen, unsichtbaren Datenstrom ein. Wer seine Bankfiliale aufsucht, schaut im Zweifelsfall einem jungen Menschen in Krawatte oder Kostüm dabei zu, wie dieser Daten aufnimmt, nickt und sie in einen Computer einspeist. Wer ein modernes Handy mit sich herumträgt, muss schon sehr gewieft sein, um all die mitgelieferten, netzbasierten Überwachungs- und Werbefunktionen abzuschalten. So hinterlassen die meisten Menschen extrem aussagefähige Profile. Bei Apple, Google, Facebook und Co. Diese Firmen wissen, wo Millionen Menschen einkaufen, ob sie Kinder haben und in die Schule bringen, wo sie arbeiten und wo sie schlafen. In den USA, wo die Vermarktung von Profilen laxer gehandhabt wird als in Europa, sind regelrechte digitale Doppelgänger entstanden, und aus den vorhandenen Daten beginnen erste High-Tech-Firmen das Verhalten der Nutzer vorauszusagen. Sie sind ihnen quasi einen Schritt voraus.

Wer Energie sparen will und sich vom Elektrizitätswerk einen »smarten Stromzähler« in den Keller hängen lässt, teilt fortan seine Verbrauchsdaten über das weltweite Computernetz mit.

Doch Computer, das Netz – die Informationstechnik versagt gerade im großen Stil. Nie war das Internet dafür vorgesehen, solche Massen hochgradig privater, wirtschaftlich unentbehrlicher und überlebenswichtiger Daten zu befördern und zu verwalten. Seine Protokolle und Programme sind nicht dafür ausgelegt. Seine Benutzer haben nicht gelernt, die Risiken zu beherrschen, weder Unternehmen noch Bürger, noch Staaten. So häufen sich die Pannen. Daten verschwinden, fallen den Falschen in die Hände.

Die Zwischenfälle sind mittlerweile so gefährlich geworden, dass sie große öffentliche Aufmerksamkeit erregen:

— Frühjahr 2009: US-Verteidigungskreise gestehen ungewöhnlich offen ein, dass Baupläne für das neueste Kampfflugzeug der US-Streitkräfte über elektronische Datenkanäle gestohlen wurden. Sie geben chinesischen Hackern die Schuld.
— Frühjahr 2010: An der Wall Street werden innerhalb weniger Minuten Aktienwerte in Höhe von 900 Milliarden Dollar vernichtet, weil Computer verrückt spielen. Neben technischem Versagen und Sabotage gehen die Ermittlun-

gen sehr bald auch in eine neuartige Richtung: Steckte ein Hackerangriff dahinter?

— Sommer 2010: Die Stanford-Informatikerin Aleksandra Korolova findet eine Datenschutzlücke im Werbe-System von Facebook. Das sogenannte Targeting erlaubt, die Reklame nur an solche Nutzer zu schicken, die bestimmte Eigenschaften haben. Korolova kann damit herausfinden, ob Facebook-Nutzer schwul oder lesbisch sind. Auch Alter, politische und religiöse Einstellungen einzelner Personen kann sie mithilfe des Werbe-Werkzeugs von Facebook ermitteln. Und das ist nur einer aus einer ganzen Reihe von Datenschutzskandalen bei sozialen Netzwerken à la Facebook.

— Winter 2010: Wikileaks, eine Internetseite für das anonyme Veröffentlichen heikler Informationen und Geheimdokumente, gerät unter den Druck der Behörden. Website-Accounts und Bankverbindungen von Wikileaks werden gekappt, der Wikileaks-Gründer Julian Assange flüchtet zeitweise in den Untergrund. Doch eine Art Weltgemeinschaft von Hackern und Computerfreaks stellt sich dem solidarisch entgegen: Wochenlang geraten nun die Firmen unter Hackerbeschuss, die mit den Behörden gegen Wikileaks kooperiert hatten. Unternehmen wie Amazon oder Mastercard registrieren erhebliche Ausfälle, einige ihrer Webseiten sind zeitweise nicht zu erreichen, ihre Kunden waren abgeschnitten.

— Frühjahr 2011: Innerhalb weniger Wochen werden Teile des Welt-Finanzsystems geknackt. In New York wird die Technologie-Börse Nasdaq Ziel eines Cyberangriffs. Zur gleichen Zeit findet in einem Handelssystem in Europa der bis dato größte digitale Diebstahl statt. Drei Mal sind Computerkriminelle in das elektronische Handelssystem der Europäischen Union eingebrochen, wo Industrieunternehmen wie RWE, Heidelberger Zement und Thyssen sogenannte Verschmutzungsrechte kaufen und verkaufen. Nur wer diese Papiere erwirbt, darf die Luft verschmutzen, und die EU hat eine Börse dafür eingerichtet. Erst verschwanden 1,6 Millionen solcher Verschmutzungsrechte in Rumänien von einem Konto, später 480.000 in Österreich – und dann fast zwei Millionen in Estland, Tschechien, Polen und Griechenland. Der Schaden beläuft sich auf bis zu 50 Millionen Euro.

— Frühjahr 2011: Ein großer Datenskandal nach dem nächsten wird bekannt. Die amerikanische Marketingfirma Epsilon muss zugeben, dass Millionen von Kundendaten – Namen und E-Mail-Anschriften – an unbekannte Hacker verloren gingen. Epsilon arbeitet sozusagen für das Who is Who der amerikanischen Wirtschaft: Zweitausendfünfhundert Großunternehmen von der Finanzgruppe Citigroup über die Hotelgruppe Hilton bis hin zu vielen Tourismus-Einzelhandelsketten. Die waren bis zum Druck dieses Buches immer noch damit beschäftigt, ihre Kunden vor Identitätsdiebstählen und einem Schwall betrügerischer E-Mails zu warnen und möglichen Betrugsfällen nachzugehen.

— Dann musste der japanische Elektronikkonzern Sony zugeben, dass auch er Millionen von Kundendaten verloren hatte. 77 Millionen Besitzer der Spielkonsole Playstation waren betroffen. Banken riefen Sony-Kunden zum Einfrieren der Konten auf. Das Spielkonsolen-Netz blieb wochenlang ausgeschaltet.

— Dann gab ein Hacker namens »TinKode« bekannt, dass er die Computerzugänge samt Passwörtern bei der Europäischen Weltraumbehörde (ESA) geknackt habe. Der gleiche Mann hatte ein Jahr zuvor Webseiten der britischen Marine verunstaltet.

— Dann wurde Neckermann gehackt. Und die amerikanische Citigroup, wo angeblich Kreditkartendaten von 360.000 Kunden wegkamen. Und Nintendo. Und eine Pornoseite namens Pron.com. Und die CIA. Und der US-Senat. Und, und, und ...

Das sind längst keine Einzelfälle mehr. Keine harmlosen Spielereien. Auch keine Sache mehr bloß für Spezialisten in der Computer- und Sicherheitsindustrie. Datenschutzskandale, gestohlene Identitäten, Industriespionage per Internet, Mobbingskandale im Internet, die unheimlichen neuen Ortungsfunktionen der smarten Handys und Ängste vor dem Verlust der Privatsphäre: Die Themen betreffen Millionen Menschen sehr konkret. Sie werden zur besten Sendezeit in Talkshows behandelt und füllen die Titelseiten von Magazinen. Unternehmer und ihre Kunden bekennen, dass sie sich immer weniger sicher fühlen im Netz. Ständig beobachtet. Politiker fordern Antworten von den Unternehmen. Die verlangen Lösungen von der IT-Industrie. Und diese heuert Lobbyisten, PR-Agenturen und Berater an, um mit der Regierung um Gesetze zu ringen.

Bloß übersehen die Macher geflissentlich, dass in ihren Produktideen und Businessplänen ein gewaltiger Systemfehler steckt.

Geist Gottes: Die gefährliche Verheißung einer digitalen Zukunft

Alles Spinner! Wer am 3. April 2010 irgendwo in den Vereinigten Staaten einen »iPad«-Rechner kaufen wollte, konnte nicht einfach so in einen Laden gehen und mit einem Päckchen wieder herauskommen. Schon gar nicht in den »Fashion Valley Apple Store« im kalifornischen San Diego. Stunden vor der Öffnung des Ladens hatte sich hier die erste Schlange gebildet (vor manchen größeren Geschäften kampierten sogar Menschen über Nacht). Als der Laden dann endlich aufmachte, machten die Mitarbeiter Stimmung: Sie kamen herausgejoggt, in blauen Pullis und T-Shirts, liefen klatschend und juchzend an der ganzen hoffnungsfrohen Käuferschar vorbei, und dann ging es endlich los. Das war im ganzen Land so. Wer seine rund 500 Dollar hinlegte, bekam den lange angekündigten, neuartigen, flachen und tragbaren Computer ohne Tastatur, der nach Möglichkeit pausenlos mit dem Internet verbunden ist. Am Ausgang wurde man noch mal beklatscht.

Aber sind das wirklich Spinner?

Wenn ja, dann gibt es ziemlich viele davon. Allein am ersten Verkaufstag hat Apple nach eigenen Angaben 700.000 Tablettcomputer verkauft und im Verlauf des Jahres mehr als 14 Millionen Stück abgesetzt. Und das iPad ist ja bloß ein Beispiel. Elektronikhersteller, Computerfirmen, Softwareproduzenten und Internetdienstanbieter haben in den vergangenen Jahren Millionen Menschen davon überzeugt, dass sie ganze Taschen voller Geräte mit sich herumtragen sollten. In den reichen Volkswirtschaften und zunehmend auch in den Schwellenländern sind es typischerweise supermultifunktionale Tablettcomputer wie das iPad, digitale Musikabspielgeräte und elektronische Bücher, intelligente Navigationscomputer, hochauflösende Multifunktionskameras und digitale Fitnesstrainer. Elektronik mit Hochleistungschips im Innenleben, winzige Computer also, die so viel können, dass ihre Hersteller die Verzeichnisse der Funktionen als »Bibliotheken« bezeichnen. Von Spontankauf zu Spontankauf, Geburtstag zu Geburtstag und Weihnachten zu Weihnachten landen mehr solcher Geräte in unserem Leben. Mal als beklatschtes Spielzeug, mal als praktische Neuerung und andere Male fast unbemerkt.

»Smarte« Hochleistungschips werden längst auch in Alltagsgegenstände eingebaut, ohne dass man viel Aufhebens darum macht. Wer heute 25.000 Euro oder mehr für ein Auto ausgibt, erwirbt damit auch ein hochgezüchtetes Computersystem, dessen Funktionsvielfalt er höchstens erahnt: ein smartes Auto mit smartem Motor, smartem Kurvenmanagement, smarter Alarmanlage und smartem Soundsystem. Chips? Sie stecken in Kreditkarten. Reisepässen. Personalausweisen. Überall.

Zunehmend sind diese Geräte darauf geeicht, mit dem Internet in Verbindung zu bleiben – am besten ohne Unterlass. Im Millisekundentakt halten sie Schwätzchen mit Datenbanken, sie tauschen sich mit anderen Geräten über all die wichtigen und trivialen Dinge aus, die ihre Benutzer gerade treiben. Sie sind darauf getrimmt, all die Informationen wie ein Puzzlespiel zusammenzufügen. Eigentlich in bester Absicht.

Es ist eine reibungslose Zukunft, von der auch Industriemanager für ihre eigenen Produktionsanlagen träumen. Die globalisierte Wirtschaft unserer Tage wäre ohne Computer und das Internet undenkbar. Eine Näherin in Vietnam, die für ein schwedisches Textilunternehmen im Akkord Frühlingsmode näht, die am Computer in London entworfen wurde, deren Tagewerk mit einem Funkchip versehen und nach Europa verschifft wird, wo automatische Kräne die Ware entladen, welche nach einem laufend computer-optimierten Muster in den Läden der Republik verteilt wird – das ist heute Alltag. Nur so können T-Shirts vier Euro kosten, nur so können alle zwei Wochen die Kollektionen wechseln. Mode, Autos, Software, Spielzeug, Zahnpasta, Küchengeräte, Arznei: Wir denken immer, alles sei so billig, weil es die Chinesen gibt. Doch das ist allenfalls die halbe Wahrheit. Es sind die Computer, vernetzt über das Internet, die das längste Fließband der Welt am Laufen halten. Sie organisieren komplizierte Produktionsketten und Transportlogistiken über den ganzen Erdball hinweg und mehren unseren materiellen Wohlstand.

Brian W. Arthur, ein Ökonom und Innovationsforscher am amerikanischen Santa Fe Institute, spricht von einer »stillen, unsichtbaren Wirtschaft«, die sich über unsere vertraute physische Welt gelegt habe, die sie geschmeidiger, effizienter und profitabler funktionieren lasse. »Studien zeigen, dass der überwiegende Teil der Produktivitätssteigerung in den USA in den vergangenen eineinhalb Jahrzehnten auf den zunehmenden Einsatz der Informationstechnik zurückgeht«, führt der Professor aus.

Und? Kann man das noch steigern? Die Pläne zumindest gehen noch viel, viel weiter. Wenn man in diesen Tagen mit Visionären und Branchengrößen aus diesem rapide wachsenden elektronisch-datenverarbeitenden Komplex spricht, dann reden sie schon über ein ganz anderes Kaliber von Internet. Ein Weltnetz, das wahrhaft in allen Winkeln der Welt zuhause ist und das endlich alle Erdbewohner in seine Informationsströme und Produktionsketten einbindet. »Die heutigen Schwellenländer werden bis 2025 mehr als die Hälfte der Internetwirtschaft ausmachen«, sagt das kalifornische Unternehmen Cisco voraus, ein Unternehmen, das den Großteil der Internetinfrastruktur gebaut hat und dies auch künftig tun will. Cisco leitet bereits gigantische Wachstumsprognosen für sich selber, für die Internet- und Elektronikwirtschaft und überhaupt für die Weltwirtschaft ab. Bei Cisco sprechen sie vom »Drei-Billiarden-Dollar-Internet«.

Es geht nicht nur um die schiere Masse der eingebundenen Menschen. Das Netz soll über die Menschen auch viel mehr wissen als bisher – und dieses Wissen den Waren- und Diensteverkäufern, den Arbeitgebern und den Verbrauchern selber zur Verfügung stellen. »Wir werden vorhersagen können, ob das Konzert, das Sie heute Abend besuchen wollen, gut oder schlecht ist«, hat der Google-Chef Eric Schmidt vor einiger Zeit erklärt, »weil wir durchsuchen können, wie die Menschen darüber im Internet reden. Die Suche wird Ihnen empfehlen, wann Sie losfahren sollten, weil wir über das Internet erfahren, wie viele Fahrzeuge zu dem Konzert unterwegs sind.« Da wird an Computernetzwerken gearbeitet, die unsere Vitalfunktionen und unsere geistige Verfassung ständig im Auge behalten: »Microsoft hat im Jahre 2006 eine Technologie patentiert, mit deren Hilfe Puls, Blutdruck, Hautwiderstand und Mimik von Büroangestellten erfasst werden können. Laut Patentantrag soll das System Manager jedes Mal informieren, wenn ihre Mitarbeiter unter erhöhter Frustration oder Stress leiden«, schreibt der amerikanische IT-Journalist Stephen Baker.

Und das sind bloß die vergleichsweise bodenständigen Überlegungen. Die neue Allgegenwärtigkeit der Chips, die vollständige Vernetzung der Menschen und ihrer Dinge, die Verwandlung des Internet in einen einzigen Computer, der die Welt umspannt: In Silicon Valley und Umgebung weckt all dies gewaltige Erwartungen. »Je mehr wir diesen Megacomputer benutzen«, schrieb der Zukunftsforscher Kevin Kelly, »desto mehr wird er die Verantwortung für unser Wissen übernehmen. Dann wird er unser Gedächtnis. Und dann unsere Identität.« Das Internet werde zur »neuen Heimat des

Geistes« heranwachsen – so hatte es schon zu Beginn der neunziger Jahre der umtriebige Rancher, Songschreiber und einflussreiche Internetvordenker Perry Barlow vorausgesagt.

Werden Menschen, die ihr Leben besonders eng mit dieser Technik verwoben haben, tatsächlich zu einer Art Cyborg, einer Mischung aus Mensch und Maschine? Sind diese Menschen nur noch »komplett« in ihrer Verbindung mit der Technik? Techniksoziologen, Medienwissenschaftler und Philosophen wie Marshall McLuhan haben über dieses Thema schon vor Jahrzehnten nachgedacht. Die Soziologin und Psychologin Sherry Turkle, die am Massachusetts Institute of Technology bei Boston lehrt, erforscht es in der Praxis: Über fünfzehn Jahre hat sie in Feldforschungen das Verhältnis der Menschen zu Robotern, Computern, Handys und dem Internet dokumentiert.

Ihre Interpretation läuft darauf hinaus, dass Intensiv-Nutzer von Handy und Co. tatsächlich zu einer Art Cyborg werden. Diese Menschen seien mit der Technik in einer Weise eins geworden, die noch vor wenigen Jahren auch für sie selbst unvorstellbar gewesen sei. Die Computersysteme werden, wie Damon Darlin in der *New York Times* schrieb, zu »einem Hilfsgehirn«. iPhone und Co. seien »Erweiterungen unseres Ichs geworden, aber nicht in dem Sinn, in dem eine teure Uhr etwas darüber sagt, wer wir sein wollen, sondern tatsächlich als ein Teil unseres Bewusstseins«.

Der Google-Gründer Sergey Brin erzählt in diesen Tagen besonders gerne von seiner Vision, dass das komplett vernetzte Internet zu einer Art künstlicher Intelligenz heranwachsen werde. Zu einer künstlichen Intelligenz mit einem Gedächtnis, das das Wissen der Welt umfasst. Die perfekte Suchmaschine wäre wie der Geist Gottes.

Wenn das mal nicht schief geht.

Anarchie als Programm: Der Bauplan des Netzes

Es ist noch nicht ganz ausdiskutiert, ob das Internet ursprünglich als eine Waffe gedacht war oder als drogenfreier Trip für bärtige Hippies. Tatsache ist: Das amerikanische Verteidigungsministerium hat die Entwicklung des Internet bezahlt. Tatsache ist auch: Es hat dafür ein paar denkbar ungewöhnliche Typen angeheuert.

Vint Cerf. Larry Roberts. Robert Kahn. John Postel. Dave Clark. Es ranken sich viele Geschichten um diese Männer – die Erfinder des Internet. Jene Gruppe von Ingenieuren, die in den sechziger und siebziger Jahren das IP-Protokoll entwarfen, eine Sammlung technischer Übereinkünfte, die man heute kurz das »Internet-Protokoll« nennt. Bis heute gibt IP den Rahmen für jeden Datenaustausch im Netz vor, ob es nun um den Versand einer Kurznachricht geht, die Übertragung eines Films auf YouTube oder um die Koordination der abertausend Mitspieler bei »World of Warcraft«. Die Gründerväter waren Akademiker und Regierungsangestellte. Sie waren keine großen Freunde von Begriffen wie »Cyberspace« und »virtuelle Realität«, die damals schnell in Mode kamen, weil sie so etwas für Fantastereien ohne technischen Gehalt hielten.

Und doch war ihre Erfindung eine Revolution.

Das Pentagon wollte ein Netzwerk für seine Computer haben, das unter den widrigsten Bedingungen immer noch funktionierte. Die Antwort der Gründerväter auf diese Herausforderung lautete: Mehr Anarchie zulassen! Im ersten Vorläufer des Internet (Arpanet) wurden Daten aller Art in kleine Datenpakete von je tausend bis zweitausend Zeichen zerhackt, und die fanden an ihr Ziel, ohne dass eine zentrale Poststelle ihren Weg geplant und überwacht hätte. Sie suchten sich selber ihren Weg durchs Netz. Sie jagten mit Lichtgeschwindigkeit von Knotenpunkt zu Knotenpunkt und fragten sich dabei so lange durch, bis sie an ihr Ziel gelangten.

So was konnte nur in den Sechzigern passieren: Ausgerechnet im Dienste der Armee hatten die Gründerväter des Internet eine Welt frei von Hierarchien geschaffen. »Im Endeffekt haben sie damals Züge der libertären amerikanischen Bewegung und sogar den Idealismus der sechziger Jahre in die universelle Sprache des Internet eingebaut«, schreiben Jack Goldsmith und Tim Wu, zwei Rechtsprofessoren und Internetexperten an den Universitäten Harvard und Columbia.

Es kam aber noch besser. Das Ur-Internet war völlig offen: Jede Art von Computer konnte an dieses Netz angeschlossen werden und fortan Pakete verschicken, Pakete empfangen, Pakete weiterleiten. Besondere technische Voraussetzungen oder gar Sicherheitsanforderungen waren nicht vorgesehen, im Gegenteil: Es sollten ja möglichst viele unterschiedliche Geräte eingebunden werden können. Dem Ur-Internet war es auch völlig egal, was die Computer im Netz so trieben. Ob ein Aufruf zum Sturz Nixons oder ein Waffenkommando aus dem Pentagon, ob Download eines Bombenbauplans oder neueste Informationen zum bei Hackern äußerst beliebten Fantasy-Rollenspiel »Dungeons and Dragons« – Datenpaket war Datenpaket. Pakete wurden verschickt.

Die Erbauer dieser egalitären Datenwelt behielten die Kontrolle – und das Pentagon hielt sich weitgehend heraus –, als neue Anforderungen an das Netz entstanden, als neue Funktionen erfunden wurden, die wiederum neue Standards und Vereinbarungen für das gemeinsame Internet notwendig machten. E-Mail zum Beispiel. Das World Wide Web mit seinen Seiten voller kunterbunter Texte und Bilder und seinen Querverweisen auf andere spannende Inhalte. Das alles wurde mehr oder weniger im Einvernehmen von selbsternannten Zirkeln aus Akademikern und Ingenieuren vereinbart.

So war es noch bis in die neunziger Jahre hinein: ohne erkennbare Aufsicht durch die militärischen Auftraggeber oder durch die Wirtschaft, die Anlauf nahm auf den ersten großen Internetboom der späten neunziger Jahre. »Niemand bestreitet, dass (die Entwicklung des Internet) völlig ad hoc verlaufen ist«, schreiben Katie Hafner und Matthew Lyon in ihrer penibel recherchierten Internethistorie *Where Wizards Stay Up at Night*. »Die ersten Entwürfe für die Protokolle waren auf einer Toilette verfasst worden, verdammt noch mal! Niemand (beim Verteidigungsministerium) hatte wirklich den Auftrag dafür erteilt, und einige der ersten Entwürfe waren ernstlich als eine Art Witz gemeint.«

Begeistert veröffentlichte das Magazin *Wired* 1995 einen Artikel über dieses Phänomen, über die »Masters of the Metaverse«, die genialen Ingenieure, die eine neue Welt erschufen und augenscheinlich nicht einmal darüber in Streit gerieten. »Wie Anarchie funktioniert«, titelte die Zeitschrift damals. Gründer wie David D. Clark waren irgendwann auch auf den Geschmack für große Sprüche gekommen. »Wir lehnen Könige und Präsidenten ab«, sagte er, »und Abstimmungen auch. Wir glauben an den groben Konsens und an funktionsfähige Programme.«

Bis es doch, ein einziges Mal und sehr nachhaltig, zum großen Showdown zwischen dieser bunten Ingenieurskommune und der Staatsgewalt kam. Das war 1997/98, und die Sache hatte damit zu tun, dass das angeblich so anarchische und egalitäre Internet sehr wohl eine hierarchische Struktur besaß. Es gab eine Art Telefonbuch des Internet. Jeder Computer im Netz bekommt eine Nummer zugewiesen, die ungefähr so aussieht: 74.208.59.170. Und viele dieser Nummern bekommen, weil es praktischer ist, außerdem noch ein paar aussagekräftige Worte in Menschensprache zugewiesen: etwa www.hampsterdance.com oder www.zeit.de. Verwaltet wird dieses gigantische Telefonbuch durch ein streng hierarchisches, weltweites System von Registraren, die wiederum von einer Zentrale in Amerika beaufsichtigt werden, und der Herrscher dieser Zentrale war eine halbe Ewigkeit lang ein einziger Internetgründervater: Jon Postel. »Wenn das Netz einen Gott hat«, schrieb das britische Magazin *Economist* 1997, »dann heißt er wahrscheinlich Jon Postel.« Er lebe wie ein zeitgenössischer Obi-Wan-Kenobi, so beschrieb ihn die *Los Angeles Times*: ein akademischer Einsiedler, der am Naturwuchs seines grauen Bartes nichts ändern mochte, der in wuchtigen Sandalen den südkalifornischen Strand erwanderte und Reportern auf Fragen nach seinem persönlichen Leben antwortete: »Wenn wir es Ihren Lesern erzählen, werden sie das Interesse schnell verlieren.« Vint Cerf nannte ihn liebevoll »unseren Hippie-Patriarchen vom Dienst«.

Postel und seine Ingenieurskollegen machten die Sache mit der Telefonbuchverwaltung zwar unbestritten gut – aber ohne ganz klaren Auftrag oder echte Rechtsgrundlage. Es hatte sich so ergeben. Doch in den neunziger Jahren waren manche Internetadressen wie www.coca-cola.com oder www. bmw.com Hunderttausende wert. Das Verteidigungsministerium, das jahrelang viel gezahlt und sich wenig eingemischt hatte, vergab wesentliche Teile der Telefonbuchverwaltung an eine kommerzielle Firma. Damit begann ein Riesenkrach, in dessen Verlauf die Gründerväter unter dem charismatischen Vint Cerf eine eigene Cheforganisation für das ganze Internet ins Leben riefen. Mitsamt einer Firma zur Verwaltung des weltweiten Internettelefonbuchs, die in der Schweiz zuhause sein sollte.

Vint Cerf ist heute ein Berater beim profitabelsten Internetkonzern der Welt – bei Google. Er bekleidet den Posten des »Chef-Internet-Evangelisten«, was immer das heißen mag, er trägt einen gepflegten Bart und schwarze Anzüge mit Einstecktuch und beginnt seine Vorträge gerne mit den Worten: »Eines fernen Tages in einer fernen Galaxie haben ein Mann namens Robert Kahn und ich das Internet erfunden.«

Cerf hat den Job auch deshalb, weil er sich damals in den neunziger Jahren von der US-Regierung zügig und problemlos über ein »großes Missverständnis belehren« ließ. Den Aufstand der Interneterfinder sah man in Washington nicht gerne. Im Kongress fanden Anhörungen statt, in denen von einer »Schweizerischen Verschwörung« die Rede war, von einem »schweren Betrug des nationalen Vertrauens« durch die Interneterfinder und so weiter. Am Ende hat ein Internetbeauftragter des Präsidenten Bill Clinton sich einfach bei Vint Cerf gemeldet und ihm den Marsch geblasen. Dieser Mann, Ira Magaziner, hatte ziemlich klare Ansichten über den Aufstand der Langbärte: »Die Vereinigten Staaten haben für das Internet bezahlt, es ist unter seiner Aufsicht entstanden.«

Es ist ein unauslöschlicher Teil der Internetfolkore, wie Jon Postel, der Gott des Internets, am 28. Januar 1998 ein letztes Mal gegen diese neue Lage der Dinge protestierte. Für ein paar Stunden leitete er einen riesigen Teil des weltweiten Telefonbuches über »seine eigenen« Computer an der University of Southern California um. Er richtete nichts Schlimmes an. Er warf niemanden raus, veränderte keine Daten. Es war eine reine Machtdemonstration. Aber nur, bis Ira Magaziner beim Chef der Uni anrief, und der Chef der Uni bei Postel, und man sich darauf einigte: War wieder alles nur ein Missverständnis. »Wir wollen Ihnen keinen Ärger bereiten«, sagte Magaziner damals in dem Telefongespräch. »Stellen Sie die Sachen wieder so ein wie sie waren, und wir werden uns alle darauf einigen, dass das ein Test war.«

Neun Monate später ist Postel gestorben. Der Gott des Internet war tot. Aber die Schöpfung lebt. In seinen Tiefen funktioniert das Internet des Jahres 2011 noch ziemlich genauso, wie Postel und Co. es sich vor einem halben Jahrhundert ausgedacht haben.

Wie schade, dass diese Götter nicht unfehlbar waren.

Zu offen für alles: Die Forderung nach einem neuen Netz

Die große Mehrheit der Computer, die heutzutage zum weltweiten Internet zusammengeschlossen sind, laufen mit dem Betriebssystem »Windows«. Das ist ein Programm, das der gigantische amerikanische Softwarekonzern Microsoft herstellt. Und Microsoft beschäftigt heute in seiner Zentrale in Redmond im US-Bundesstaat Washington einen Mann, der sich der »oberste Verbrechensbekämpfer« nennt.

Wenn Thomas J. Campana gefragt wird, ob ein Microsoft-Windows-Rechner heutzutage noch sicher sei, dann wird er ziemlich staatstragend. Er sagt dann einen langen Satz, der auffällig viele Bedingungen enthält: »Wenn Sie sich vorbildlich im Internet verhalten«, sagt Campana, »wenn Sie Ihr Betriebssystem und Ihre Programme laufend aktualisieren, einen Virenscanner laufen lassen, sich nicht als Administrator, sondern als normaler Benutzer in den Computer einloggen und sich von verdächtigen Ecken des Internet fernhalten – dann sind Sie heute ziemlich sicher im Netz.«

Zu der Sache mit den »verdächtigen Ecken des Internet« muss man aber etwas nachtragen. Wenige Wochen nach dem Gespräch mit Campana gab in Norwegen zähneknirschend das Nobelpreiskomitee bekannt: PCs, deren Benutzer die Seite über den Friedensnobelpreis angeklickt hatten, waren jetzt leider, soweit sie den beliebten »Firefox«-Browser verwendet hatten, möglicherweise mit einer neuartigen Schadenssoftware verseucht. Offenbar hatten unbekannte Hacker die Webseite unter ihre Kontrolle gebracht und das schädliche Programm eingeschleust. Ungefähr wöchentlich werden Webseiten großer Konzerne, Ministerien oder Nichtregierungsorganisationen unterwandert. Gelegentlich sogar die von Sicherheitsfirmen oder Anti-Virenschutz-Verkäufern.

Die Wahrheit ist: Eine ganze Branche verschweigt, dass sie keine wirksamen Rezepte gegen das Versagen findet. Sie hat alles probiert – und nichts hat gefruchtet.

Auf Computer jedweder Sorte geht ein Hagelsturm schädlicher Programme nieder. Sie sind tausendfachen Versuchen ausgesetzt, ihnen Daten zu entlocken und sie an Cyberverbrecher in Kasachstan, China oder der USA zu mailen. Die Cybersicherheitsfirma Symantec meldete, dass sie 2010 mehr Softwareschädlinge gefunden hätten als in allen anderen Jahren ihres Bestehens zusammen. Diese seien immer trickreicher programmiert. Sie lauerten überall. In E-Mails. Auf Webseiten. In Chaträumen. In den Suchergebnissen bei Google & Co. Eingeschmuggelt zwischen alarmierende Nachrichten auf Informationsportalen, versteckt zwischen dem Klatsch und Tratsch auf sozialen Netzwerkseiten wie Facebook.

Dass es die Bürocomputer trifft und die Tischrechner daheim, ist bekannt. Genauso verletzlich aber sind die neuen Kultgeräte, die so viele Leute mit sich herumschleppen und begeistert herzeigen. Kaum kam das neue iPad auf den Markt, da warnte Apple seine Kunden: Besser erst eine aktualisierte

26

Version des Betriebsprogramms herunterladen! Eine ganze Reihe Fehler und Schwachstellen war entdeckt worden. So gab es ein paar Methoden, mittels derer ein Hacker Kontrolle über iPad-Geräte erlangen konnte. Wenn es derartige Lücken im Sicherheitssystem der Geräte gibt, dann gibt es »eigentlich keine Grenzen, was ein Hacker tun kann«, sagt ein Sicherheitsexperte aus Seattle. Dann sei es auch möglich, dass ein unbefugter Nutzer das iPad belauschen kann – Aufenthaltsorte, Nutzungsgewohnheiten, Chats und E-Mails, Bank- und Kreditkartendetails. Demonstrationsprogramme, wie so etwas gemacht werden kann, kursieren reichlich in Hackerkreisen und im Internet. Ob und in welchem Umfang sie schon benutzt wurden, ist unbekannt – das liegt in der Natur der Sache.

Von vergleichbaren Fehlern wie beim iPad waren gleich nach ihrem Erscheinen das Apple-Telefon iPhone (alle Modelle) und das Apple-Musikabspielgerät iPod betroffen, die diversen Telefone und Tablettcomputer mit dem brandneuen Android-Betriebsystem der Firma Google, auch die neuen Fernseher mit eingebautem Internetzugang – ach, für nahezu jedes neue Gerät erschienen recht bald nach ihrem Erstverkauf die ersten Anleitungen zum »Hacken« in einschlägigen Internetforen, und bald auch einschlägige Schadprogramme. Dienste wie Facebook und Twitter und GoogleMail samt des Universums ergänzender Dienstleistungen ringsherum – angreifbar und von Bösewichten »geknackt«.

Sämtliche heutzutage eingesetzten Schutzmechanismen – Virenscanner, Firewalls, trickreiche Verschlüsselungstechniken, doppelte und dreifache Absicherungen bei den Onlineshops und Onlinebanken – erweisen sich bisher als unzureichend. Sie funktionieren, aber sie funktionieren nicht gut genug. In den USA hat der Datendiebstahl derartige Dimensionen erreicht, dass eine Epidemie des »Identitätsdiebstahls« ausgebrochen ist, die Menschen quasi über Nacht in den Bankrott treibt. Sie schwappt gerade nach Europa herüber. Hierzulande schnellt die Zahl der Diebstähle im Onlinebanking in die Höhe (siehe Kapitel 2), weil kein Schutzmechanismus der Banken, keine noch so lästige Verwaltung von Passwörtern und iTAN-Nummern und virtuellen Tastaturen sicher ist. Adam Shostack, ein anderer Cybersecurity-Experte bei Microsoft, sagt: »Das Internet macht jedermann effizienter. Vielleicht besonders die Verbrecher.«

Im digitalen Untergrund herrscht gute Laune. Erpresser drohen inzwischen damit, Produktionsstraßen und Stromnetze aus der Ferne abzuschalten oder Großunfälle auszulösen. Militärs schlagen Alarm: Feindliche Hacker könnten inzwischen Kraftwerke infiltrieren, Krankenhäuser lahmlegen und Flugzeuge abstürzen lassen – überlebensrelevante Technik, sagen ihre Experten, müsse dringend wieder vom Netz!

Eine wachsende Zahl unabhängiger Experten und Wissenschaftler sagt inzwischen: Das Internet, so wie es heute konstruiert ist, hat seine besten Zeiten hinter sich.

Ein neues Netz muss her.

Am angesehensten Technologieinstitut der USA, dem MIT in Cambridge (Massachusetts), hat sich kürzlich einer der Miterfinder der Internet-Protokolle zu Wort gemeldet. David D. Clarke nimmt keine Hand vor den Mund: »Das Internet ist kaputt«, stellte er lakonisch in den Raum. »Es wurde in simpleren Zeiten konstruiert.« Eine andere graue Eminenz, Clarkes Kollege Larry Petersen an der Universität Princeton, nannte das Internet ein »zunehmend komplexes und zerbrechliches System«. Vint Cerf, einer der Urväter des Internet, hat sich angesichts explodierender Internetkriminalität zu seiner Angst bekannt, dass »die internationale Gemeinschaft eines Tages sagt, dass es nicht mehr wert ist, online zu sein«.

Im Juli 2010 wurde Michael Hayden, der frühere Vizechef des US-Geheimdienstes NSA, ausgerechnet bei der Hackerkonferenz »Black Hat« vorstellig – und bat um Mithilfe, »die Sicherheitsarchitektur des Internet neu zu gestalten«. Es klingt ungewöhnlich, wenn in diesen Tagen selbst führende Informatiker in den USA wie in Europa fordern: Wichtige Dinge wie Kraftwerke oder Verkehrssysteme, die katastrophale Unglücke auslösen können, müssen bis auf Weiteres »entnetzt«

werden. Sie müssen runter vom Internet. Sonst ist es beim jetzigen Stand der Technik zu gefährlich.

Interessanterweise halten – in einer kürzlich erschienenen Szenarienstudie namens »The Evolving Internet« – sogar die Marktforscher des optimistischen Internetriesen Cisco eine düstere Zukunft für möglich. In einem ihrer »allesamt plausiblen« Szenarien für die kommenden fünfzehn Jahre beschwören sie eine Welt herauf, »in der das Internet gegen die Wand gefahren ist, in der es von Hackern und Cyberattacken geplagt ist, in der eine neue digitale Kluft entsteht zwischen denen mit Zugriff auf teure Sicherheitsmaßnahmen und abgeriegelte Internetenklaven und denen, die nur noch ganz vorsichtig im freien, gefährlichen Internet unterwegs sind«. In dem Fall, gibt Cisco zu, werde auch aus den großen Wachstumshoffnungen nicht so viel. Einen solchen Fall gelte es zu verhindern.

Zumal die Macher in der Internetwirtschaft noch ein ganz anderes Problem haben: Viele Menschen beginnen gerade, eine große Abneigung gegen die technischen Visionen zu entwickeln.

Augen überall: Die Angst vor dem digitalen Panoptikum

Siddharth Anand liebt Tablaspielen und Naturfotografie. Er trägt ordentliche Hemden, teilt seine pechschwarzen Haare in der Mitte mit einem Scheitel und redet ältere Menschen mit »Respected Sir« an.

Außerdem ist Siddharth Anand vermutlich der schlimmste Zimmernachbar der Welt. Als wir für dieses Buch mit ihm sprachen, verbrachte der 24-jährige Informatikstudent aus dem zentralindischen Provinzstädtchen Jabalpur gerade seine letzten Wochen in einem Studentenwohnheim in Bangalore, das zum International Institute of Information Technology (IITTB) gehört. Das IITTB bildet neue Elitekader indischer Computergenies aus, und auch Anand hatte bei Drucklegung dieses Buches sein Studentendasein aufgegeben und einen Job bei der amerikanischen Militär- und Luftfahrtfirma Honeywell im indischen Bangalore gefunden. Das Studentenwohnheim, in dem er im Oktober 2010 noch wohnte, ist eine eher trübe Angelegenheit: lange, grau-beige gestrichene Gänge, Plastikstühle, Wäscheleinen. Herumliegende Turnschuhe, herumliegende tragbare Computer und technisches Zubehör. Die Wohnräume streng aufgeteilt nach Geschlechtern.

Siddharth Anand ist, was man gemeinhin ein Computergenie nennt. Seine verpflichtenden Kursarbeiten über die Steuerung von Roboterarmen, Onlinekartografie und elektronische Warenverkehrsabwicklung hat er meist schon mitten im Semester abgegeben. In der gewonnenen, freien Zeit spionierte er gerne seine Mitstudenten aus. Siddharth Anands Meisterwerk heißt »Spy Eye ver 3.0«. »Dieses Programm führt achtundzwanzig verschiedene Funktionen aus«, sagt Anand und redet dann sofort von allerlei technischem Kram wie Java-Scripts und Traceroutes. Da muss man durch. Zur Sache kommt Anand gegen Ende seines Vortrags: »Mit Spy Eye können Sie zu jeder Zeit überprüfen, ob Ihre Freunde gerade studieren oder Filme schauen oder schlafen.«

Wenn Siddharth Anand »Freunde« sagt, dann meint er seine ehemaligen Mitbewohner im Studentenwohnheim. Einigen von ihnen hat er einen verseuchten USB-Stick zugesteckt, vorgeblich mit einem Spielfilm drauf, aber gut versteckt enthielt der Stick auch noch einen selbst geschriebenen Computervirus. Die Computer der Studenten samt der eingebauten Kameras gehorchen seither Anands Befehlen. »Das Programm kann überall eingesetzt werden und an die Bedürfnisse der Benutzer angepasst werden«, sagt Anand.

Was sind das denn in Ihrem Fall für Bedürfnisse, Herr Anand?

»Ich mag nun mal Netzwerke und Sicherheitsfragen.«

Und das soll heißen?

»Ehrlich gesagt, die Leute geben dauernd damit an, dass sie für ihre Examina niemals lernen. Dass sie die ganze Nacht lang nichts tun als Filme zu schauen. Und dann kriegen sie doch gute Noten. Da habe ich mich entschlossen, sie auszuspionieren.«

Wann war das ungefähr?

»Es ist ein laufendes Projekt. Angefangen habe ich schon im Februar 2009.«

Sie wollten also rauskriegen, was Ihre Zimmernachbarn nachts so treiben.

»Ja, ich wollte das wissen. Wenn mich jemand belügt, dann werde ich sehr böse. Also habe ich diese Software entwickelt, um herauszufinden, was sie tun.«

Haben Sie es herausgefunden?

»Ja ...«

Und?

»In einigen Fällen waren das dann Ansichten vom Videodienst YouTube ... andere Male waren es elektronische Bücher ...«

Und was haben Sie durch die Kameras gesehen?

»Manchmal war es ganz dunkel, keiner vor dem Computer, und manchmal meine Freunde. Ihre Gesichter. Und manchmal Netzwerkprobleme, also Paket verloren, host unreachable ...«

Bitte nicht ablenken. Ehrlich gesagt, fallen einem ja auch Anwendungen Ihres Programmes ein, die zum Beispiel die Schlafsäle des Damentraktes betreffen ... aber dafür sind Sie sicher zu alt, oder?

»Ja ☺. Die jüngeren Studenten benutzen das womöglich.«

Siddharth Anand hat begriffen: Das Internet mit seinen Abermillionen angeschlossener Endgeräte ist die größte Überwachungsmaschine aller Zeiten. Nicht von alleine. Nicht automatisch. Doch mit technischem Wissen, Geschick und Hartnäckigkeit kann man es dazu machen.

Eine Reihe von Leuten tut genau das. Im vergangenen Jahr half Thomas Floß vom Bundesverband der Datenschutzbeauftragten Deutschlands, von Beruf Elektrotechniker, einen spektakulären Fall der Internetspannerei im Rheinland aufzudecken: Ein 44-jähriger Übeltäter hatte offenbar monatelang in die Zimmer junger Mädchen geschaut. Mit einem Schadprogramm zapfte er heimlich ihre Webkameras an, und als die Polizei ihn festnahm, sollen auf seinem Bildschirm Videos aus hundertfünfzig Jugendzimmern gleichzeitig gelaufen sein. »Perverser Spanner schaute in Kinderzimmer!«, titelte die BILD-Zeitung.

Eine Handvoll solcher Fälle ist inzwischen bekannt, weltweit. Ein Google-Mitarbeiter wurde wegen solcher Fern-Schnüffelei entlassen. In den Vereinigten Staaten gab es sogar einen Fall, in dem Schüler-Laptops von der Schulleitung mit einem vergleichbaren Spionageprogramm ausgestattet wurden. Als sich ein Proteststurm der Eltern erhob und angeblich auch Bilder von Schülern in ihren Zimmern im Internet auftauchten, versicherte die Schulleitung: Das Programm sei eine reine Sicherheitsmaßnahme, die ausschließlich im Fall eines Diebstahls aktiviert würde. Später kam heraus, dass es Millionen von Laptops auf der Welt gibt, auf denen solch praktische »Sicherheitssoftware« schlummert, wenn sie an die Endkunden ausgeliefert werden – ohne dass ihre Besitzer das ahnen.

Das ist das eine große Problem: Die Grenze zwischen nützlicher Anwendung und Missbrauch ist hauchdünn. Es ist die gleiche Technik für gut und böse. Sie meldet unseren Freunden, wann sie uns zuhause antreffen können, und Dieben, wann nicht. Unternehmen können Einblicke in unser Privatleben nehmen, machen unser Leben reicher und angenehmer – und spähen uns dabei aus. In Italien haben Steuerbehörden bereits Computernetze durchforstet, um Steuersünder aufzuspüren: Passt das angebliche Einkommen zu dem Lebensstil, mit dem die Menschen sich im Netz präsentieren? Diese Liste ambivalenter Anwendungen ist fast endlos.

Deshalb entwickeln viele Menschen jetzt wieder Ängste vor der Überwachungsgesellschaft. Sie fürchten einen Verlust der Autonomie angesichts der vielen Technik um sie herum, die Computerfreaks, Unternehmen und Staaten nach Belieben manipulieren können – sie selber aber nicht. Bereits vor drei Jahren verfasste der Bundesdatenschutzbeauftragte Peter Schaar eine Fundamentalkritik der deutschen Internetpolitik. Sein Buch *Das Ende der Privatsphäre* ist von der Furcht geprägt, dass durch die neue Internetwelt das Land auf dem »Weg in die Überwachungsgesellschaft« Orwell'scher Art sei. Eine Reihe weiterer Bücher folgten mit Titeln wie *Verteidigung des Privaten* (Wolfgang Sofsky) oder

Rettet die Grundrechte! (vom ehemaligen Bundesinnenminister Gerhart Baum).

Eine Technik, die Menschen auf Knopfdruck überwachen kann, macht Angst. Und die Bürger beginnen, sich zu wehren.

Nicht vor meiner Haustür: Der Rückschlag gegen das Netz

Bei der Firma Google hat niemand damit gerechnet, dass ihr Angebot in Deutschland einen nationalen Proteststurm auslösen würde. Doch »Street View« brachte im Sommer 2010 die halbe Nation auf die Beine. Eigentlich hatte Google nur etwas im Netz darstellen wollen, das ohnehin öffentlich ist – Fotos der Fassaden deutscher Häuser in 20 Städten. Doch plötzlich stand wieder einmal die ganze Praxis des Datenschutzes bei dem kalifornischen Suchmaschinenanbieter zur Debatte. Politiker sprachen über Verbote. Google musste Konzessionen machen; wer es will, kann seine eigene Fassade jetzt wieder aus dem Netz entfernen lassen, und an die 300.000 Bürger haben davon tatsächlich Gebrauch gemacht. So leidenschaftlich war zuvor nie über das Internet und seine Folgen diskutiert worden – quer durch alle erdenklichen Bevölkerungsgruppen. Die Zahl der erbitterten Gegner wächst, sie fordern eine gesellschaftliche Debatte.

Sie fordern Gesetze und Verbote.

Bis zum Jahr 2009 hat das keinen Politiker in den USA und in Deutschland ernsthaft interessiert. Ums Internet kümmerten sie sich, wenn es galt, die Chancen der heimischen Unternehmen im E-Commerce zu wahren und das Internet im Kampf gegen Terroristen zu durchleuchten. Google? Facebook? Riesige Supercomputer und Datenspeicher, die mehr speichern können als jemals zuvor in der Menschheitsgeschichte? Damit befassen sich deutsche Gesetze nicht. Am besten offenbart sich das im deutschen Datenschutzrecht. Es stammt in wesentlichen Zügen aus einer Zeit, als Unternehmen ihre Daten noch alle auf eigenen Computern speicherten. Auch die grenzüberschreitende Datenverarbeitung konnte sich weitgehend unreguliert entwickeln – und der Bundesinnenminister zögert, das gemeinsam mit seinen Kabinettskollegen zu ändern.

Anders in Washington und Brüssel. Dort hat im Sommer 2010 eine Debatte begonnen über Bürgerrechte, Datenschutz, das langfristige Speichern von Kommunikationsdaten. Industrievertreter und Bürgerrechtler ringen um die Deutungshoheit, weil die EU-Kommission ihre Gesetzgebungsmaschinerie in Gang gesetzt hat – und jenseits des Atlantiks geschieht genau das Gleiche. Der Ausgang ist noch ungewiss. Beim Treffen der G8-Industrienationen im französischen Deauville im Mai forderte der französische Staatspräsident Nicolas Sarkozy, dass Politiker im Internet »ein Minimum an Werten und Regeln« durchsetzen müssen, »auf die man sich weltweit geeinigt hat«. Regierungen, nicht die Bosse der Internetfirmen, seien die »legitimen Hüter der Gesellschaft«.

Hierzulande setzt sich immerhin die Kulturkritik mit dem Problem auseinander, dass wir »gezwungen sind zu tun, was wir nicht tun wollen«, wie es der *FAZ*-Herausgeber Frank Schirrmacher formuliert hat. Schirrmacher beklagt, dass wir wegen des Internets die Kontrolle über unser Denken verlieren, uns nicht mehr richtig konzentrieren (da schließt er den Bogen zu viel älteren Kritikern moderner Medien von Joseph Weizenbaum bis Herbert Simon) und die Fähigkeit verlieren, »einen Handwerker zu bestellen oder zu recherchieren«. Es klingt nach typisch technikfeindlichen, deutschen Intellektuellen, doch so einfach ist es nicht: Auch der amerikanische Journalist Nicholas Carr fragte sich kürzlich besorgt und auf Buchlänge, was sein Gehirn eigentlich so treibe, während er auf den Wellen des Internets hin- und hersurfe. Carr landete damit einen gefeierten Bestseller in den USA, so wie Schirrmacher es in Deutschland gelang.

Mehrere große Computer- und Softwareunternehmen von Intel bis Xerox, Akademiker und sogar Militärs haben in den USA die Operation »Information Overload« gestartet, eine Forschungsinitiative, die sich dem Dauerthema der Informationsüberlastung des Menschen in der vernetzten Welt wid met. Neurologen mahnen, man möge die Kisten ab und zu mal abschalten. In Frankreich hat der Präsident der französischen Bibliotèque Nationale, Jean-Noel Jeannenney, einen verbalen Frontalangriff auf den »an Datenfettsucht« leidenden Kraken Google begonnen. Aus Amsterdam pflichtet ihm der Medienexperte Geert Lovink bei: »Für Google sind Balzacs gesammelte Werke abstrakter Datenmüll, ein Rohstoff, während sie für die Franzosen die Epiphanie ihrer Sprache und Kultur darstellen.« Zur Rettung des Abendlandes vor digitalen Übergriffen werden regelmäßig tagende, weltweit orientierte Komitees gefordert, Regierungsverbote, die Zertifizierung von Suchmaschinen, der Zwang zu sozialeren Kriterien bei der Katalogisierung des Wissens im Internet.

Als wäre das nicht genug, haben sich viele Staaten schon daran gemacht, das Internet zu zensieren, einzuhegen, zu kontrollieren. Manche Regierungen halten das für eine kulturelle Notwendigkeit. Andere für eine entscheidende Frage von geostrategischem Interesse. Einige Politiker aus ganz unterschiedlichen Ecken des Planeten haben sich zuletzt dafür ausgesprochen, die Vorherrschaft der Amerikaner im Netz zu beenden. Es gehe auch nicht mehr an, dass amerikanische Behörden das Netz missbrauchten, um ihren unersättlichen Hunger nach Bankdaten, Fluginformationen und Daten aller Art über Bürger in fernen Ländern zu stillen. Andere fordern, dass der Vormarsch internationaler Konzerne nicht die zukünftige Ordnung im Netz bestimmen dürfe. Wieder andere wollen einschränken, welche Technologien zum Einsatz kommen dürfen: die Regimes in Bahrain und Saudi-Arabien, aber auch die große Demokratie Indien wollen beispielsweise nicht zulassen, dass der Smartphone-Hersteller Research in Motion (»Blackberry«) den Versand verschlüsselter Nachrichten erlaubt, die ihre Geheimdienste nicht im Bedarfsfall abhören können. Iran schaltete Facebook ab. China besitzt eine große Cybermauer, die das Internet filtert. Tunesien ist lange Jahre brutal gegen politisch Andersdenkende vorgegangen, die sich im Internet äußerten, und benutzte erstaunlich fortschrittliche Methoden zur Analyse des Netzverkehrs. Diese Länder –

allen voran China – reklamieren für sich das Recht, den kompletten Datenverkehr innerhalb ihrer Landesgrenzen zu überwachen.

Wann kommt der große Absturz? Und was kommt danach?

Das Internet stößt an technische Grenzen, es steht unter der Attacke von Kriminellen, Unternehmer stellen seine Grundprinzipien in Frage. Benutzer des Internet, Verantwortliche in der Politik und sogar die euphorischen Macher in der Industrie begreifen inzwischen: Die offenen und ungesicherten Strukturen, mit denen das Netz von seinen idealistischen Gründervätern ausgestattet wurde, versagen gerade im großen Stil. Sie sind nicht auf die Schnelle zu reparieren. Die Fundamente wackeln.

Taugt das Internet in seiner heutigen Form überhaupt als Infrastruktur für eine neue Wissensgesellschaft? Ist es eine gute Idee, wenn Wissenschaftler und Unternehmer heute an ihren Visionen vom *ubiquitären Computer* arbeiten – am weltweit zusammengeschalteten Riesenrechner, der immer dabei ist und uns niemals alleine lässt? Kann das dann wirklich die Basis sein für jene hochproduktive, extraturboglobalisierte Weltwirtschaft, die uns für die kommenden Jahre versprochen wird? Oder, wenn es denn sein muss, als Gedächtnis, Kollektivbewusstsein und Zukunft eines neuen Menschen?

Die Internetwirtschaft und ihre Visionäre sind schon einmal abgestürzt. Ende der neunziger Jahre, im größten und überschwänglichsten Boom des vergangenen Jahrhunderts, wurden frisch gegründete Internetkonzerne für Milliardensummen an der Börse gehandelt. Kleine Internetfirmen schluckten Riesenkonzerne mit einer jahrhundertealten Firmengeschichte. Die Prognosen überschlugen sich: Die Zukunft spiele im Cyberspace. In einer Welt unendlicher Möglichkeiten und Gewinne. Alle möglichen Branchen, vom Einzelhandel bis zur Medienwirtschaft, würden durch das Internet unkenntlich verändert.

Die meisten Brancheninsider und Branchenbeobachter – Unternehmer, Politiker und Intellektuelle – übersahen gleichermaßen, dass das rasante Wachstum der Internetwirtschaft einen Schwachpunkt hatte: Die allermeisten Unternehmen schrieben keinen Gewinn. Sie hatten nicht einmal klare Vorstellungen davon, wie sie jemals einen Gewinn schreiben könnten. Solche Kleinigkeiten würden sich finden, wenn das neue Zeitalter erst angebrochen sei, wischte man die Bedenken damals weg.

Im Herbst 2011 übersehen Brancheninsider und Branchenbeobachter gleichermaßen, dass das rasante Wachstum der Internetwirtschaft einen Schwachpunkt hat. Die Prognosen gehen allesamt von einer gewaltigen Ausbreitung des Netzes in neue Lebensbereiche der Menschen aus: von vernetzten Stromzählern im Keller, vernetzten Kleinstgeräten in der Jackentasche, von vernetzten Menschen bis in die fernsten Winkel der Welt. Doch dies ist eine Welt, in der die enormen ökonomischen Kosten und soziale und politische Fragen einfach ausgeblendet werden: Ob die Bürger damit klar kommen? Ob sie sich sicher fühlen?

Die Computer- und Softwarebranche hat essentielle Fragen der Datensicherheit sträflich vernachlässigt, sodass im Augenblick gar nicht klar ist, ob das Netz der Zukunft ihren neuartigen Diensten gehören wird oder Hightech-Verbrecherbanden. Hersteller wie Politiker haben es sträflich unterlassen, einen öffentlichen Dialog über Datenschutz und Freiheitsrechte im Internet zu führen und einen Rechtsrahmen zu definieren.

Damals wie heute wird es einen *Tipping Point* geben. Der amerikanische Zukunftsforscher Malcolm Gladwell hat dieses in den Natur- und Sozialwissenschaften häufig beobachtete Prinzip packend in seinem gleichnamigen Bestseller beschrieben. Bevor es zum *Tipping Point* kommt, können hunderte oder tausende kleiner Ereignisse eintreten, ohne dass sich jemand darum schert: Datendiebstähle, geknackte Bankkonten, kollabierende Börsen, Skandale und Skandälchen um die verletzte Privatsphäre bei Facebook, Google oder Apple. Jedes einzelne Ereignis für sich ist vernachlässigbar. Man nimmt das nicht ernst. Man merkt nicht, dass eine unaufhaltsame Veränderung in Gang gekommen ist, die irgendwann und eines Tages ihre Wucht entfaltet.

Im vorliegenden Fall: Der Rückschlag gegen den Vormarsch des Internets in alle unsere Lebensbereiche.

Tipping Points können auftreten, wenn eine neue Technik sich einen Durchbruch verschafft. So war es mit der industriellen Revolution: In ihren ersten Jahrzehnten merkten weder Universitätsgelehrte noch Unternehmer, dass da etwas Weltbewegendes vor sich ging. So war es mit dem Automobilzeitalter: Die ersten Autos konnten selbst ein krankes Pferd kaum überholen, und entsprechend herzhaft wurde gelacht. So war es beim Start des Internet: Wer wollte schon die Bastler und Träumer der ersten Generation ernst nehmen, als sie eine Revolution des Einkaufens, der Medien, der Demokratie und des Menschseins an sich versprachen?

Tipping Points funktionieren aber auch in der anderen Richtung. Sie können einen Trend aufhalten und umkehren, der nach dem Verständnis der großen Allgemeinheit längst unaufhaltsam geworden ist. So war es beim Absturz der Hindenburg 1937, die auf einen Schlag die Ära der Luftschiffe beendete. Welche Euphorie, welcher Hype hatte sich um diese neue, hochbequeme Art des Reisens gerankt, welche Hoffnungen für die Globalisierung schlummerten in den Erzeugnissen der Zeppelin Company! Allzu bequem wurde damals verdrängt, dass die Zeppelintechnik großartig, aber viel zu gefährlich war. Der Traum blieb, aber erst musste eine völlig neue Technik her: die der Propeller- und Düsenflugzeuge. So war es auch bei der Atomkraft in Deutschland – zweimal. Nach der Reaktorkatastrophe von Tschernobyl wurde »Atomkraft? Nein Danke!« mehrheitsfähig in Deutschland, und in der Folge wurde eine Fülle alternativer Pfade erkundet, wurden Solarpaneele und -stromzellen mit Steuermilliarden gefördert, wurde das platte Land mit Windrädern vollgepflanzt. Die umstrittene und wirtschaftlich sowieso kaum überzeugende Renaissance der Kernkraft in den vergangenen

Jahren wurde durch das Unglück von Fukushima endgültig beendet.

Manchmal ist dann schlagartig alles vorbei. Eine enorm verbreitete Technik wird über Nacht beerdigt und in den Jahren darauf durch eine bessere ersetzt.

Für die Zeit davor ist es typisch, dass die allgemein akzeptierten Zukunftsprognosen allzu bequem und selbstverständlich die Entwicklung der vergangenen Jahre fortschreiben. Das merkt man daran, dass sie in hoher Konzentration die verdächtige Wortpaarung »Immer Mehr« enthalten. Immer mehr und mehr Menschen in aller Welt gehen ans Netz! Sie kaufen immer mehr online ein! Die Menschen kommunizieren immer intensiver über soziale Netzwerkdienste wie Facebook! Immer mehr wird das Internet zu dem Ort, an dem wir leben, unsere Freizeit verbringen, unsere Arbeit verrichten und unsere Profite einstreichen! Mit anderen Worten: Das, was bisher passiert, wird demnächst intensiver und häufiger passieren.

Doch die stillen, aber mächtigen Trends in der Gegenrichtung – die Art von Prozessen, die Gladwell beschrieb – entgehen dieser Art von Prognosen vollständig. Als endlich utopische Begeisterung über die Errungenschaften der Industrialisierung ausbrach – wo war die Vorhersage, dass sich die großen Industriestaaten eines Tages dank dieser Technik in zwei Weltkriegen zermalmen würden? Als die Automobilgesellschaft Form annahm und den Menschen grenzenlose Freiheit und individuelle Verwirklichung versprach – wer sagte erstickenden Smog, lähmende Staus und eine enorme Schädigung des Öko-Systems Erde voraus?

Das andere Problem ist: Einschlägige Trendforscher und Prognostiker arbeiten sehr häufig für Unternehmen, die an der neuen Technik verdienen. Sie sind selber in techniknahen Berufen ausgebildet und neigen in der Folge in hohem Maße zum Technikdeterminismus. Sie bestimmen gemeinsam mit technikverliebten Ingenieuren den Diskurs: Der technische Fortschritt diene automatisch dem Wohl der Menschheit; und wenn Dinge technisch möglich seien und technisch sinnvoll erschienen, dann würden sie deswegen demnächst auch eintreten. Der Technik-Guru und ehemalige Chefredakteur der Kultzeitschrift *Wired*, Kevin Kelly, hat kürzlich ein Buch mit dem Titel *Was die Technologie will* geschrieben – und einer der am häufigsten benutzten Ausdrücke darin ist das Wörtchen »unausweichlich«.

Unausweichlich sind die Dinge aber selten. William Fielding Ogburn begründete vor hundert Jahren eine Forschungsrichtung der Technik-Soziologie, die solche Zusammenhänge fundamental in Frage stellte. Ogburn erkannte, dass die Entwicklung bahnbrechender Technologien wie die des Webstuhls, des Automobils (oder heutzutage würde er sagen: des Internet) längst nicht nur ein Verdienst der Ingenieure war. Und dass deshalb auch nicht die Ingenieure die besten Vorhersagen darüber treffen, ob und wie sich eine Technik entwickelt.

Stattdessen entsteht, gedeiht und verbreitet sich Technik im regen Wechselspiel mit sozialen und wirtschaftlichen Faktoren. Sie sind auf kulturelle Reaktionen angewiesen und auf die soziale Bereitschaft der Gesellschaft, die neue Technik aufzunehmen. Häufig werden diese ganzen sozialen Prozesse nicht ausgelöst, wenn die Technik brandneu ist, sondern ungefähr in der zweiten Generation nach ihrer Einführung. Dann bemerken Menschen die negativen Nebenwirkungen, dann beschweren sie sich bei ihren Politikern, dann wird die Entwicklung gebremst und neu reguliert.

Das hat übrigens nicht nur Ogburn so gesehen. Allen großen Innovationstheoretikern sind solche Zusammenhänge früher oder später aufgefallen: »Technologische Systeme sind soziale Produkte«, brachte es in den neunziger Jahren Manuel Castells auf den Punkt, ein Soziologe und prominenter Internetexperte an der University of California. Technische und unternehmerische Eliten unterschätzen oft die Dauer und Bedeutung solcher Debatten und Prozesse.

Und das Internet? Ist nicht weit von seinem nächsten Tipping Point entfernt.

2. Schreibtisch unter Dauerfeuer – Warum es heute gefährlich ist, einen Computer einzuschalten

Die Nachricht, die Karen McCarthy beinahe in den Bankrott getrieben hat, erreichte ihren elektronischen Eingangskorb im Februar 2010. Oder vielleicht ist es im Januar gewesen. Oder noch früher.

Es gehört zum Mysterium ihrer Geschichte, dass sich die New Yorker Unternehmerin nicht einmal daran erinnert, was in der verhängnisvollen E-Mail stand. Vielleicht wurde ihr ein brandneues Diätmittel angepriesen oder eine lukrative Verdienstmöglichkeit daheim am Computer. Vielleicht hat man sie dazu aufgefordert, auf die Bikinifotos kontaktfreudiger Nymphen aus dem Ostblock zu klicken oder sich für eine Penisverlängerung zu interessieren. Karen McCarthy, die langjährige Geschäftsführerin einer New Yorker Marketingfirma namens Little & King, war ganz bestimmt keine geeignete Empfängerin für so etwas. Doch den Sendern von Massen-E-Mails, unerwünschten »Spam«-Nachrichten, ist das egal.

Zu recht. Denn die Nachricht an Karen McCarthy erreichte so oder so ihr Ziel.

Irgendwer im Unternehmen muss die E-Mail geöffnet und dann auf die Anhänge oder Links in der Mail geklickt haben. »Mein Leben ist an diesem Tag auf den Kopf gestellt worden«, sagt die Geschäftsfrau. Denn unbemerkt aktivierte der unbedarfte Mausklick eine elektronische Wunderwaffe, die in der E-Mail an Karen McCarthy versteckt war. Ein Schadprogramm mit dem Namen »ZeuS«, von dem die Polizeibehörden vermuten, dass es irgendwann im Jahre 2007 in den russischen Republiken entwickelt wurde. McCarthys Datenverarbeitungschef Jarett Horehlad hat über die Aktion ziemlich rote Ohren bekommen. »Das Programm installiert sich so leicht und schnell, das kann von irgendwoher gekommen sein«, verteidigt er sich. »Wir haben so unsere Vermutungen, woher es kam, aber genau wissen wir es nicht.«

Jetzt ist es auch egal. ZeuS grub sich tief in den Computer ein, der bei der New Yorker Firma für Angelegenheiten wie das Onlinebanking verwendet wird.

»ZeuS« ist ein Computerprogramm. Computer sind dafür gebaut, Computerprogramme laufen zu lassen – ob sie nun Microsoft Word heißen, iTunes, Kalender oder ZeuS. ZeuS fällt zwischen den tausenden Programmen auf einem modernen Rechner nicht weiter auf: Es ist winzig, und es schlummert in einer wenig beachteten Nische. Irgendwo zwischen den Millionen Befehls- und Datenzeilen, die ein Microsoft-Windows-System funktionieren lassen. Zum Schutz gegen solche Eindringlinge hatte Little & King sogar ein Anti-Virenprogramm installiert; das war teuer bezahlt und brachte sich automatisch drei- bis viermal pro Tag auf den neuesten Stand. Doch dem fiel nichts Verdächtiges auf. Computerbenutzer bei Little & King merkten ebenfalls nichts. Wenn sie den Computer einschalteten und bedienten, hatte sich nichts Sichtbares verändert.

Doch »ZeuS« belauschte sie fortan Tag für Tag, Minute für Minute, Tastendruck um Tastendruck. An irgendwen draußen im Internet funkte der Spion, was die Leute bei Little & King so trieben: Was sie tippten, worauf sie klickten.

»ZeuS« fand manche Dinge interessanter als andere. Ganz oben auf seiner Hitliste standen Besuche auf den Webseiten von Banken. Eingaben von Kontonummern. Eingaben von Passwörtern und Benutzernamen.

Am 15. Februar 2010 überprüfte Karen McCarthy ihre Bankauszüge und stellte fest, dass sie zahlungsunfähig war. Dass sie ihre Firma vermutlich schließen und den Konkursrichter informieren müsse. Ihr Geschäftskonto war leergeräumt. Säuberlich wiesen ihre Bankauszüge von der TD Bank (»Amerikas praktischste Bank«) jede einzelne Überweisung aus: 27.800 Dollar und null Cent gingen beispielsweise an einen Jonare D. Randolph in Rocky Mount, North Carolina. Alle Überweisungen waren binnen zweier Tage ausgeführt worden, zwischen einigen lagen nur wenige Minuten, und sie summierten sich auf 165.225 Dollar. Der Kleinunternehmerin

McCarthy hätte es das Genick gebrochen, sagt sie – wenn ein wohlhabender Bekannter ihr nicht kurzfristig 100.000 Dollar geliehen hätte. Am Ende überlebte Little & King die Attacke gerade so.

Die Täter? Die hat bisher noch keiner erwischt. Mitarbeiter der Polizei, Sicherheitsfirmen und Mitarbeiter des Heimatsicherheitsamtes haben Karen McCarthy seither erläutert, dass die Transaktionen offenbar von Computern »irgendwo in Osteuropa« ausgelöst worden seien. Dort verliert sich jede Spur.

Und die Bank? Das war der größte Schock für Karen McCarthy. Erst wurde sie gebeten, am kommenden Tag in einer Filiale der TD Bank zu erscheinen – und da waren alle nett zu ihr und entschuldigten sich. Dann teilte die TD Bank ihr mit, dass sie »keinen Fehler auf unserer Seite« feststellen könne und dass man sich weigere, irgendetwas zu erstatten. »Die haben mein Konto überhaupt erst am Mittag des folgenden Tages eingefroren«, schimpft McCarthy. »Die stehen auf dem Standpunkt, dass sie nicht verantwortlich sind. Der ZeuS-Virus war ja nicht auf deren Computern, sondern auf meinem. Aber ich hatte doch Antivirussoftware! Die hat nur nichts bemerkt!«

Karen McCarthy hat auf die harte Tour gelernt, wie anfällig die IT-Infrastruktur unserer Tage ist, obwohl sie doch viel getan hatte, um sich zu schützen. Niemand hat ihr den Verlust bis heute erstattet. In den USA ist das so geregelt: Bei Privatkonten muss die Bank in der Regel für Onlinebetrug geradestehen, aber für Geschäftskonten ist das nicht zwingend vorgeschrieben (in Deutschland ist das nicht sehr viel anders, da werden solche Fragen Einzelfall für Einzelfall von Richtern untersucht und entschieden). Und irgendwo im Kleingedruckten ihrer Kontoeröffnungsunterlagen hatte Karen McCarthy die volle Verantwortung für Cyberdiebstähle übernommen. »Gibt es denn irgendetwas, das ich noch hätte tun können?«, fragt sie. »Wir fühlten uns geschützt, weil wir den Empfehlungen unserer Bank gefolgt waren und eine Antivirussoftware installiert haben. Mehr kann ich doch nicht tun. Ich bin doch keine Datenverarbeitungs-Expertin!«

Karen McCarthy hat die Bank gewechselt. Und die Computer. Sicher fühlt sie sich trotzdem nicht: »Inzwischen weiß ich, dass mein Geld unter dem Kopfkissen sicherer wäre«, sagt sie. Sie würde jetzt nur gerne wissen, wer schuld an dieser Misere ist. Die Bank, weil sie zu lässig war? Die Polizei, weil sie die Cyberverbrecher nicht fängt? Die Hersteller der Antivirensoftware, die nichts gemerkt hat? Karen McCarthy selber, weil sie an die Sicherheit des Onlinebanking glaubte?

Wunderwaffen mit Rechtschreibfehlern: Spam-E-Mails

Der »Gott des Internet« hatte bereits im Einführungskapitel einen ersten kurzen Auftritt – aber von der beliebtesten Erfindung Jon Postels war noch gar nicht die Rede. Irgendwann in den Gründungsjahren des Internet hatte Postel in seiner Freizeit das »Simple Mail Protocol« entwickelt. Das waren ein paar Programmzeilen und eine Reihe technischer Konventionen, die es erlaubten, in dem gerade brandneuen weltweiten Netz elektronische Briefe zu verschicken. »Schlichtes Protokoll für den elektronischen Postversand« würde man seine Erfindung wörtlich übersetzen. »E-Mail« sagt man heute.

Schlicht und demokratisch ist an der Postel'schen Erfindung zum Beispiel, dass jedermann mit einem Computer und einer Datenleitung einen elektronischen Brief losschicken kann. Schlicht und praktisch ist, dass das ein einziger Brief an einen einzigen Empfänger sein kann – oder ein Brief an tausende und abertausende von Empfängern zugleich. Schlicht und unbürokratisch ist, dass der Absender nicht nachweisen muss, wer er eigentlich ist. Er kann seinen richtigen Namen angeben oder seine E-Mail-Adresse oder einen Fantasienamen wie »GodZilla«, »George W. Bush« oder »Kreissparkasse Köln«. Und warum auch nicht? Möglichkeiten des Missbrauchs, des Verbrechens gar – so etwas kam den technikbegeisterten, idealistischen, langbärtigen Gründervätern des Internet nicht in den Sinn.

So ungefähr funktioniert das auch heute noch. Bis heute

stehen tausende von Rechenzentralen im Internet, über die man ganz nach der alten Postel'schen Schule ungeprüft seine Nachrichten weiterreichen kann. Im Lauf der Jahre haben Techniker bei Internetfirmen, in Konzernen und Universitäten versucht, den E-Mail-Versand ein wenig komplizierter zu gestalten. Sie fragen den Absender zum Beispiel nach seinem Passwort, sie greifen auf Verschlüsselungstechniken zurück, doch hundertprozentig zuverlässig gelingt die Identifikation des Absenders nie. Tief in den Eingeweiden des Internet steckt ja immer noch das alte, lückenhafte E-Mail-Protokoll – von der Hand des Internet-Gottes für eine Welt ohne Übel und Fehltritte programmiert.

Die ersten Sündenfälle traten ein, kaum dass das »Simple Mail Protocol« die Labors der Techniker und Akademiker verlassen hatte. E-Mail hatte die technische Grundlage für eine ökonomische Innovation gelegt: das völlig kostenlose und – bei Bedarf – sogar anonyme Massenrundschreiben. Werbepost war in den Augen vieler Menschen schon immer ein Übel: Lange bevor es das Internet gab, quollen die Briefkästen von Broschüren der Supermärkte, von angeblichen Lottogewinnen und den Verlockungen der Kreditkartenfirmen über, sodass die »Bitte keine Werbung«-Aufkleber eine Hochkonjunktur erlebten. Immerhin mussten Werbesender der alten Art noch eine Briefmarke pro Sendung kaufen oder einen Austräger für ihre Prospekte entlohnen. Nicht so die Versender von Werbe-E-Mails. Ihre Kosten betragen – selbst beim millionenfachen Versand – ziemlich genau null Cent.

Wozu das führte, weiß nahezu jeder, der ein E-Mail-Konto hat: zu einer Flut von Werberundsendungen, die noch dämlicher sind als die im Briefkasten an der Tür.

Lernen Sie, wie man $ 1.000.000 in sechs Monaten verdient – GARANTIERT! Kaufen Sie eine Familienpackung Potenzpillen zum Bruchteil des regulären Apothekenpreises! Brühen Sie täglich unsere geheime Kräutermischung auf und werden Sie schlank wie eine Gerte! Mischen Sie beim internationalen Geldwäschegeschäft einer afrikanischen Witwe mit, die Ihnen völlig unbekannt ist, aber etliche Millionen Dollar verspricht! Klicken Sie hier, um die devote Dame Ihres Lebens kennenzulernen, oder wenigstens, um ihr bei der Körperpflege zuzuschauen!

Schon klar, dass nur eine Minderheit der Empfänger auf solche E-Mails eingeht. Etwa 0,2 Prozent, hieß es lange, reagieren auf derartige Angebote. Nein, manchmal sind es noch viel weniger!, meldete 2008 eine Forschergruppe an der University of San Diego: Ein Team um den Hacker Chris Kanich war testweise in ein großes Zombie-Netzwerk eingedrungen, hatte die Onlineverbrecher beobachtet und sich ihre Geschäfte genauer angesehen. Eine typische Verkaufsaktion umfasste stolze 350 Millionen verschickter E-Mails für Medikamente – aber sie generierte bloß 28 Verkäufe. Eine Quote von 0,00001 Prozent.

Doch wer millionenfach Gratispost verschickt, kann offenbar auch mit 0,00001 Prozent Kundschaft ein auskömmliches Leben führen. Die Sicherheitsfirma SophosLabs dokumentierte 2009 auf einer Konferenz (Virus Bulletin) einen konkreten Fall, in dem eine einzige Kampagne für solche zweifelhaften Medikamente wegen der gigantischen Masse immerhin 16.000 Dollar Umsatz einbrachte – pro Tag. So geht das seit dem Beginn der neunziger Jahre. Eine neue Ökonomie der Massenpost wurde geboren. Distanzen spielten keine Rolle. Orte am Ende der Welt – Dörfer in Nigeria, Dörfer in Rumänien, Universitätsstädtchen in fernen Winkeln Russlands – wurden zu Hochburgen des E-Mail-Versands. Es war die große Zeit der Spam-Amateure, der Kleinstunternehmer, Glücksritter und kleinen Cybergauner, die ausgefallene bis zweifelhafte Produkte unters Volk brachten.

Es war nicht einmal so, dass hinter jeder Spam-E-Mail gleich jemand steckte, der etwas verkaufen wollte! Der amerikanische Journalist Brian McWilliams erzählt in seinem Buch »Spam Kings« von einer jungen Dame namens »Terri DiSisto«, die jahrelang mit ihren E-Mails das Netz überschwemmte – auf der Suche nach Männern im Alter von 18 bis 23 Jahren. Die sollten sich festbinden, kitzeln und dabei filmen lassen. »Ich will keinen Sex und keine nackte Haut sehen«, schrieb Terri, und sie wolle auch niemanden treffen. Kitzeln sei ihr

Hobby. Im Gegenzug bot – und lieferte – sie Geld oder Stereo-Geräte. Richtig böse wurde »Terri« allerdings, wenn versprochene Videos nicht eintrafen: Einige solcher Opfer hat sie offenbar mit Zehntausenden von E-Mails bombardiert, so dass ihre elektronischen Postkörbe unbenutzbar wurden. Um unerkannt zu bleiben, benutzte Terri dafür unterschiedliche Mailkonten bei mindestens sechzehn verschiedenen Internetfirmen. Ihr Spiel war aus, als um die Jahrtausendwende neugierige Hacker in ihren Computer einbrachen und unter anderem herausfanden – und im Netz veröffentlichten –, dass Terri DiSisto ein Mann war und David hieß.

Dann gab es den Zeitreisen-Spammer. Millionen Internetnutzer erhielten Anfang 2003 geheimnisvolle Cyberpostwurfsendungen, in denen ihnen mehrere tausend Dollar geboten wurden – wenn sie dem Absender im Gegenzug ungewöhnliches elektronisches Zubehör beschaffen könnten wie einen »Acme 5X24 Zeitdurchführungskondensator mit eingebauter Zeitverschiebung«, einen »AMD Dimensionalen Warpgenerator mit einem GRC79 Induktionsmotor« und anderes Zubehör für Zeitmaschinen. Das Angebot richtete sich in der Hauptsache an außerirdische Touristen, intergalaktisches Servicepersonal und Kosmonauten auf der Durchreise – aber wenn ein gewöhnlicher Erdenmensch dem Absender namens »Bob White« verbogene Spulen aus alten Festplatten schickte, dann bezahlte der trotzdem und bedankte sich herzlich. »Bob White« ist in den Kreisen von Internetfans ziemlich berühmt geworden. Eine Rockband namens GrooveLily schrieb über ihn ein Lied (»Calling all Aliens«).

Später wurde bekannt, dass hinter »Bob White« ein 22-jähriger Mann aus Massachusetts steckte, der psychische Probleme hatte, aber eine Menge technisches Talent. Monatelang gelang es ihm, unerkannt von seinem Zimmer aus Spam-E-Mails im Cyberspace zu verbreiten. Und wenn er nicht gerade nach Motorteilen für seine Zeitmaschine suchte, verdiente er sich das Geld dafür. »Bob« strich eine Menge Geld mit Werbesendungen der gewöhnlichen Art ein, zum Beispiel mit Inseraten für zwielichtige Kreditangebote und Pornos.

So eroberten anonym versandte Massen-E-Mails das Internet, und die geniale Technik aus den Labors der Militärs und Universitäten hatte dem nichts entgegenzusetzen. Stattdessen stieß eine neue Branche in diese Lücke: Die Anti-Spam-Industrie. Das waren Unternehmen, die die Unterlassungen der Interneterfinder wiedergutmachen wollten, indem sie technische Waffen gegen Spam erfanden. Bis heute werden solche Dienste und Programme von E-Mail-Anbietern und einer Handvoll unabhängiger Dienstleistungsfirmen verkauft. Sie funktionieren so: Der Computer liest erstmal jede E-Mail, die im Eingangskorb landet, und sortiert die unerwünschten Sendungen aus. Wenn der Absender dem Empfänger unbekannt ist, wenn viele Leute gerade die gleiche E-Mail auf einmal zugestellt bekommen und wenn verdächtige Wörter wie »Viagra« oder »Monsterbilliger Kredit« darin stehen – dann muss es ja eine Werbesendung sein.

Der Microsoft-Gründer Bill Gates (»Ich bin die am meisten gespammte Person der Welt«) war zwischenzeitlich so sehr von den Anti-Spam-Techniken überzeugt, dass er beim Weltwirtschaftsforum 2004 in Davos erklärte: Binnen zweier Jahre werde es keine Spam-Post mehr geben. Es ist nicht ganz klar, inwiefern ihn damals Wunschdenken zu seiner mutigen Aussage getrieben hat. Die Flut von Spam drohte damals wie heute, die Kommunikationskanäle im Netz zu verstopfen. Sie machte damals wie heute die Produktivitätsgewinne bei der Arbeit mit E-Mails zunichte, sie unterwanderte auch damals schon mit Betrügereien das Vertrauen der Verbraucher. Sie blockierte damals wie heute legitime Werbekanäle.

»Wir haben den Kampf verloren«, sagt Guido Schryen, ein Spam-Experte an der Uni Kiel. »85 bis 90 Prozent aller weltweit verschickten E-Mails sind Spam. Daran hat sich nichts geändert. Und ich sehe auch keine praktisch umsetzbaren Mechanismen, die das Bild ändern könnten.« Die Eigenschaften und Protokolle, mit der der »Gott des Internets«, Jon Postel, die elektronische Post ausgestattet hatte, arbeitete mit aller Macht für die Spammer. Sie konnten experimentieren. Es kostete nichts. Sie konnten »Viagra« und »Monsterbilliger Kredit« mit so vielen Rechtschreibfehlern schreiben, dass die automatischen Filterprogramme nichts merkten. Sie konnten ihre E-Mails von einer unerschöpflichen Zahl erfundener Internetadressen versenden. Sie konnten immer mehr Spam verschicken und sicher sein, dass ein Teil davon bei arglosen Empfängern landen würde. Nie würden die Spamfilter wirklich alles finden, denn schließlich muss auch die legitime E-Mail noch ihre Empfänger erreichen: die elektronisch versandte Telefonrechnung. Das bei der Hausbank angeforderte Angebot für eine Hausratversicherung. Die Sonderangebote des örtlichen Kaufhauses. Und ja: Es gibt wirklich Menschen, die ganz legitim im Internet Viagra kaufen und monsterbillige Kredite in Anspruch nehmen wollen.

Eine absurde Situation ist entstanden. Große Unternehmen lassen sich heute von spezialisierten Marketingfirmen in Fragen der sogenannten »deliverability« beraten – in der Kunst, ihre E-Mails beim Empfänger ankommen zu lassen, ohne dass ein Spamfilter sie schluckt. Die Tipps dieser Berater sind ungefähr die gleichen, die auch die Dunkelmänner untereinander diskutieren. Und auch sie beschäftigen Dienstleister, die ihre Künste auf Webseiten offerieren und Tipps zur »deliverability« austauschen. Die Tricks sind ungefähr die gleichen. Wörter wie »Geld«, »Rabatt« und »$$$$$« vermeiden! Keine Großschrift! Keine Ausrufezeichen! Privatkunden am besten abends anmailen! Nicht zu viele Bilder! Möglichst den Empfänger persönlich mit Namen anschreiben!

Guido Schryen von der Uni Kiel hat noch eine nüchterne Sicht auf die Dinge: »Man muss sich klar machen, dass beide Seiten damit Geld verdienen«, sagt der IT-Experte, der sich seit Jahren mit dem Thema unerwünschter Werbesendungen befasst. Die Spammer – und die Anti-Spammer und die Anti-Anti-Spammer. »Für sie alle ist es eine Geschäftsgrundlage, dass es überhaupt erstmal Spam gibt«, sagt Schryen. Ein ökonomischer Anreiz, nichts Grundlegendes dagegen zu unternehmen? Oder, wie manche Kommentatoren es behaupten, ein Beweis dafür, dass manche Anti-Spam-Firmen mit den

Spammern unter einer Decke stecken – oder dass man sich zumindest wohlwollend gegenseitig toleriert?

Es gibt noch eine andere Front gegen die Werbemüll-Flut im Netz. Schon in den frühesten Tagen der Spam-E-Mails entstand eine spontane Gegenbewegung im Internet: Sie nannten sich »Cyber Vigilantes«. Selbsternannte Aufpasser im Netz wollten sie sein, eine Art digitale Bürgerwehr. Sie blieben anonym wie die Spammer selbst, zumeist jedenfalls, trafen sich auf Internetseiten wie Nanae.org und tauschten dort Informationen über neueste Betrugsfälle und ihre Bekämpfung aus. Aus ihren Reihen sind Organisationen wie »Spamhaus« erwachsen, das lange von einem exzentrischen Londoner Hausbootbewohner namens Steve Linford verwaltet wurde. Spamhaus führt bis heute eine wachsende Liste von Internetadressen und Internetfirmen, von denen aus Spams versandt werden – und wer es will, kann solche Absender fortan einfach blockieren. Spamhaus legte außerdem eine Liste der penetrantesten Spammer der Welt an, zum Teil mit Fotos.

Frühe Soziologen des Internet reagierten auf solche Entwicklungen ganz aufgeregt: Das Internet werde sich selber regulieren! Es werde zu einer Utopiegesellschaft voller verantwortungsbewusster Bürger heranwachsen, die keine sozialschädlichen Spammer und Betrüger in ihren Reihen dulden!

Doch so bezeichnend wie die Entstehung der Cyber Vigilantes war ihr Versagen bei der Bekämpfung von Spam. Die Kriege der Cyber-Vigilanten gegen die Spammer wurden schmutzig. Wohlmeinende Hacker gesellten sich dazu, ermittelten die wahre Identität mancher Spammer, und je nach Temperament zeigten sie sie an oder nahmen ihre Computer unter elektronischen Beschuss mit Schadsoftware oder gewaltigen Massen von E-Mails. Beide Seiten beschimpften sich aufs Gröbste und – im Schatten der Anonymität – unter der Gürtellinie. Die Grenzen zwischen Gut und Böse sind ein wenig verwischt.

Vor allem aber ist es den Dunkelmännern hinter Spam vor einigen Jahren gelungen, den »Vigilanten« ihre wichtigste Waffe aus den Händen zu nehmen: Ihre penibel gepflegten

Listen verdächtiger Großrechner im Internet, die Internetfirmen und Privatnutzer dann bloß noch blockieren müssen,
sind nutzlos geworden. Seit ungefähr 2003 haben kriminelle
Spammer eine neue Technik entdeckt: Sie können Privatcomputer unter ihre Kontrolle bringen. Sie können heimlich eine
Schadsoftware auf Rechnern installieren, die die Computer in
sogenannte »Zombies« verwandelt. Das war ein gewaltiger
technischer Satz nach vorne und zugleich ein wirklich schwe-
res Verbrechen. Manche Spammer kontrollieren jetzt Arme-
en privater Rechner, die auf Befehle von irgendwo draußen
im Internet lauschen und bereit sind, blindlings zu gehorchen.

Zum Beispiel auf den Befehl, mal schnell ein paar zehntau-
send Spam-E-Mails zu verschicken.

Überlauf im Honigtopf: Ein Mannheimer Professor gegen das globale Verbrechen

Im Büro von Dr.-Ing. Felix Freiling sitzt man ziemlich eng.
Das hat damit zu tun, dass überall Papier und Bücher herum-
liegen, vor allen Dingen aber damit, dass der Informatikprofessor sein sportliches Fahrrad bis ins Obergeschoss geschleppt
und neben dem Besprechungstisch an die Wand gelehnt hat.
Da nimmt es jetzt ziemlich viel Platz ein, aber Freiling lässt
sich nicht gerne beklauen. Er ist ein vorsichtiger Typ.

Der Inhaber des Lehrstuhls Praktische Informatik I an der
Universität Mannheim ist stolz darauf, dass man nirgendwo
im Internet seine private Anschrift findet. Nicht einmal sein
Foto wollte er ins Netz stellen, eigentlich, aber dann bestand
die Uni doch darauf. Freiling hat dann gleich neben sein elektronisches Abbild noch Aufnahmen von Helmut Kohl, Tom
Selleck und Will Smith gestellt, denn »das verwirrt die Bil-
dersuchmaschinen«, freut sich der Professor. Also findet man
sein Foto jetzt nicht ganz so leicht auf Google. »Seit ich mit
angewandter Computersicherheit arbeite, versuche ich dauernd, meine Spuren zu verwischen«, sagt Freiling und setzt
ein jungenhaftes Grinsen auf. Bei ihm weiß man nicht immer

genau, wann er etwas ernst meint und wann er scherzt. »Zwischen 2002 und 2005 habe ich an vier verschiedenen Universitäten unter zwei verschiedenen Namen gearbeitet.«

Es ist ein bisschen unerwartet, dass auf dem Flur von Professor Freiling – im gepflegten Atombunker-Ambiente mit Linoleumboden, dunkelgrauen Wänden und Deko-Elementen in Warnfarben-Orange – die Fäden des internationalen Computerverbrechens zusammenlaufen. Stimmt aber. Unter Freilings Leitung betreibt die Universität Mannheim einen der wichtigsten sogenannten »Honeypots« der Welt. Einen »Honigtopf«. Eine elektronische Falle im Internet, die verdächtige und schädliche Programme anlocken und unter Kontrolle bringen soll. Ein Honigtopf-Netzwerk besteht aus Computern, die sich scheinbar wie die ganz normalen Rechner benehmen, vor denen ein unbedarfter Internetbesucher sitzt: Sie surfen im Netz, sie empfangen E-Mails, sie sind einfach da – angeschlossen ans World Wide Web. Manchmal dauert es nur Sekunden, bis die ersten Angriffsversuche passieren. E-Mails mit Computerviren gehen ein. Verseuchte Webseiten versuchen, schädliche Codes zu laden. Unbekannte Bösewichte tasten den Computer auf Möglichkeiten zum Eindringen ab.

Zum Glück sind das keine normalen Computer. Freiling und seine Kollegen haben sie so programmiert, dass sie jeden Schritt der Bösewichte aufzeichnen, jeden Kontaktversuch der Schadsoftware nach draußen. Sie wollen lernen, was die Bösewichte treiben – um über Abwehrmöglichkeiten nachzudenken.

Die Mannheimer Forscher tun also etwas gegen die Bösewichte im Netz. Sie tauschen sich weltweit mit anderen »Honigtopf«-Betreibern aus, mit Antivirenfirmen, mit Herstellern wie Microsoft. Sie führen einen ehrbaren Kampf. Trotzdem gibt es Anzeichen, dass sie ihn verlieren werden. Es werden mehr und mehr Programme wie »ZeuS« entdeckt: Das räuberische Programm, das beim Diebstahl in der Firma von Karen McCarthy half – und bis heute vielen Anti-Virenscannern nicht auffällt. Das hat etliche technische Gründe, aber einer ist ganz simpel: »ZeuS« ist nicht nur einfach ein Programm, es ist ein Bausatz. Ein Baukasten der Unterwelt.

»Jedermann mit schlichter Computererfahrung ist in der Lage, ein solches Zombie-Netzwerk laufen zu lassen«, befanden kürzlich Forscher im Auftrag der kalifornischen Computerhardware-Firma Cisco. »Man muss weder den Programmcode verstehen noch sich mit Netzwerken auskennen.« Wenn man den ZeuS-Baukasten startet, sind es bloß noch ein paar Mausklicks und ein paar Eingaben bis zur ganz persönlichen Spionage- und Diebstahlsoftware. Man gibt ein oder wählt aus, welche Webseiten denn besonders interessant sind – will man Daten von der Kreissparkasse Köln klauen oder lieber welche von Facebook oder die von Amazon? Wohin sollen die Passwörter und sonstigen Informationen geschickt werden, die ZeuS gefunden hat? Soll ZeuS ab und zu im Internet nachsehen, ob sein Herr neue Befehle hinterlassen hat?

Weil jeder das Programm so maßschneidern kann, wie er will, gibt es inzwischen tausende Versionen der schädlichen Software »ZeuS«, und jede neue Variante sieht reichlich anders aus als ihre Vorgänger. »Eine Konsequenz ist, dass Antivirensoftware früher die Mehrzahl schädlicher Programme entdeckt hat, jetzt aber nur noch eine Minderheit«, schreibt der Sicherheitsexperte Ross Anderson von der Universität Cambridge. Nach allem, was bekannt ist, hat ZeuS bisher die größte Armee von »Computer-Zombies« auf der Welt geschaffen. Millionen willenloser Computer, die im Internet auf Befehle ihrer Herren warten.

»Die Möglichkeiten sind im Prinzip unendlich«, erläutert ein Mitarbeiter der amerikanischen Antivirenfirma Symantec, der den Programmcode von ZeuS für seinen Arbeitgeber eingehend untersucht hat. Computer-Zombies können Benutzer belauschen und überwachen. Sie können andere Computer attackieren. Sie können fast sämtliche Sicherheitsvorkehrungen der Onlinebanken aushebeln – auch TAN-Listen mit Einmal-Passwörtern, »virtuelle« Tastaturen, die nur auf dem Computerbildschirm erscheinen, und sogar diese kleinen Schlüssel mit ständig veränderlichen Geheimzahlen, die manche Banken ihren Kunden zum Schutz mit nach Hause geben. Zombies können im Internet mit geklauten Kreditkartendaten einkaufen, und hinterher sieht es so aus, als sei der arglose Benutzer des gehackten Computers der Schuldige. Irgendwann steht dann die Polizei vor der Tür.

Und Zombie-Computer können Spam verschicken – der Teufelskreis der Schadsoftware schließt sich.

Im Obergeschoss der Mannheimer Informatik-Fakultät, nur ein paar Türen vom Büro des vorsichtigen Professor Freiling entfernt, surren Computer in zwei riesigen Kühlschränken. Lämpchen blinken. Etwa fünfundzwanzig Rechner in grau und schwarz sind ringsherum im Raum verteilt, ein Bildschirm thront auf einem provisorischen Aufbau, ein bisschen schief. Das Zimmer, in dem die Mannheimer »Honeypots« bösen Bären im Internet auflauern, ist kaum größer als eine Besenkammer. Irgendwer hat auch noch paar Kisten Sprudel hinter die Tür geschoben. Und ein paar Flaschen Sekt.

Honeypots sehen auf der ganzen Welt so aus wie dieser, egal ob sie in einer Universität stehen, bei einer Antivirenfirma oder bei einem Computergiganten wie Microsoft. Doch sie haben ein gemeinsames Problem: Sie sind überlastet. Allein mit den tausendfachen Varianten von ZeuS zu kämpfen, kann solche Honigtopf-Netzwerke und die Schadsoftware-Analysten tagelang in Atem halten. Und ZeuS ist nur eine Schadsoftware von vielen! Die Antivirus-Firma Symantec erklärte, dass sie allein im vergangenen Jahr mehr Schadsoftware untersuchen musste als in sämtlichen Jahren zuvor – zusammengenommen.

Die Sicherheitsfirma Kaspersky Labs gab an, dass 6,29 Prozent aller von Kaspersky Lab analysierten E-Mails schädliche Dateien enthielten, doppelt so viele wie im Vorjahr. Die Sicherheitsfirma Panda Labs gab im September 2010 bekannt, dass nach ihren Schätzungen die Botnetze der Unterwelt jede Woche 57.000 neue Betrugswebseiten anlegten, auf die sie unbedarfte Computerbenutzer locken, um ihre Daten und ihr Geld zu erbeuten. Die größten dieser Botnetze haben Millionen von Computern in ihrer Gewalt.

Die Honigtöpfe der Forscher und Verbrechensbekämpfer sind von der Flut neuer Widersacher häufig überwältigt. »Allein die Analyse all dieser neuen Varianten erzeugt einen immer höheren Aufwand«, sagt Professor Freiling.

Technikexperten graut schon davor, dass im Augenblick so viele Rechner in Schwellenländern in Lateinamerika und in Afrika ans Netz gehen – dort benutzen nur vergleichsweise wenige Menschen überhaupt Antivirensoftware, sodass mit der Verbreitung riesiger Zombie-Netzwerke zu rechnen ist. Sie fürchten sich vor der rapiden weiteren Verbreitung von Smartphones, die ja ebenfalls ständig am Netz hängen – aber selten gegen schädliche Software geschützt sind. Im Herbst 2010 berichteten chinesische Medien, dass ein »Zombie-Netzwerk« von einer Million infizierter Smartphones herangewachsen sei – und sich aus der Ferne durch SMS-Nachrichten kontrollieren lasse.

Doch wer steckt wirklich hinter dieser Explosion von Angriffen und Schadprogrammen? Professor Freiling hat versucht, der Sache auf den Grund zu gehen. »Wir hatten ein Programm untersucht, das unbemerkt die Tastatureingaben eines Computers aufzeichnete und ins Internet verschickte«, erzählt er. »Wir sind der Spur einmal nachgegangen und haben den Computer ermittelt, an den diese Tastatureingaben verschickt wurden.« Freiling hat sich damals gewundert. Die Daten der Täter waren gar nicht weiter abgesichert. Er konnte einiges über ihre Identität und ihre Aktivitäten herausfinden.

Es dauerte aber nicht lange, da erhielt Professor Freiling eine Nachricht in seiner E-Mail-Box. Wenn er sich so für das Geschäft mit den geklauten Tastatureingaben interessiere, dann könne man ihm da noch weiterhelfen. Ein Unbekannter schlug ihm ein Treffen vor. In Basel. Als Freiling mit der Polizei und mit der Presse Kontakt aufgenommen hatte und versuchte, den Termin in Basel zu bestätigen, gab es die Mailadresse seines unbekannten Korrespondenzpartners schon nicht mehr.

»Ich gehe davon aus, dass das möglicherweise als Drohung gemeint war«, sagt Freiling heute. »Die Kriminellen waren sauer. Und auch die Polizei war sauer, weil sie gerade eine eigene Untersuchung laufen hatte.« Beim BKA warnten sie ihn, er solle sich lieber heraushalten, die Sache sei gefährlich. Freiling vermutet heute, dass er in einen Krimi hineingetappt ist.

Und ehrlich gesagt: Im Vergleich zu einigen anderen Leuten, die den Spam-Erzeugern quer kamen, ist Freiling ganz schön glimpflich davongekommen.

Der Tod des blauen Froschs: Die digitale Unterwelt schlägt zu

Es begann am späten Nachmittag des 2. Mai 2006. Techniker der israelischen Internetfirma Blue Security merkten, dass etwas Ungewöhnliches im Gange war. Mit einem Schlag konnten nur noch Internetbenutzer aus Israel ihre Webseite www.bluesecurity.com erreichen. Der Rest der Welt starrte auf einen leeren Bildschirm. Ein technischer Fehler? Ein Angriff? Damals wussten die Techniker noch nicht, dass sie den Anfang eines regelrechten Cyberkrieges erlebten. Einen der ersten seiner Art und Größenordnung. Er würde in den kommenden Wochen an den Fundamenten des Internet rütteln, die kleine Firma in den Ruin treiben und ein für allemal beweisen, dass das organisierte Verbrechen die Kontrolle über die dunklen Geschäfte im Internet übernommen hatte. Erst recht konnten Zehntausende Blue-Security-Kunden in aller Welt nicht ahnen, dass sie zu Teilnehmern einer Geschichte voller Geheimagenten, Mafiosi, Meister-Hacker und Verschwörer geworden waren, die genauso gut einem Roman von John le Carré hätten entspringen können.

Blue Security war keine alltägliche Internetfirma. Der Unternehmer Eran Reshef, ein ehemaliger Geheimagent der israelischen Armee, hatte sich in den neunziger Jahren als Experte für Computersicherheit selbstständig gemacht. Als er im Jahr 2004 in Herzliya seine Firma ins Leben rief, glaubte er, endlich ein wirksames System gegen Spam-E-Mail gefunden zu haben. Blue Security, so lautete Reshefs Plan, würde das

Problem an seiner Wurzel packen. Blue Security würde die Spammer außer Gefecht setzen.

Die Kunden der Firma luden ein kleines, kostenloses Programm auf ihre Computer. Wenn sie fortan eine Spam-E-Mail erhielten, wurden die Spammer ihrerseits mit Bitten um Unterlass belästigt. Erst sanft, dann am Ende mit einer ganzen Flut. Die E-Mails von Blue Security wurden natürlich nicht an die – meist gefälschten – Absenderadressen geschickt, die in den Werbe-E-Mails für Rolex-Uhren, raubkopierte Software oder Beruhigungsmitteln angegeben waren. Das hätte kaum etwas bewirkt. Sie gingen auch nicht an die Zombie-Computer, die die E-Mails womöglich verschickt hatten. Hinter denen saßen ja nur arglose, ausgetrickste Computerbenutzer. Nein, Blue Security machte sich die Arbeit, echte E-Mail-Adressen herauszufinden, hinter denen die Cybergauner lauerten und auf Auftragseingänge warteten. Deren Eingangskörbe flossen bald über und waren schnell verstopft.

Manche Internetexperten geißelten dieses Verfahren als »Lynchjustiz« und fanden es so unethisch wie die Werbesendungen selbst. Doch Blue Security fand namhafte Investoren aus dem Silicon Valley – und konnte Erfolge verbuchen. Sechs der etwa zehn größten Spam-Organisationen der Welt erklärten sich genervt bereit, Blue-Security-Kunden künftig nicht mehr zu belästigen. Blue Security half ihnen dabei und stellte eine (verschlüsselte) Liste ihrer 450.000 Kunden bereit, mit denen die Spammer ihre eigenen Versandlisten nun berichtigen konnten. Doch nicht alle Spammer mochten sich dem Waffenstillstand anschließen. Einer kündigte Vergeltung an.

Anfang Mai 2006 meldete sich ein wohlbekannter russischer Spammer bei Blue Security – ein Mann namens PharmaMaster, der in Computer-Sicherheitskreisen als Mitglied oder als der Tarnname für mehrere Mitglieder einer russischen Mafiaorganisation eingestuft wird. So ganz genau weiß man das nie. Die Diskussion darüber, wer wirklich hinter den Attacken auf das Programm BlueFrog steckte, dauert bis heute an.

PharmaMaster gab sich jedenfalls einigermaßen wortkarg:

Er werde die Firma lahmlegen. »Gott, ich liebe diesen Krieg«, schrieb er. Das war am 2. Mai um 13:42 Uhr Londoner Zeit. Von nun an ging alles Schlag auf Schlag.

Die Blue-Security-Server, die in guten Zeiten elektronische Protestschreiben an Spammer verschickten, standen nun selber unter Beschuss. Zehntausende infizierte Computer-Zombies in aller Welt, die von den Spammern sonst für ihren E-Mail-Versand benutzt wurden, waren offenbar für eine tagelange Attacke umgerüstet worden. Sie bombardierten Blue Security. Als die Firma schließlich etwas ungeschickt die Besucher ihrer blockierten Webseite auf das schwarze Brett einer anderen Firma umlenkte und dort eine »Mitteilung an unsere Kunden« veröffentlichte, ließ PharmaMaster auch deren Webseiten untergehen. Die Blue-Security-Kundschaft erhielt derweil Drohbriefe aus Russland. Sie würden »zwanzig- bis vierzigmal soviel Spam bekommen« wie normal. Die Spammer hatten einen Weg gefunden, die Hunderttausend E-Mail-Adressen der Blue-Security-Kunden zu entschlüsseln, die angeblich »bombensicher« abgelegt waren. Eine offensichtliche Racheaktion.

Am Ende wurde der Angriff so massiv, dass der Chef des großen Server-Betreibers Tucows mitten in der Nacht in Israel anrief und berichtete, dass »dieser russische Spammer« inzwischen »das halbe Netz in Kanada außer Betrieb gesetzt« habe. Tucows setzte seinen Kunden Blue Security auf die Straße. Einige der größten Internetfirmen der Welt winkten ebenfalls dankend ab. Spezialisierte Sicherheitsfirmen nahmen den Kampf auf, doch auch sie mussten sich angesichts der Übermacht der Zombies geschlagen geben – obwohl ihre Sprecher heute nach wie vor behaupten, mit etwas längerem Atem hätten sie die Sache in den Griff bekommen. Zwei Wochen lang ging das Spiel noch. »Tut mir leid, dass neuntausend Computer-Server wegen Ihrer Firma außer Betrieb sind«, kam eine neue Textnachricht aus Russland. »Und weiter viel Glück.«

»Die Situation drohte einen Bürgerkrieg im Cyberspace auszulösen«, sagte Peter Swire, ein Jurist und Internetexperte an der Ohio State University und Berater von Blue Security. Bis Blue Security aufgab. Das Unternehmen teilte mit, dass es seinen Krieg gegen Spam einstellen werde – und dabei ist es geblieben. »Es ist das einzig Verantwortliche, das wir tun können«, sagte der zerknirschte Firmengründer Eran Reshef. In seinem Umfeld wurde spekuliert, dass Reshef Todesdrohungen gegen sich selber und seine Familie erhalten habe. Reshef bestätigt nichts dergleichen. Am Ende ließ er bloß eine von seinen Beratern abgestimmte Erklärung zurück: »Dieser Gegner hatte zu viel Geld im Rücken und keine moralischen oder rechtlichen Grenzen. Hätten wir weitergekämpft, hätte er womöglich jeden einzelnen unserer Kunden attackiert und das Internet zum Zusammenbruch gebracht.«

Eran Reshef hatte ein wirksames Mittel gegen Spam gefunden. Doch er hatte unterschätzt, wie sehr sich die Kräfteverhältnisse in der neuen Welt der organisierten Cyberkriminalität verändert hatten.

Etliche Antispam-Aktivisten – bis hin zu den Chefs einiger großer Antivirenfirmen – halten ihren Aufenthaltsort seither geheim. Viele in der Branche halten den französischen Fahnder David Bizeul hinter vorgehaltener Hand für einen selbstmörderischen Draufgänger: Bizeul hat über große Zeiträume das Russian Business Network (RBN), jahrelang eine der größten Spam- und Cybercrime-Organisationen der Welt, ausgeforscht, zahlreiche Namen und Adressen aus ihrem Umfeld veröffentlicht und seine Verbindungen in die digitale Unterwelt dokumentiert. Joseph Menn, ein Internetkorrespondent für die *Financial Times*, greift in seinem Buch *Fatal System Error* auf zahlreiche Quellen amerikanischer und britischer Strafverfolger zurück und deutet an, dass das RBN offenbar nicht nur beste Kontakte zur Mafia unterhält, sondern auch in die Polizeiorganisation und in die hohe Politik. Und Menn erzählt die traurige Geschichte eines westlichen Aufklärers, der zusammen mit der russischen Polizei in St. Petersburg auf der Spur einer großen Cybercrime-Organisation war – bis »die Tochter des Mannes für immer aus dem gemeinsamen Haus in einem westlichen Land verschwand. Ihm wurde mitgeteilt, dass er die Sache vergessen solle, dann würden seine anderen Kinder in Ruhe gelassen«.

Es gibt noch mehr solcher Geschichten. Die meisten werden hinter vorgehaltener Hand erzählt, verbunden mit der Bitte, nicht über sie zu berichten oder zumindest die damit verbundenen Personen nicht zu identifizieren. »Die monetären Profite aus Cyberverbrechen sind immens«, urteilte die Computer-Sicherheitsfirma Sophos kürzlich in ihrem regelmäßig erhobenen »Security Threat Report«. Allein in Russland, schätzte die russische Sicherheitsfirma LETA im September 2010, sei der Umsatz der Cyberverbrecher auf eine Milliarde Dollar pro Jahr gewachsen. Es gebe etwa 20.000 Kriminelle in diesem Segment, aber höchstens fünf bis sieben Verhaftungen im Jahr. Hohe Profite und das vergleichsweise geringe Risiko, geschnappt zu werden, hätten die finstersten Sektoren des internationalen Verbrechens auf Cybercrime aufmerksam gemacht. Cyberverbrechen ist Big Business geworden: Professionell organisiert, mit gewaltigen Finanzmitteln ausgestattet, mit einigen der besten Hacker der Welt besetzt.

Nun ist es nicht so, dass man gleich einen Geigenkasten durch die Straßen schleppen und Siegelringe küssen muss, um beim Cyberverbrechen mitzumischen. Eher im Gegenteil: Diese brandneue Branche der internationalen Unterwelt bietet jede Menge Einstiegsjobs für Gelegenheitstäter und kleine Ganoven, Heimarbeitsplätze zudem. Die Zugangsbarrieren sind gering und die Hemmschwellen niedrig.

Um loszulegen, betritt man eines der zahlreichen, kaum geheim gehaltenen Kommunikationsforen der digitalen Unterwelt und hält nach Angeboten Ausschau. E-Mail-Versand? Ein paar Millionen täglich? Mit Extra-Durchschlagskraft gegen Spamfilter? Frisch versandt von gekaperten Zombie-Rechnern in aller Welt? Solche Angebote finden sich dort zuhauf von Kriminellen in den USA oder Russland, Brasilien oder China. Der Konkurrenzdruck ist groß, die Preise sind zuletzt gepurzelt. Schließlich kann ja schon ein einziger gekaperter Computer am Tag bis zu 600.000 E-Mails verschicken.

Wer ein bisschen mehr kriminelle Energie und ein paar Riesen Startkapital mitbringt, kann sich auf den gleichen Foren auch das berüchtigte Gaunerprogramm ZeuS besorgen. Jene Universal-Software für Kriminelle, die die New Yorker Marketingunternehmerin Karen McCarthy an den Rand des Bankrotts trieb. »Ich verkaufe ZeuS Version 1.2.7.7 für 550 Dollar« lauten Anzeigen in den Foren, oder sogar: »ZeuS-Baukasten – Gratisversion zum Runterladen!« Unterwelt-Profis sind da übrigens auf der Hut: Den Gratisversionen ist nicht zu trauen. Oft sind heimliche Hintertürchen eingebaut, die die Computer der sparsamen Möchtegern-Gauner für viel ruchlosere Verbrecher öffnen – um ihnen dann auf frischer Tat das Diebesgut abzujagen. Ganovenehre zählt im Internet nicht viel.

Besser also, man lässt sich die Sache etwas kosten. Neuere Versionen wie 1.3 oder 1.4 werden für etwa 3000 bis 4000 Dollar gehandelt. Für Extras muss man extra bezahlen: 2000 Dollar, um die neuesten Sicherheitsvorrichtungen in Windows 7 zu überwinden. 2000 Dollar, um den Firefox-Browser aus der Ferne für Datendiebstahl zu missbrauchen. 1500 Dollar für die unerhört praktische Programmoption, von einem ferngesteuerten Zombie-Computer aus gleich ein paar Homebanking-Überweisungen zu tätigen. 10.000 Dollar für ein Modul, das die komplette Kontrolle eines fremden Rechners erlaubt – so, als sitze man selber mit Maus und Tastatur davor.

Die optionalen 100 Dollar pro Monat für den »technischen Kundendienst« sind fast geschenkt, zumal Stammkunden einen Rabatt erhalten. Der technische Kundendienst für ZeuS beinhaltet alle möglichen Dienstleistungen, damit die Software zuverlässig ihren Dienst tut. Kevin Steven, ein Virenfachmann bei der Sicherheitsfirma Secure Works, war nach einer umfangreichen Analyse des ZeuS-Programms ganz beeindruckt: »Die Autoren haben einen hardware-basierten Kopierschutz eingebaut«, staunt er. Sie stellen also sicher, dass das einmal verkaufte Programm auch wirklich nur auf dem Computer des Käufers läuft; eine Kopierschutzfunktion, die auch in der Welt der legalen Software bei sehr teuren, hochwertigen Spezialprogrammen eingebaut ist. Sonst könnte ja jedermann die Betrugssoftware von den Betrügern stehlen!

Die paar Tausender sind wohl nicht zu viel verlangt für ein Programm, das so vielseitig seinen Dienst tut. Manche Betrüger benutzen ZeuS, um Computer bei Firmen unter ihre Kontrolle zu bringen und sie dann zur Erpressung zu nutzen (»Wenn Sie uns nicht 100.000 Euro überweisen, bombardiere ich die Server Ihrer Firma so lange mit meinem Zombie-Netzwerk, bis kein Kunde Sie mehr erreichen kann«). Datendiebstahl, das Ausräumen der Onlinekonten, Kreditkartendiebstahl, sogar Spionage im Auftrag interessierter Firmen – das ist alltägliches Geschäft. Neuere Versionen der ZeuS-Software teilen ihren Betreibern hilfreich per Sondermeldung mit, wenn ein besonders dicker Fisch ins Netz gegangen ist: ein Onlinekonto, von dem man 100.000 Dollar oder mehr abräumen kann. Damit der Gauner keine Zeit verschwendet.

Professionelle Betreiber von Zombie-Netzen mieten vorzugsweise auch Rechner in Ländern an, in denen Cyberverbrechen nicht geahndet werden: In China, in Französisch-Guyana, in Kasachstan oder auf Haiti gibt es etliche solcher Anbieter. Von dort aus können sie ihre Angriffe starten, ohne dass ihnen die Polizei auf die Pelle rückt, und sie können ihre »Zombies« unerkannt mit neuen Aufträgen versorgen. Auch diese Rechner werden von Profis installiert und gepflegt, gegen eine erkleckliche Provision. Andere Dienstleister haben sich darauf spezialisiert, Computer an Universitäten oder in Unternehmen in möglichst vielen Ländern in ihre Gewalt zu bringen und sie dann zu vermieten – was für Cyberverbrecher sehr vorteilhaft sein kann. Wenn man gerade ein Bankkonto in Düsseldorf leerräumen möchte, fällt es bei den Sicherheitschecks vielleicht unangenehm auf, wenn der Überweisungsauftrag aus Odessa in der Ukraine kommt. Viel unauffälliger ist es, wenn er vom gekaperten Computer eines städtischen Amtes irgendwo im Rheinland kommt. Auf einschlägigen Hackerwebseiten sind tausende solcher Computer zu mieten, fein unterschieden nach geografischen Regionen.

Eine der wichtigsten Rollen in diesem dunklen Geschäft spielen spezialisierte Geldwäscherbanden, die das viele gestohlene Geld zu den Dieben bringen, ohne dass die Polizei ihrer Spur folgen kann. Das ist gar nicht so leicht. Heute wird fast jede Geldspur auf der Welt von Computern erfasst und gleichzeitig an zahlreiche Behörden gemeldet. Aber eben nur *fast* jede Geldspur. In Mafiakreisen kennt man eine Reihe Methoden für den Geldtransport, die auch schon beim Drogenhandel, bei der Menschenverschleppung oder bei Auftragsmorden verlässliche Dienste tun. »Diese Leute streichen üblicherweise einen ansehnlichen Profit ein«, sagt Chenxi Wang, eine ehemalige Sicherheitsexpertin beim amerikanischen Finanzriesen Citibank.

Es gibt die wohlerprobten, simplen Methoden: Das Diebesgut wird an ein Konto überwiesen, das ein Geldwäscher zuvor mit gefälschten oder gestohlenen Papieren eröffnet hat, und dann hebt er es einfach ab und bringt es als Bargeld an sein Ziel. Gestohlene Kreditkarteninformationen werden an sogenannte »Carder« weitergegeben, die aus diesen Daten brandneue und echt wirkende, gefälschte Karten pressen. Manche Gauner kaufen einfach hochwertige Güter wie Uhren und Smartphones auf fremde Kosten im Internet ein und lassen sie dann an eine gekaperte Post-Packstation liefern. Oder an ein leerstehendes Haus, wo sie nur abgeholt werden müssen.

Als die Polizei den Fall von Karen McCarthy untersuchte, der bestohlenen Kleinunternehmerin aus New York, stellte sie fest, dass unter anderem 14.875 Dollar und null Cent an eine Pamela Biagi in Kennesaw, Georgia, verschickt worden waren. Diese Pamela Biagi gab es wirklich. Die Polizei klopfte an ihre Tür und fand eine 59-jährige Hausfrau vor, die einen »Heimarbeitsjob« angenommen hatte. Der war ihr im Internet angetragen worden war. Der »Heimarbeitsjob« bestand darin, dass Unbekannte Geld auf ihr Konto überwiesen und dass sie das Geld abhob und abzüglich einer Kommissionsgebühr weiter verschickte. »Dass ich an einer solch schrecklichen Sache mitgemacht habe, ist furchtbar«, erklärte Biagi im Gespräch mit einem Sicherheitsberater, den McCarthy zu Hilfe bat.

Und es gibt fantasievolle Methoden. Einige Geldwäscher

arbeiten mit Glücksspielfirmen in einem fernen Land zusammen, vorzugsweise in einem ohne allzu strenge Aufsicht. Dort kauft man mit dem gestohlenen Geld Glücksspieltickets und landet irgendwann in den kommenden Wochen einen riesengroßen Glücksspielgewinn.

Katz und Maus: Der oberste Polizist von Microsoft

Was für ein Job: der oberste Verbrechensbekämpfer bei Microsoft! Thomas J. Campana ist sichtlich in seinem Element, als er auf dicken Gummisohlen durch einen Gang des Gebäudes 27 federt, eine Art Kreditkarte aus der Hosentasche zieht und ein besonders komplex aussehendes Schloss an einer Tür aufspringen lässt. »Diesen Schlüssel hat hier kaum einer«, sagt Campana. Drinnen: Wieder ein Honigtopf-Netzwerk. Aber diesmal bei Microsoft, dem größten Bürosoftware-Hersteller auf dem Planeten, auf einem gigantischen campusartigen Firmengelände am östlichen Rand von Seattle. In diesem Honigtopf-Netzwerk stehen so viele Schränke voller Computerserver, dass man sie auf die Schnelle gar nicht zählen kann. Elegante schwarze Gitter, die die Computer von äußeren Einwirkungen abschirmen. Ausziehbare Flachbildschirme. Das sanfte Schnurren von Festplatten und Ventilatoren.

Doch im Grunde sind die Computer in diesem Raum genauso mit ihrer Aufgabe überfordert wie die chaotische Besenkammer an der Uni Mannheim.

Herr Campana, wie sieht das denn aus, kann die größte Softwarefirma der Welt endlich mal Schluss machen mit der Plage der Zombie-Rechner? Wann gewinnen in diesem Krieg endlich mal die Guten?

»Es ist ja kein neuer Krieg. Das ist ein altes Katz-und-Maus-Spiel.«

Das kann man wohl sagen. Die Antivirenfirmen entdecken fast wöchentlich völlig neue, erhebliche Sicherheitsbedrohungen ...

»Absolut. Die Bad Guys wollen Geld verdienen. Wir machen

uns große Sorgen: So etwas unterminiert ja das Vertrauen, das wir alle in das Internet haben! Wir schauen also definitiv sehr genau dort hin. Aber ich habe trotzdem den Eindruck, dass sich die Kräfteverhältnisse verschieben. Dass wir – dass die Guten – dieses Spiel gewinnen.«

Verzeihung, Sie meinen, wenn man sich mit einem Windows-Rechner ins Internet begibt, muss man nicht vor lauter Angst zittern?

»Ganz klar: Wenn Sie sich vorbildlich im Internet verhalten, wenn Sie Ihr Betriebssystem und Ihre Programme laufend aktualisieren, einen Virenscanner laufen lassen, nicht als ›Administrator‹, sondern als normaler Benutzer in den Computer einloggen und sich von verdächtigen Ecken des Internet fernhalten – dann sind Sie heute ziemlich sicher im Netz. Das reicht nur nicht.«

Wieso reicht das nicht?

»Ja, weil Sie auch an die Leute denken müssen, die all das nicht tun. Nehmen Sie irgendeine Großmutter. Die hat ihr Betriebssystem nicht aktualisiert, und dann hat sie auf eine E-Mail-Postkarte in ihrem Briefkasten geklickt, wo ein paar Katzen und ein paar Herzchen zu sehen waren. Das heißt, sie hat jetzt eine bösartige Schadsoftware auf ihren Computer installiert, und der Rechner kann aus der Ferne von Kriminellen unter Kontrolle gebracht werden. Großmutter ist aber immer noch eine Microsoft-Kundin! Zunehmend setzt sich bei Microsoft das Denken durch: Wir müssen auch Oma schützen.«

Man muss es Thomas J. Campana lassen: Als oberster Rächer surfender Großmütter hat er sich im vergangenen Jahr einen Namen gemacht. Seine zuvor völlig unbekannte Abteilung – ein Verbrechensbekämpfer bei Microsoft? – machte plötzlich weltweite Schlagzeilen. Der Software-Riese aus Redmond bei Seattle hatte zurückgeschlagen. Unter Campanas Anleitung wurde ein weltweites Geflecht vernetzter Rechner, ein Zombie-Netzwerk namens Waledac, außer Gefecht gesetzt.

»Wir konnten zwar nicht jeden Zombie-Rechner von der Schadsoftware befreien«, gibt Campana zu, »aber es ist uns gelungen, dass die Kriminellen dieses Botnetz nicht mehr steuern können.« Es war ein technischer Triumph, an dem auch die Universitäten in Mannheim und Bonn ihren Anteil hatten. Es war ein Vorstoß in juristisches Neuland: Wie es sich für eine professionelle Cybercrime-Organisation gehörte, standen die Kommando- und Kontrollserver für Waledac in fünf verschiedenen Ländern. Fünf verschiedene Regierungen, fünf verschiedene Polizeiorganisationen waren dafür zuständig, und sie gaben sich keineswegs allesamt kooperativ.

Campana ist noch heute ganz euphorisch, dass die Operation gelang. Nicht überall kooperierten die Behörden – aber Campana sagt auch: »Es gibt sie, die guten Leute im Internet, man muss sie nur finden.« Zu den guten Leuten gehörte beispielsweise die amerikanische Firma Verisign, die mit dafür verantwortlich ist, eine Art gewaltiges Telefonbuch für das Internet zu führen: jene riesige Datenbank, in die ständig aktuell eingetragen wird, auf welchem Computer in den Tiefen des Netzes etwa die Firma Google.com zu erreichen ist, die Firma Microsoft.com oder die Firma BoesesBotnetzVonVerbrechern.com. Verisign ließ sich von Microsoft – und von einer eilig erwirkten Gerichtsentscheidung – dazu überreden, die Kommando- und Kontrollserver des Waledac-Netzes im Netz unerreichbar zu machen. Eine Zeitung hat damals die Microsoft-Zombiekiller als Supermänner des Internet zeichnen lassen. Campana hat das ausgeschnitten und an die Wand geheftet.

Glückwunsch, aber lassen Sie uns mal auf dem Teppich bleiben: Das war ein einzelnes Zombie-Netzwerk. Wie viele Zombie-Netzwerke gibt es denn noch so da draußen? Hundert? Tausend?

»In diesem Moment halten wir ungefähr viertausend verschiedene Botnetze in unserem Labor im Blick. Einige davon sind klein. Das sind nicht die berühmten Millionen von Rechnern, sondern vielleicht nur ein paar hundert verseuchte Computer. Aber manchmal werden damit viel schlimmere Dinge angestellt als mit den großen.«

Schlimmere Dinge?

»Botnetze etwa, die für die kriminelle Infrastruktur verwendet werden. Es gibt da recht komplizierte Strukturen. Um unerkannt zu bleiben, verwenden Kriminelle manchmal ein kleines Botnetz, das ihre Kommandos an ein anderes, riesengroßes Botnetz sendet. Sprich: Für uns kann es manchmal sehr effizient sein, dieses kleine Botnetz außer Gefecht zu setzen.«

Viertausend Botnetze sind aber immer noch eine Menge, wann schalten Sie die endlich alle ab?

»Man muss zugeben: Die technische Raffinesse der Unterwelt nimmt zu. Die wissen auch, wie wir hier arbeiten! Und zunehmend können Sie sehen, wie die Bad Guys solche Erkenntnisse beim Programmieren ihrer Schadsoftware berücksichtigen. Sie gehen sogar so weit, dass manche Schadsoftware bemerkt, wenn sie im Labor bei Microsoft oder bei einer Antivirusfirma begutachtet wird! Sie verhält sich dann unscheinbar und stellt nichts Schlimmes an.«

Und Sie sind, um das jetzt noch mal festzuhalten, nicht in der Lage, all diese Botnetze auszuschalten? Obwohl Sie sie in Ihrem Labor ›beobachten‹?

»Nicht alle. Die Bedrohung durch Botnetze wird es noch einige Zeitlang geben. Wir sehen gerade so etwas wie die große Rückkehr der Zombie-Netzwerke – vor etwa fünf Jahren war das schon einmal ein ganz großes Thema, und dann wurde es etwas stiller. Eins muss ich aber deutlich sagen: Es hat immer Verbrechen gegeben – und es wird immer Cyberverbrechen geben.«

Das Problem ist: Manche Computersicherheitsexperten sind der Überzeugung, dass das Cyberverbrechen außer Rand und Band geraten sei. »Angesichts der Computerkriminalität kann man sich nur schwer des Eindrucks erwehren, dass Informationssicherheit gerade scheitert«, glaubt Adam Shostack, ein ehemaliger Hacker und heutiger Sicherheitsberater (und Buchautor), der pikanterweise ebenfalls für Microsoft arbeitet. »Und die Probleme scheinen zuzunehmen, je mehr Geld wir für Computersicherheit ausgeben.«

Selbst die spektakulären Schließungen des einen oder anderen Botnetzes durch die Polizeibehörden oder durch Leute wie Campana haben offenbar nicht mehr den gleichen Effekt wie in den Anfangstagen. Nach der Zerschlagung der ersten

Zombienetze wie Waledac, Bredolab oder Pushdo im Jahr 2010 war das Spamaufkommen gleich danach erheblich gefallen – um aber nach einigen Wochen oder Monaten wieder auf den früheren Stand zurückzukehren. Als am 16. März 2011 wieder einmal ein Botnetz geschlossen wurde, Rustock, meldeten hinterher erstaunt die Experten der russischen Computersicherheitsfirma Kaspersky: »Das weltweite Spamaufkommen fiel wider Erwarten nur um zwei bis drei Prozentpunkte.« Die weltweite Botnetzstruktur werde flexibler, hieß es, es gebe Ersatz- und Auffangnetze, selbst größere Ausfälle ließen sich heute verkraften.

Von Computerviren und schädlichen E-Mail-Anhängen haben inzwischen viele Menschen gehört – aber nur wenige Internetsurfer sind sich darüber im Klaren, wie trickreich und gefährlich sich manche Schadsoftware heute verbreitet. Es gibt bestimmte Programmiertricks für Webseiten, die dafür sorgen, dass ein bloßer Besuch einen Spion à la Zeus auf den Computer lädt.

Es wissen auch nur die wenigsten Internetsurfer, dass heutzutage fast alle Schutzmechanismen der Banken von Hackern ausgeschaltet worden sind. Das gilt für die Verschlüsselungsmethoden an sich: An der Tsinghua-Universität in Peking arbeitet eine Lehrbeauftragte namens Wang Xiaoyun, die bei Redaktionsschluss dieses Buches gemeinsam mit ihren Studenten bereits fünf weit verbreitete Verschlüsselungsprotokolle überwunden hatte.

Das gilt für die Abfrage von Kreditkartendaten beim Onlineeinkauf: Hacker und Sicherheitsexperten haben wieder und wieder vorgeführt, dass man mit gestohlenen Kreditkarten auch dann online Einkäufe tätigen kann, wenn man nicht die richtige Geheimzahl auf der Rückseite der Karte kennt. Dass man die ständig neu erfundenen Sicherheitssysteme der Kreditkarten (»3-D-Secure«, »Chip & Pin«) ebenfalls schon umgehen kann. Der Grund? Ein irrsinnig komplexes System aus Kreditkartenfirmen, Banken, Händlern, Dienstleistern und Rechenzentren, die bei jeder Onlinetransaktion zwischengeschaltet sind.

»Vielen ist gar nicht klar, wohin ihre Kreditkarteninformationen überall fließen – dass da nach dem eigentlichen Händler noch zwei bis drei Dienstleister zwischengeschaltet sind, das ist den meisten nicht bekannt«, sagt Ronny John, ein Experte bei der Sicherheitsfirma USD aus Langen. Jeder zusätzliche Schritt birgt auch ein zusätzliches Sicherheitsrisiko. Hacker lieben es, wenn verschiedene Betreiber unterschiedliche Computersysteme mit allen möglichen Schnittstellen irgendwie zusammenschalten – sie finden dann erfahrungsgemäß lauter Einfallstore. Sascha Pfeiffer von der Sicherheitsfirma Sophos fügt hinzu: »Da Sicherheit so ein sensibles Thema ist, reden Banken nicht so gern über die Schwachstellen ihrer Angebote.«

Wohl deshalb, weil viele Menschen sich entsetzt vom Homebanking abwenden würden, wenn sie erst um all diese Schwachstellen wüssten. All die Passwörter und Sicherheitsnummern und Einmal-TAN-Nummern? »Dieses System muss man als geschlagen ansehen«, sagt Jim Woodhill, der Gründer einer Banksicherheitsfirma namens Authentify in Houston.

Es ist nämlich so, dass Hacker mit etwas Glück und Geschick die Besucher legitimer Webseiten – etwa bei einer Onlinebank – auf ihre eigenen Seiten umlenken können. Die Besucher merken das in der Regel nicht. Wenn sie das nächste Mal eine Überweisung tätigen wollen, geben sie dann treuherzig ihre Daten für die Überweisung ein und ihre aktuell erfragte Geheimnummer, und der Computer der Bank führt dann tatsächlich eine Überweisung aus. Aber nicht an den vorgesehenen Empfänger, sondern an den Empfänger, den im Hintergrund die Hacker eingefügt haben. »Man in the Middle«-Angriff heißt so etwas in den Informatikerkreisen. Mann in der Mitte. Eine finstere, unbemerkte und unauffindbare Person irgendwo draußen im Internet.

Herr Campana, viele Leute sagen: Der größte Schwachpunkt im Netz ist eigentlich die Microsoft-Software. Sie ist so verbreitet im Netz, dass sich alle Hacker der Welt darauf stürzen und ihre Fehler ausbeuten ...

»Ja, das hört man immer wieder. Das sei ein Microsoft-Problem. Und naja, ein großer Teil der Internetbenutzer ver-

wendet dabei irgendein Programm von Microsoft. Aber ehrlich gesagt, machen wir uns genauso viele Sorgen um die anderen Plattformen. Das ist ein Ökosystem. Eine Windows-Maschine versendet eine Spam-Nachricht, ein Mac-Rechner leitet sie weiter, ein Linux-Benutzer bekommt die Nachricht dann. Wir sitzen in einem Boot. Das ganze Fingerzeigen ist ein bisschen altbacken.«

Trotzdem kann man argumentieren, dass es erstmal die Verantwortung von Herstellerfirmen wie Microsoft ist, ihre Programme vor schädlichen Eindringlingen zu schützen.

»Natürlich arbeiten wir zum Beispiel mit der Abteilung zusammen, die das Malicious Software Removal Tool programmiert – das ist ein Programm, das jeden Monat von Microsoft auf Windows-Rechner aufgespielt wird, um gegen die aktuell wichtigsten Sicherheitsbedrohungen vorzugehen.«

Kürzlich ist eine technisch extrem raffinierte Schadsoftware namens »Stuxnet« aufgetreten, die angeblich im Iran Atomanlagen außer Kraft gesetzt haben soll. Die ist – soweit man es bisher weiß – an allen möglichen Sicherheitsvorkehrungen auch in Microsoft-Programmen einfach so vorbeigerauscht. Warum war das zum Beispiel möglich? Warum hat Microsoft keinen Schutz geboten?

»Ja .... Da gibt es definitiv technisch sehr fortgeschrittene Bedrohungen da draußen. Schwer zu entdecken, schwer, überhaupt davon zu erfahren, und meist werden da bislang völlig unbekannte Sicherheitslücken ausgebeutet. Typischerweise werden solche Dinge ja auch nicht gegen Mama und Papa eingesetzt ...«

Aber irgendwann sprechen sich neue »Erfindungen« in der Hackerszene herum, und dann gibt es Banden oder Einzeltäter, die sie sehr wohl gegen ganz normale Computerbenutzer einsetzen.

Campana lacht. »Ja, die machen cut and paste.«

Ausschneiden und wieder einfügen. Eine Microsoft-Erfindung aus frühen Tagen.

Und man kennt noch nicht all diese Bedrohungen. Sie kennen sie auch noch nicht.

»Ja, da gibt es sicher eine Dunkelziffer. Da klingelt hier ab

und zu das rote Telefon. Dann treffen wir uns mit den Leuten aus der Sicherheitsforschung und unserem Trustworthy Computing Team im sogenannten ›War Room‹, und wir fragen uns: Was wissen wir über diese oder jene Sicherheitslücke? Und immer mal wieder lautet die Antwort: Davon wussten wir nichts.«

Eigentlich versteht man das ganze Problem ja nicht. Sie sind Microsoft. Sie machen diese Software. Bauen Sie doch einfach einen »Ausschalter« ein, einen Kill-Switch, und nehmen Sie befallene Rechner ferngesteuert vom Netz. Das geht doch technisch sicher? Nächstes Upgrade. Einfach aus. Apple und Google haben auf diese Weise bereits beide aus der Ferne schädliche Software von den Mobilgeräten ihrer Kunden entfernt.

»Ich glaube, das wollen wir als Unternehmen nicht machen ...«

Wieso nicht? Schaltet nicht Microsoft Betriebssysteme aus der Ferne aus, wenn es so aussieht, als sei die Software geklaut? Dann kann man doch wohl auch ein Botnetz abschalten, wenn es auf Microsoft-Software läuft?

»Ich neige da nicht zu. Als Kunde würde ich das auch nicht wollen. Ich würde lieber jemanden haben, der sagt: Hier ist ein Problem. Hier gibt es ein paar Tools, um das zu reparieren. Und das machen wir hier.«

Microsoft alleine wird den Kampf so aber nicht gewinnen?

»Kein Mensch kann das alleine schaffen. Wir bauen ein Netzwerk auf, recht systematisch. Ein Weg, über den wir ein wenig Einfluss nehmen, ist eine jährliche Konferenz, die wir veranstalten, das Digital Crimes Consortium. Wir bringen jedes Jahr vierhundert bis fünfhundert Leute aus Forschung, Unternehmen, Polizeibehörden und Regierungen aus der ganzen Welt zusammen – üblicherweise aus fünfzig Ländern.

Zu wenig Festnahmen, zu viele Opfer

Campana hat recht: Die Zahl spektakulärer Festnahmen ist in den vergangenen Jahren gewachsen. Und die Aufklärungsarbeit seiner Cybercrime-Abteilung kann sich dafür ebenfalls auf die Schultern klopfen.

August 2009: Ein israelisch-stämmiger Hacker wird von den Behörden überführt und gibt den Diebstahl sagenhafter 10 Millionen Dollar von amerikanischen Banken zu – alles mit Hilfe des Internets.

März 2010: 23 Verdächtige werden in der Türkei gefasst, die Regierungswebseiten geknackt und mit Schadsoftware gespickt haben sollen.

Juli 2010: FBI-Ermittlungen führen zur Festnahme von fünf ehemaligen Informatik-Studenten in Slowenien und in Spanien, deren Schadsoftware Mariposa (Schmetterling) ein gigantisches Zombie-Netzwerk mit 12,7 Millionen infizierten Rechnern geschaffen hatte. Mariposa stahl Kreditkartennummern, Zugangsdaten zu Firmennetzen, Daten für das Onlinebanking.

Oktober 2010: Das FBI verhaftet etwa hundert Leute, davon neunzig in den USA, die als Geldwäscher im Dienste von Cyberkriminellen unterwegs waren und Geld ins Ausland schmuggeln wollten.

Ebenfalls Oktober 2010: Die für Cyberkriminalität zuständige Abteilung der niederländischen Polizei gibt bekannt, dass 143 Kontrollserver eines gigantischen Botnetzes namens Bredolab unschädlich gemacht wurden. Im armenischen Jeriwan wird einer der mutmaßlichen Betreiber festgenommen.

April 2011: Das US-Justizministerium und die Bundespolizei FBI legen ein weiteres Botnetz namens Coreflood lahm, das ebenfalls Millionen von Computern unter Kontrolle gebracht hatte.

Hinter einigen dieser Durchbrüche standen wieder Thomas J. Campanas Fahnder bei Microsoft sowie ihr eng geflochtenes Netzwerk von Polizei- und Justizkontakten. Und das soll nur der Anfang sein. Microsoft gehört zu den wesentlichen Antreibern einer neuen Art von Informationsaustausch: Wenn irgendwo Erkenntnisse über infiltrierte Computer und gestohlene Daten auftauchen, will der Konzern aus Redmond künftig dabei helfen, dass die Informationen viel schneller als bisher an Banken weitergegeben werden – damit Überweisungen von kompromittierten Konten gleich gestoppt werden können.

Trotz solcher Erfolge ist eines klar: Vor dem Hintergrund der gewaltig anschwellenden Schadsoftware und der wachsenden Szene der Cyberverbrecher sind solche Erfolge Tropfen auf einen heißen Stein.

Das Geschäft mit dem Onlinebetrug floriert – in Amerika, weltweit und auch in Deutschland. Jörg Ziercke, der Chef des Bundeskriminalamts (BKA), verriet kürzlich in einem Gespräch mit dem *Handelsblatt*: »Die Fälle nehmen rapide zu. Gab es 2009 noch rund 10.000 Fälle von Wirtschaftskriminalität, die mittels Internet begangen wurden, waren es 2010 schon rund 30.000.« Ein besonders beliebtes Ziel ist das Onlinebanking. Allein die Zahl der offiziell untersuchten und bestätigten Phishing-Fälle, bei denen Kunden geheime Kontodaten entlockt werden, ist nach BKA-Angaben 2009 auf rund 2900 gestiegen. Das VeriSign Fraud Barometer, eine von dem Sicherheitsriesen VeriSign in Auftrag gegebene Onlineumfrage, zeigte 2010, dass in den vergangenen zwölf Monaten 15 Prozent der deutschen Internetnutzer Opfer eines Onlinebetrugs geworden seien. »Die durchschnittliche Schadenssumme der Opfer stieg in den letzten zwölf Monaten von 179 auf 183 Euro pro Person«, stand ebenfalls in der Umfrage.

Die Sicherheitsfirmen und das BKA melden neuerdings auch für Deutschland eine steigende Zahl sogenannter »Identitätsdiebstähle« – ein Problem, das aus den USA zu uns herüberkommt. In den Vereinigten Staaten sind inzwischen so viele Fälle von Identitätsdiebstahl bekannt geworden – leergeräumte Konten, missbrauchte Sozialversicherungsnummern, auf fremde Namen gekaufte Handys und gefälschte Ausweise – dass die Sache den Charakter einer nationalen Panik angenommen hat. »ID Theft« gehört in den USA zu den am häufigsten gesuchten Worten bei Google. Man kann dort Versicherungen gegen Identitätsdiebstahl abschließen, die nicht gerade billig sind: umgerechnet zehn Euro im Monat, und der Nutzen ist nicht mal garantiert. Im September 2010 musste sogar der Interpol-Generalsekretär Ronald Noble zugeben, dass seine Identität auf sozialen Netzwerkseiten gefälscht worden war – und möglicherweise habe das zum

Heraussickern geheimer Daten über Mord- und Drogenfälle geführt.

Manche Sicherheitsexperten wie der Washingtoner IT-Guru Bruce Schneier oder der ehemalige Hacker und heutige Buchautor und Microsoft-Berater Adam Shostack üben Fundamentalkritik an ihrer eigenen Branche: Das ganze Business der Sicherheitsberater und Sicherheitsproduktverkäufer sei nicht ein Teil der Lösung, sondern ein Teil des Problems.

Eigentlich sei es jetzt an der Zeit, ganz grundsätzlich die Netzwerke, die Konstruktion der Computer und ihren Gebrauch zu überdenken. Stattdessen würden aber immer mehr Antivirenprogramme, Firewalls und sonstige Dinge verkauft – »Sicherheitstheater«, spottet der Ex-Hacker Shostack, das der Sicherheitsbranche saftige Profite beschere. Es wiege aber die Benutzer in falsche Sicherheit und verführe sie am Ende zum Leichtsinn. Und: »Neue Sicherheitsprodukte werden häufig entwickelt, um die unbeabsichtigten Nebeneffekte früherer Sicherheitsprodukte zu kompensieren«, spottet Shostack.

Rohrkrepierer in der Computer-Sicherheitstechnik sind jedenfalls keine Seltenheit mehr. Immer wieder macht es Schlagzeilen, wenn die Webseite oder der Internetshop großer Antivirenfirmen gehackt werden – wenn also unbekannte Hacker diese Angebote unter ihre Kontrolle bringen und, wie vereinzelt geschehen, ausgerechnet an die schutzsuchenden Besucher aus dem Internet schädliche Programme verteilen. Damit so etwas nicht zu häufig passiert, fußen viele Sicherheitsmaßnahmen heute auf sogenannten »Echtheitszertifikaten«. Das Antivirenprogramm Y und das Microsoft-Update Z wird vom Computer nur dann installiert, wenn es ein trickreich verschlüsseltes, fälschungssicheres Echtheitszertifikat mitführt. Das Onlinebanking-Programm erlaubt nur dann eine Überweisung, wenn sich die Webseite der Bank mit einem Echtheitszertifikat ausweist. Und so weiter und so fort. Ein elektronisches Äquivalent zum Dienst- oder Personalausweis sozusagen, entwickelt von Kryptografen und Informatikexperten.

Tatsächlich sind solche Zertifikate so gut wie nicht fälschbar – aber man kann sie klauen. Sie sind zur heißen Beute für engagierte Hacker geworden. Im Februar 2011 musste das amerikanische Softwarehaus Comodo, das im Auftrag von Kunden wie Google, Microsoft oder Yahoo eine ganze Fülle solcher »Echtheitszertifikate« verwaltet und sich gerne als »ein weltweiter Bereitsteller von Vertrauen« bezeichnet, bekannt geben: Etliche seiner Zertifikate waren bei einem Hackerangriff abhanden gekommen. Die Täter sollen aus dem Iran stammen. In welchem Umfang damit Missbrauch betrieben wurde, ist bisher nicht bekannt.

So kommt ihr nicht davon: Die Gegenbewegung

Wenn es eine echte technische Lösung für kriminelle Übergriffe nicht gibt – was soll man dann tun?

Karen McCarthy, die New Yorker Kleinunternehmerin mit dem gehackten Firmenkonto will zurückschlagen. Sie will wissen, warum ihr Virenschutz versagt hat. Sie will wissen, warum ihre Bank nichts gegen den Diebstahl unternahm. Und sie steht in ihrem Kampf längst nicht mehr allein.

Vor einigen Monaten hat Karen McCarthy eine Internetseite namens YourMoneyIsNotSafeInTheBank.org eingerichtet (»Das Projekt zum Anprangern von Cyberplünderungen«). Sie hat eine Lobbygruppe mit ins Leben gerufen, die den US-Kongress zum Handeln zwingen soll.

Eigentlich wollte McCarthy zunächst anders vorgehen: Mit einer Klage gegen ihre Bank. Wie man das in den USA so macht. Doch schnell besann sie sich eines Besseren. Klagen sei in Amerika zu teuer, sagt sie. Als die TD Bank in Vermont ein Sicherheitsseminar über »Cyber Security« veranstaltete, tauchte McCarthy dort auf und erzählte ihre Geschichte. »Diese Party habe ich gestoppt«, sagt sie, »das hat aber leider sonst keine Konsequenzen ausgelöst.« Seither haben sich viele Leute bei McCarthy gemeldet und von ähnlichen Schicksalen berichtet. Ein Designer von Werbe- und Türschildern, der durch einen Cybereinbruch bei der Bank of Stockton fast 100.000 Dollar verloren haben will. Ein Schuldistrikt in Colorado, wo viele Male kleinere Summen per Onlinebanking von den Konten abgebucht wurden. Ein Zahnarzt in Missouri, der 200.000 Dollar verlor. Ein Autoteilehändler in Gainesville, Georgia (75.000 Dollar). Die Katholische Diözese in Des Moines, Iowa (600.000 Dollar).

So ist die kleine Marketingfirma aus dem New Yorker Vorort Massapequa zu einer Art Zentrale des Krawalls gegen die Unwägbarkeiten des Internet geworden. McCarthy und ihre Leidensgenossen sind sich einig: So geht es nicht weiter mit dem Internet. Die Banken müssen das Onlinebanking so sicher machen, dass solche Verbrechen nicht mehr passieren. Und wenn das nicht klappt, dann müssen sie die Bequemlichkeiten und Kostenersparnisse des Onlinebanking per Internet eben aufgeben und es durch persönliche Anrufe, penible Kontrollen oder gar persönliche Vorsprachen in der Bank ersetzen.

Eigentlich sollte man meinen: Es gibt jetzt genügend Warnzeichen. Irgendwer müsste anfangen, unseren Umgang mit dieser brüchigen Infrastruktur namens Internet grundsätzlich zu überdenken. Allen voran sollten die Banken das tun. Oder Microsoft. Oder Regierungen. Oder die großen Konzerne dieser Welt, gemeinsam.

In Wirklichkeit passiert das Gegenteil. Die Konstruktionsprinzipien des Internet bleiben unverändert – stattdessen werden nur gerade noch viel, viel mehr Menschen und Dinge daran angeschlossen.

Und offen gesagt: Die Sache wird gerade lebensgefährlich.

3. Cyberkrieg im Heizungskeller – Wenn Hacker unseren Alltag ruinieren und die Infrastruktur gefährden

Bernhard Fenn weiß genau, wo in seinem Keller die Lauscher sitzen. Er geht voraus, die Treppe hinab, dem Geruch frisch gewaschener Wäsche entgegen. Als Bernhard Fenn den Sicherungskasten in der Wand öffnet, scheppert es kurz und blechern, dann fällt der Blick auf zwei Stromzähler.

Grelles, orangefarbenes Plastik. Silbrig-schwarze Ziffernanzeigen wie auf einer zu groß geratenen Digitaluhr. Keine Drehscheibe, kein roter Punkt. Im Keller der Fenns hängen Stromzähler der ganz modernen Art. Sogenannte »Smart Meter«.

Der linke Stromzähler misst den Verbrauch der Elektroheizung, der rechte ist für alle anderen elektrischen Geräte da. »Solche digitalen Zähler sind alleine genommen nichts Besonderes mehr«, sagt Fenn. »Davon sind inzwischen schon mehr als 30.000 in ganz Deutschland registriert!« Nein, das Besondere sind in seinem Sicherungskasten die zwei schwarzen Antennenstümpfe, jeder knapp zehn Zentimeter lang, die gleich über den Stromzählern in die Luft ragen. Alle paar Sekunden senden sie ein paar Details in eine ferne Zentrale. Ist die Waschmaschine angegangen? Hat jemand den Toaster eingeschaltet? Ist der Boiler in Sparstellung? Lässt der Durchlauferhitzer ein heißes Bad einlaufen? Jedes Gerät im Haushalt hinterlässt beim Einschalten und im Betrieb seine unverwechselbaren Spuren, die der Stromzähler registriert und weiterfunkt. Das Leben der Fenns – ein sekundengenau erfasstes Stromnutzungsprofil.

Der 43-jährige Ingenieur Fenn ist bei solchen Sachen gerne ganz vorne mit dran. Er arbeitet schließlich bei einem mittelgroßen Energieversorger namens HEAG Südhessische Energie in Darmstadt, und in einigen Jahren – so ist das geplant – soll eine Mehrheit der Stromzähler in Deutschland so modern sein wie die im Fenn'schen Keller. Eines Tages sollen alle Stromzähler der Republik in der Lage sein, das zuständige E-Werk auf dem Laufenden darüber zu halten, wie viel Strom gerade verbraucht wird. Umgekehrt sollen auch die E-Werke Informationen an den Stromzähler zurückfunken können. Zum Beispiel, dass der Strom gerade reichlich fließt oder dass er gerade knapp ist, und wie es voraussichtlich in den nächsten Minuten und Stunden damit aussieht. Vielleicht hat der Wetterbericht ja einen Sturm über Darmstadt angekündigt? Vielleicht fegt er über die Felder, wo die ganzen Windräder stehen? Dann ist damit zu rechnen, dass es viel Strom gibt.

Es geht hier um die Zukunft des Planeten. Um eine ökologischere Energieversorgung für Deutschland. Und um ein gigantisches Geschäft. Aber wenn das alles funktionieren soll, muss man Minute für Minute das Angebot an Strom mit der Nachfrage zusammenbringen. Kraftwerke, die Stromnetze, Stromzähler und vielleicht sogar die einzelnen Haushaltsgeräte müssen über ein riesiges Computernetz verbunden werden, ein sogenanntes Smart Grid, zusammengehalten von Funkverbindungen und Drähten und dem Internet, sagen die Ingenieure.

Große Energienetzbetreiber und winzige Ingenieurbüros, Innovatoren aus dem Silicon Valley und althergebrachte Telekommunikationskonzerne, Softwarekonzerne und Unternehmensberater wetteifern neuerdings um ein Stück an diesem Kuchen. In den USA hat der Chef des Kommunikationskonzerns Cisco, John Chambers, kürzlich vorhergesagt, dass das Smart Grid zehn- bis hundertmal so groß werde wie das Internet. Und Cisco ist zu einem Riesenkonzern geworden, weil er einen Großteil der Netzwerkcomputer und des sonstigen Zubehörs liefert, die das Internet am Laufen halten.

In Deutschland sieht man das nicht anders. Der Kraftwerkskonzern ABB kooperiert seit April 2010 mit der Deutschen Telekom, um ein Smart Grid zu bauen – was man bei der Telekom für »einen Milliardenmarkt« hält. Das kommt dem Konzern gut zupass, weil das Kerngeschäft Telefonieren gerade schrumpft. Eine Reihe großer Energieversorger hat Pilotversuche gestartet. Bald sollen »minutengenaue« Tarife angeboten werden, nach dem Motto: Billigen Strom gibt es dann, wenn gerade viel Strom erzeugt wird. Der smarte Zähler im Schaltkasten wird es den smarten Geräten schnell weitersagen.

»Ich nenne das immer: Waschen und Spülen mit der Sonne«, sagt der Ingenieur und Stromzähl-Pionier Fenn. »Die Spülmaschine der Zukunft hat zwei Knöpfe. Jetzt sofort spülen, weil um 14 Uhr die Verwandtschaft kommt und man das Geschirr braucht. Und der zweite Knopf bedeutet: Mir ist das egal! Spüle später, wenn gerade viel Wind kommt!«

Wann im Haushalt der Fenns gespült wird – das entscheidet dann in Zukunft ein Computer.

Strom umsonst? Praktische Ratschläge von der Hackerkonferenz in Vegas

Mike Davis ist kein großer Vortragsredner. Seine Vorliebe für Karohemden, seine ernsthafte Art und sein menschenscheuer Blick hinter der großen eckigen Brille signalisieren jedem Publikum: Da kommt ein Technikfreak. Tatsächlich kann Davis minutenlang über »Buffer- und Ganzziffer-Überläufe« vor sich hin nuscheln und über »Entropiequellen«. Irgendwann verliert er den Faden und streut unvermittelt ein: »Sie wissen schon.«

Das macht aber nichts. Am 30. Juli 2009 hat Mike Davis bei der Hackerkonferenz in Las Vegas eine Rede gehalten, von der man in der internationalen Energiebranche noch heute spricht.

Davis hat damals in Las Vegas vorgeführt, wie man als Hacker in das Smart Grid eindringen kann. Ganz systematisch ist er dabei vorgegangen. Er hat sich ein paar dieser neuartigen schlauen Zähler besorgt, ein paar Smart Meter, ohne die das Stromnetz der Zukunft nicht funktioniert. Er hat sie aufgeschraubt. Die Platinen herausgenommen. Die Einzelteile vermessen. Während seiner Präsentation warf Mike Davis eine Menge Präsentationsfolien an die Wand, die Innenansichten dieser Geräte zeigten: herausgelöste Chips, blank gelegte Drähte. Man kann seinen Vortrag sogar heute noch im Internet herunterladen, aber die vielen schönen Fotos hat irgendwer entfernt, »redaktionell bearbeitet aus Gründen der Publikation«, steht da ein wenig geheimnisvoll. Vermutlich hat sich jemand beschwert. Besorgte Vertreter der Stromkonzerne fragten Davis damals auch, wie er an ihre Geräte herangekommen sei. »Die habe ich über eBay gekauft«, behauptet der bis heute.

Auf diesen Platinen hat der Technikexperte Davis (»Ich spiele mit Computern, und meistens gehen sie dabei kaputt.«) damals viele Dinge wiederentdeckt, die ihm aus anderen Rechengeräten vertraut waren. Kein Wunder, schließlich sind diese Smart Meter ja nichts anderes als kleine Computer! Er fand Chips und Software, die längst bekannte Sicherheitslücken aufwiesen. Er schöpfte Mut. Davis hat dann mit einem Kollegen zusammen ein paar Nächte durchgemacht. Am Ende gelang es ihnen, einen Computerwurm zu programmieren und ihn mit einem Kabel in ein Smart Meter einzuschleusen. Der Wurm richtete nichts Schlimmes an – er nahm nur das digitale Display in Beschlag und zeigte nicht mehr den verbrauchten Strom an. Stattdessen war auf dem Stromzähler jetzt das Wörtchen »Pwned« zu lesen. Eine Albernheit. »Pwned« ist Hackerslang und bedeutet ungefähr so viel wie »Hier war ich«. Es war ja auch nur zum Testen.

Doch das war noch nicht alles. Dieses spezielle Modell von Smart Meter, auf dem Mike Davis den Wurm installierte, war von der Elektrizitätsgesellschaft mit einer mächtigen Zusatzfunktion ausgestattet worden. Es konnte funken. Es konnte mit anderen Smart Metern in der Gegend sowie mit dem Elektrizitätswerk Informationen austauschen. Der Computerwurm von Mike Davis konnte das nun auch.

Mike Davis sagt, dass sein Computerwurm in der Lage ist, von einem Stromzähler auf den nächsten überzuspringen. Er könne sich über das Funknetz der Stromgesellschaft in ganz Seattle verbreiten. Er hat das damals in Vegas nicht wirklich vorgeführt. Die staunenden Hackerkollegen bekamen nur eine Modellsimulation zu sehen: Binnen 24 Stunden hatte der Smart Grid-Wurm an die 15.000 Stromablesegeräte infiziert. »Eigentlich hat das viel Spaß gemacht«, sagt Davis. Er zeigt auch gerne das Foto, wie er mit seinem Kollegen um vier Uhr morgens eine Flasche Sekt aufgemacht hat, um diesen Hack zu feiern. Sie haben den Sekt aus ihren Kaffeetassen getrunken.

Die Hackerkonferenz von Las Vegas. Es ist die jährliche Generalkundgebung all derer, die gern in fremde Computersysteme eindringen. Genau genommen gibt es dort zwei Konferenzen: Die eine heißt Defcon (Defense Condition), da kostet der Eintritt um die hundertvierzig Dollar, und es kommen mehrere Tausend Teilnehmer. In der Mehrzahl sind das mathematisch begabte Jugendliche mit einer Begeisterung für das Innenleben von Rechnern, für ausgefallene Frisuren und für einen Hauch von Abenteuer.

Die andere Konferenz heißt Black Hat (schwarzer Hut). Sie findet ein paar Tage nach Defcon in einem deutlich vornehmeren Hotel statt. Der Zutritt kostet ein paar Tausend Dollar, und das Publikum ist handverlesen. Spitzenhacker. Leute aus der Sicherheitsbranche. Datenschutzexperten der Polizei. Geheimdienstleute. Man tauscht sich aus. Man hört sich Vorträge an, die schöne, erwachsene Titel tragen wie »So beeindrucken Sie Mädchen mit Browser Memory Protection Bypasses.«

Das Verhältnis zwischen den Hackern und den Sicherheitsleuten in Diensten von Konzernen und Regierung ist naturgemäß gespalten. Auf der Defcon-Konferenz sind schon Hacker abgeführt und ins Gefängnis gesteckt worden. Jeder weiß, dass hier versteckte Beobachter der Polizei und der Geheimdienste lauern. Jeder weiß, dass die Telefone, dass das WLAN-Computernetz der Veranstaltung abgehorcht werden, und den Geldautomaten im Hotelfoyer benutzt sicherheitshalber auch keiner. Grimmige private Sicherheitsleute patrouillieren die Hotels.

Doch meistens passiert überhaupt nichts. Diese Hackertreffen haben nämlich auch eine sehr nützliche Seite. Ob Microsoft oder die CIA, ob die Luftwaffe oder ein Stromkonzern: Die Sicherheitschefs solcher Organisationen wissen genau, dass sie den Kampf um die Computerhoheit nicht gewinnen können, wenn sie sich der anarchisch-wilden Szene der Hacker verschließen. Im Gegenteil. Ein aufmerksamer Zuhörer kann sich frühzeitig über wichtige Lücken und Sicherheitsprobleme informieren. Mit etwas Glück und den richtigen Sprüchen kann man sogar gute Kräfte rekrutieren, denn ab und zu wechseln Hacker die Seiten. Der Gründer von Defcon und Black Hat, ein gewisser Jeff Moss aus Seattle, trägt in Hackerkreisen weiterhin seinen geheimnisvollen Titel »Black Tangent«. Aber er hat seit Juni 2009 einen neuen Job. Er sitzt im Beratungsgremium des Homeland Security Council, das die Obama-Administration auf die neuesten Gefahren in der Cyberwelt hinweist.

Das Knacken von Stromablesegeräten gilt bei Hackertreffen neuerdings als eine Art Spitzensport. Im Juli 2010 trug ein Vortrag den selbst erklärenden Titel: »Gratis-Strom?« Er enthielt gleich zahlreiche Diagramme, Formeln und praktische Hinweise. Der Hacker Joshua Wright (»Ich hacke für Sushi«) hat ein Computerprogramm namens KillerBee veröffentlicht, mit dem man angeblich in etliche der neuen Smart-Meter-Installationen hineinlauschen oder Daten manipulieren kann.

Dann könnte ein gewiefter Technikfreak zum Beispiel seine Stromabrechnung fälschen oder sie jemand anderem aufbrummen. Er könnte Nachbarn ausspionieren. Vielleicht interessieren sich ja Einbrecher dafür, dass eine Familie den Warmwasserboiler dauerhaft abschaltet, weil sie im Urlaub ist. Vielleicht werden Gebühreneintreiber der GEZ neugierig, wenn jemand stets zur besten Sendezeit Fernseher-typische Wattzahlen abruft. Der Sicherheitsexperte Joshua Pennell, der früher selber einmal ein Hacker war und dreimal hintereinander einen begehrten Wettbewerb bei Defcon gewann, ist davon überzeugt: Eines Tages könnten Hacker sogar aus der Ferne den Strom abschalten. Egal wo sie sitzen. Ob im Nachbarhaus, in Las Vegas – oder zum Beispiel im fernen Nordkorea.

Natürlich muss man mit solchen Prognosen ein wenig vorsichtig umgehen. Alles darf man den Leuten nicht glauben. Leute wie Davis, Wright und Pennell haben auch ökonomische Interessen daran, die Gefahr möglichst groß und bedrohlich erscheinen zu lassen: Sie sind allesamt mit Sicherheitsfirmen affiliiert, die für Geld die Stromkonzerne beraten. Doch andererseits hat sich noch kein Kritiker gemeldet, der die technischen Analysen der Hacker ernsthaft widerlegen könnte. Ihre Ergebnisse und Methoden sind offen zugänglich. Weder von den Herstellerfirmen der Smart Meter noch von den Elektrizitätswerken kam bisher ernsthafter Widerspruch.

Im Gegenteil. Das *Handelsblatt* fragte im Juni 2010 bei Sicherheitsbeauftragten großer Konzerne nach, und die machten sich allesamt Sorgen. »Die Verquickungen machen Abläufe effizienter, erhöhen aber auch die Sicherheitsrisiken«, gab Gunnar Björkmann zu Protokoll, Netzexperte des Kraftwerk- und Elektrotechnikkonzerns ABB. »Die Zahl möglicher Einfallstore für Hacker explodiert«, sagt Rolf Adam, Smart-Grid-Experte beim Netzausrüster Cisco, »und sie rücken näher an den Endkunden.« Andreas Bentz, ein Experte bei T-Systems, berichtete der Zeitung damals von seiner Angst, dass »eines Nachts Hacker an der Hochhausfassade Vier gewinnt« spielen könnten – indem sie Lichter in den einzelnen Zimmern ein- und ausschalten.

Wobei das noch ein besonders nettes, harmloses Szenario ist. »Die Bedrohung geht im Extremfall bis hin zu Doktor-No-Szenarien«, sagt Sandro Gaycken, ein Technikexperte an der Universität Stuttgart, der sich viel mit den Anfälligkeiten moderner Computersysteme beschäftigt. »Man könnte großflächig den Strom abschalten. Oder man könnte den Strom in vielen Haushalten in schneller Folge an- und ausschalten.« So etwas könnte Systeme in den Kollaps treiben. Kabel, Schaltkästen, Trafos, Maschinen könnten durchbrennen. Vielleicht werden Staaten eines Tages so erpressbar.

Dann bricht also der Cyberkrieg im Heizungskeller aus.

Aber sind diese Mahnungen nicht alle ein wenig übertrieben?

Ein Königreich für Dr. No: Wenn Kraftwerke, Autos und Küchengeräte ans Netz gehen

Die Operation Aurora begann an einem Tag im März 2007. Viele Details sind bis heute geheim, aber immerhin wurden damals Videoaufzeichnungen gemacht und der Öffentlichkeit zur Verfügung gestellt. In einem abgelegenen Labor im US-Bundesstaat Idaho, unter Aufsicht der Staatssicherheitsbehörde der USA, ruckelt ein gewaltiger Dieselgenerator hin und her. Der Lärm ist ohrenbetäubend. Nach einiger Zeit fliegen die ersten Teile heraus. An der einen Seite tritt weißer Dampf aus, auf der anderen entweicht schwarzer Qualm. Die Videoaufzeichnungen zeigen auch eine Luftaufnahme des Labors in Idaho, gegen Ende der Operation. Es sieht schlimm aus. Offenbar entweicht da gerade eine riesige Brandwolke.

Das Experiment von Idaho hat damals die Branche der Energiebetreiber ganz schön aufgerüttelt. Energiebetreiber haben es nicht so gerne, wenn Dieselgeneratoren etwas passiert: Solche Dieselgeneratoren stehen an vielen wichtigen Punkten im Stromnetz als Reserve für den Notfall. Zum Beispiel in Steuerzentralen, die niemals versagen sollen. Und in Krankenhäusern, wo ein Stromausfall katastrophale Folgen haben kann.

Der Angriff auf den Dieselgenerator in Idaho geschah per Computer. Hacker im Dienst der Regierung waren in die elektronischen Kontrollsysteme der Anlage eingedrungen – sogenannte SCADA-Systeme. Das sind Programme und Rechner, die quasi jedes Kraftwerk, jede Elektroinstallation, jede U-Bahn, jedes Klärwerk zu steuern helfen. Die Operation Aurora zeigte, dass sich ein Dieselgenerator mit entsprechenden Steuerbefehlen des Computers aus dem Takt bringen lässt. Bis er am Ende explodiert. Eine Cyberattacke war gelungen, und sie betraf nicht nur Rechengeräte, nicht nur Bits und Bytes, Magnetplatten und Monitore. Dieser Computerangriff war in der richtigen Welt, im richtigen Leben angekommen und hatte etwas sehr Gefährliches angerichtet.

Das Experiment hatte seine Vorläufer in der Militärgeschichte. Im Juni 1982 zum Beispiel soll in Sibirien eine sowjetische Gaspipeline explodiert sein. Das Computerkontrollsystem, das die Sowjets damals einsetzten, versagte. Die Crux war, dass sowjetische Spione die eingesetzte SCADA-Software zuvor von einer Firma in Kanada gestohlen hatten, und die Spione wussten nicht, dass die CIA diese Software zuvor manipuliert hatte. Das Resultat schauten sich die Amerikaner damals von ihren Spionagesatelliten aus an. »Es war die monumentalste nicht-nukleare Explosion und der größte Brand, den man jemals vom Weltall aus hat sehen können« – so schwärmt davon heute Thomas C. Reed, ein früherer Air Force Secretary der USA, der vor einigen Jahren seine Memoiren geschrieben hat. *Insideransichten des Kalten Krieges* heißt das Buch.

Es gibt hier natürlich ein Problem mit der Beweislage. Das ist immer so, sobald Geheimdienste ihre Finger im Spiel haben. Viel bleibt im Verborgenen. Dies führt dazu, dass solche Geschichten von ferngesteuerten Explosionen im sibirischen Winter, von fremden und unheimlichen Eindringlingen in lebenswichtige Computersysteme schnell wie Räuberpistolen aus dem Kalten Krieg klingen. Wie Stunts aus einem James-Bond-Film. Oder *Die Hard 4.0* mit Bruce Willis in der Hauptrolle (2007), wo ein Meisterhacker mit schwerem deutschen Akzent in den USA erst Computer, dann Nahverkehrseinrichungen und schließlich Fabriken in die Luft fliegen lässt. Die meisten solcher Geschichten sind zumindest technisch einigermaßen plausibel – und manche sind zumindest von Geheimdienstbeamten oder anderen offiziellen Stellen bestätigt.

2000: Ein verärgerter ehemaliger Mitarbeiter eines Klärwerks in Australien soll einen Computerangriff auf seinen ehemaligen Arbeitgeber verübt haben. Dabei flossen angeblich 200.000 Gallonen Abwasser in Parks und Flüsse ab. Die Geschichte gilt als einigermaßen gesichert.

2003: Ein besonders aggressiver Computerwurm namens »Slammer« verbreitet sich auf der ganzen Welt von Computer zu Computer. Später wird er in respektablen amerikanischen

Tageszeitungen, die über gute Kontakte zu Geheimdienstkreisen verfügen, für einen tagelangen Stromausfall entlang der amerikanischen Ostküste mitverantwortlich gemacht. Zitiert werden allerdings nur anonyme Geheimdienstbeamte sowie Kreise der Sicherheitsindustrie. Das US-Energieministerium widerspricht der Darstellung, hier sei ein Cyberkrieg ausgebrochen.

2007: Im brasilianischen Bundesstaat Espirito Santo soll ein Hackerangriff zu einem katastrophalen Stromausfall geführt haben – ähnlich schlimm wie ein paar Jahre zuvor der an der amerikanischen Ostküste. Amerikanische Geheimdienstkreise greifen den Fall auf und werten ihn als Anlass, die Cyberabwehr der USA zu stärken. Die brasilianischen Behörden widersprechen allerdings der amerikanischen Darstellung und geben verschmorten Kabelisolierungen die Schuld.

2008: Im Januar spricht der oberste Cybersicherheitsanalyst der CIA, Tom Donahue, ungewohnt deutliche Warnungen aus. Er hält eine Rede vor einer Gruppe von Strom-, Wasser- und Ölindustriemanagern und teilt ihnen mit: Im Ausland sei es Hackern gelungen, in Versorgungsunternehmen einzudringen, Stromnetze durcheinander zu bringen und die Stromversorgung sogar stellenweise zu unterbinden. Den Tätern sei es dann gelungen, Lösegeld zu erpressen. Genauere Details nannte Donahue aber nicht – nicht einmal über das Land, in dem das alles passiert sein soll. Er sagt aber, die amerikanischen Manager sollten bitte besser aufpassen.

Es ist unmöglich, solche Wortmeldungen zu überprüfen. Ganz grundlos wird ein Geheimdienstoffizieller solche Dinge eher nicht in die Welt setzen. Und Donahue bleibt nicht allein. In seriösen Nachrichtenagenturen und Zeitungen tauchen inzwischen alle paar Wochen Berichte auf, alle unter Berufung auf angeblich glaubwürdige Geheimdienstkreise, nach denen Cyberspione das amerikanische Stromnetz unterwandert hätten. Der Director of National Intelligence Dennis Blair erklärt vor dem Kongress: »Wir haben in den vergangenen Jahren Cyberattacken gegen kritische Infrastruktur im Ausland gesehen, und ein Großteil unserer eigenen Infrastruktur ist genauso anfällig. Eine Reihe von Ländern, darunter Russland und China, kann Elemente der amerikanischen Informations-Infrastruktur stören.«

2009: Millionen von Computern in aller Welt werden von einem heimtückischen Computervirus namens »Conficker« angesteckt. Diesmal ist das zerstörerische Potential eindeutig belegt. Der Computerwurm verbreitet sich so schnell und so aggressiv, dass er Rechner und Netzwerke lahmlegt. Die französische Marine meldet, dass ihre Flugzeuge nicht starten können – die Downloads der computerberechneten Flugpläne funktionieren nicht. Militärische Einrichtungen auf der ganzen Welt – darunter auch die Bundeswehr – melden Infektionen und Ausfälle. Der Computerwurm befällt Stadtverwaltungen, Ministerien, das House of Lords – scheint aber eine besondere Vorliebe für Krankenhäuser zu entwickeln. Auch das geschieht weltweit. In Kärnten, wo der Ausbruch einige Krankenhäuser besonders schlimm erwischte, »wurden Maßnahmen zur Patientenversorgung ohne EDV-Unterstützung eingeleitet«, meldet der Österreichische Rundfunk. In einem Krankenhaus in der Nähe von München sollen während einer Herzoperation Systeme versagt haben – heißt es aus bis heute unbestätigten Quellen.

Marcus Sachs, Chef des amerikanischen Instituts für Netzwerksicherheit SANS, erklärte aber auf einer Branchenkonferenz im April 2009: In etlichen Krankenhäusern habe sich Conficker auch in die Festplatten solcher Systeme gefressen, die lebenswichtige Funktionen erfüllen. Und zwar gerade auch Rechner, die selber gar nicht mit dem Internet verbunden seien, weil die Leute aus der IT-Abteilung gewarnt hatten, das sei zu gefährlich. Der Conficker-Wurm könne sich aber auch so, über das interne Netz eines Krankenhauses blitzartig ausbreiten. Und obwohl der Medienhype um Conficker inzwischen abgeklungen ist, schätzen Antivirenfirmen, dass noch heute sechs bis sieben Millionen Rechner weltweit davon befallen sind. Unklar ist, ob irgendwer da draußen im Internet noch in der Lage ist, das gewaltige Botnetz zu steuern oder erneut zum Leben zu erwecken.

2010: General Keith B. Alexander, Chef des technischen

Geheimdienstes NSA, meldet sich zu Wort. Solche Leute reden üblicherweise nicht sehr viel. Der General berichtet von einer wachsenden Zahl von Versuchen, in Computersysteme einzudringen, die für die nationale Infrastruktur von Belang sind. Später, im Frühjahr 2011, gab Stewart Baker, ein Forscher am Washingtoner Militär-Thinktank Center for Strategic and International Studies (CSIS), zu Protokoll: »In wichtigen zivilen Industrieeinrichtungen werden Sicherheitsvorkehrungen viel langsamer getroffen, als es dem Anstieg der Angriffe im vergangenen Jahr gerecht wird.« Die Antivirenfirma McAfee befragte Anfang 2011 anonym die IT-Chefs wichtiger Infrastrukturunternehmen aus den Sektoren Strom, Öl, Gas und Wasserversorgung – und bekam zur Antwort, dass 80 Prozent von ihnen bereits »großangelegte Angriffe« aus dem Cyberspace erlebt hatten und ein Viertel von Erpressern kontaktiert worden sei, die mit solchen Attacken gedroht hatten.

Wie groß ist diese Gefahr wirklich? Anfang April 2011 wurde dann Ty Miller von der Computersicherheitsfirma Pure Hacking zur »Asia-Pacific Aviation Security Conference« in Hongkong geladen: Er hatte sich in der Luftfahrtbranche einen Namen damit gemacht, dass er einmal das Computernetz einer Fluglinie binnen eines Tages unterwanderte – testweise. Vor den entsetzten Branchenvertretern in Hongkong plauderte er munter davon, wie ein gewiefter Eindringling »auch die Kontrolle von Flugzeugen« unterwandern könnte. »Sie könnten es mit Flugzeugen zu tun bekommen, die in der Luft plötzlich ihr ganzes Benzin ablassen oder die zu Sturzflügen gezwungen werden. Und es muss sich nicht um ein einzelnes Flugzeug handeln – es könnte eine ganze Flotte sein.«

Und schließlich: Stuxnet. Im Juli 2010 entdeckte eine Sicherheitsfirma in Weißrussland bei einem iranischen Kunden eine bisher unbekannte Schadsoftware: Sie verbreitete sich über USB-Sticks und über Computernetzwerke, und sie konnte sich gezielt in bestimmte Industrieanlagen einschleusen. Es dauerte lange, bis die Experten einen genaueren Blick in das Innenleben der Software geworfen hatten – weil sie so gut verschlüsselt war. Doch am Ende knacken sie Schlüssel für Schlüssel und staunen. Das Schadprogramm war mit ungewöhnlich detailliertem Wissen über die Computeranlagen in Industriebetrieben programmiert worden. Es nutzte bisher völlig unbekannte Schwachstellen in Windows-Betriebssystemen aus. So etwas könne nur der Geheimdienst eines großen Staates verfasst haben!, lauteten erste Kommentare. Genauere Analysen ergeben, dass im innersten Kern dieses Computervirus eine digitale Bombe versteckt ist: Sie ist offenbar in der Lage, völlig unbemerkt die Drehzahl von Zentrifugen in Urananreicherungsanlagen zu verändern – mit dem Ergebnis, dass die Anlagen kaputtgehen und dass kein waffentaugliches Uran hergestellt wird. Die Einsatzleitung merkt davon nichts. Stuxnet ist eine Cyberwaffe.

Nicht nur die Computersicherheitsbranche ist seither in heller Aufregung – sondern auch die Firma Siemens, denn offenbar wurde der Stuxnet-Wurm auf Siemens-gefertigte Systeme besonders zugeschnitten. Siemens bestätigt weitgehend die bisherigen Analysen: Die Schadsoftware sei »offenbar auf einen bestimmten Prozess oder eine bestimmte Industrieanlage angesetzt«. Das iranische Industrieministerium teilte mit, dass Stuxnet mindestens 30.000 Computer im Lande infiziert habe. Nirgendwo sonst gab es so viele Infektionen. Im Dezember sagte der iranische Präsident Ahmadinedschad öffentlich, dass »sie mit Hilfe einer installierten Software erfolgreich darin waren, Probleme in einer begrenzten Zahl unserer Zentrifugen zu bereiten«.

Dass so etwas möglich ist, davor hatten Brancheninsider schon lange gewarnt. Die Steuerungssysteme in Kraftwerken, in Elektrizitätsnetzen, großen Generatoren, U-Bahnen, Fertigungsstraßen in der Automobilherstellung und so weiter – sie funktionieren dank ausgiebiger Computerhilfe seit vielen Jahren ganz hervorragend, doch sonderlich viele Sicherheitsvorkehrungen wurden bei ihnen nie getroffen. Es war ja eigentlich nicht vorgesehen, dass ihr Datenverkehr jemals außerhalb abgeschirmter, firmeneigener, überwachter Netze ablaufen würde. »In diesen SCADA-Systemen gibt es so viele bekannte Lücken mit so vielen funktionierenden Angriffstechniken, dass ein Hacker gar nicht viel Forschung betreiben muss, um nach neuen Lücken zu suchen«, sagt Jonathan Pollett von der Sicherheitsfirma Red Tiger Security in Houston. Der Stuxnet-Wurm hat bei vielen Herstellern von SCADA-Systemen eine panische Suche nach weiteren Schwachstellen ausgelöst, und allein eine solche Studie brachte Anfang des Jahres dreiundvierzig offene Lücken in verschiedenen Industrieanlagen zum Vorschein. Der Nachrichtendienst *The Register* berichtete, dass in Hackerkreisen komplette Programmpakete zum Eindringen in Industrieanlagen die Runde machten. »Zielgerichtete Attacken gegen Unternehmen und Organisationen – durchgeführt mit Hilfe äußerst komplexer Schadprogramme – werden im kommenden Jahr verstärkt auftauchen«, glaubt man bei der russischen Computersicherheitsfirma Kaspersky Labs.

Im April 2011 verkündeten iranische Militärvertreter, der Stuxnet-Wurm sei wohl in den USA und in Israel entwickelt worden, was auch in westlichen Sicherheitskreisen inzwischen als die wahrscheinlichste Möglichkeit gehandelt wird, obwohl China, Russland oder irgendwelche internationalen Erpresserbanden ebenfalls als Verdächtige gehandelt werden. Siemens sei »Erklärungen schuldig, warum und wie es den Feind mit den Codes der SCADA-Software versorgt und den Boden für einen Cyberangriff gegen uns bereitet« habe, hieß es aus dem Iran.

Jedenfalls sei Stuxnet so teuer und komplex, dass das Ziel »für den Angreifer einen extrem hohen Wert haben muss«, hieß es in Sicherheitskreisen. Egal, wer sie gemacht hatte, egal was ihr eigentliches Ziel war: Stuxnet war eine Cyberwaffe. Die *Frankfurter Allgemeine Zeitung* titelte: »Der digitale Erstschlag ist erfolgt.«

Alles so komplex hier: Warum wir uns die Probleme selber schaffen

Nach so viel Stoff für Agententhriller muss man noch einmal auf die Heizungskeller, die Stromzähler und das smarte neue Netz der Elektrizitätswerke zurückkommen. Diese Dinge haben nämlich miteinander zu tun.

Nirgendwo auf der Welt wird die Ausbreitung der intelligenten, ökologisch korrekten Smart-Grid-Technologie gerade so massiv vorangetrieben wie in den USA. Präsident Barack Obama hatte Ende 2009 bekannt gegeben, er werde die stolze Summe von 3,4 Milliarden Dollar aus seinem Konjunkturprogramm für das Smart Grid locker machen, und seither ist diese Summe noch weiter gewachsen. Elektrizitätswerke landauf, landab liefern sich ein Wettrennen, wer als Erster die meisten Smart Meter installiert und damit auch die meisten Fördersummen einstreicht. Ende 2010 waren bereits mehr als 20 Millionen solcher neuartigen Stromablesegeräte in den USA installiert, und diese Zahl soll in den kommenden Jahren auf 60 Millionen anwachsen.

Ungefähr gleichzeitig vergibt Obamas Regierung knapp 19 Millionen Dollar an vier führende akademische Institutionen, die sich einen guten Namen in Ingenieursfragen gemacht haben. Sie sollen in den kommenden fünf Jahren erforschen, wie man Smart Meter und das Smart Grid vor Hackern und Cyberterroristen schützen kann. Sie sollen »die Lieferung von Strom und die Aufrechterhaltung kritischer Operationen sicherstellen, auch wenn bösartige Cyberattacken passieren«.

Ist das nicht die falsche Reihenfolge?

»Die Sicherheit sollte bereits beim Entwurf eines Systems bedacht werden, nicht erst hinterher«, hat Jeffrey Katz gesagt, der Cheftechniker bei IBM Energy & Utilities. Das ist so etwas wie ein Mantra in der Sicherheits-Szene. Lehrstoff für Erstsemester, sozusagen. Beim Aufbau der Smart Grids läuft es aber völlig anders. Erst werden Smart Meter in den Kellern aufgehängt, dann die Sicherheitsprobleme analysiert.

Doch kein Wunder: Ein internationales Wettrennen ist

im Gang. Das Smart Grid ist nicht nur in Amerika auf dem Vormarsch. Es wird weltweit aufgebaut. China will bis 2020 eine der weltweit führenden Nationen in Sachen Smart Grid sein. Das Europäische Parlament beschloss 2009, dass »smarte Stromablesegeräte« bis 2022 Pflicht sein sollen. Etliche europäische Länder preschen voran, darunter die Schweiz und Österreich. In Deutschland hat die Regierung immerhin in das neue Energiewirtschaftsgesetz geschrieben, dass bei Neubauten und Renovierungen digitale Zähler eingesetzt werden sollen – eine Grundvoraussetzung dafür, überhaupt den Energieverbrauch minuten- oder sekundengenau zu analysieren, und der erste Schritt in eine Zukunft, in der diese Zähler auch über Datenleitungen vernetzt werden. Ab 2011 sollen alle Energieversorger einen Tarif anbieten, der mit der Tageszeit oder mit der Last steigt und fällt – dann ist auch ein ökonomischer Anreiz für solche Datenleitungen da.

Und die Firma Miele stellte 2010 die ersten Trockner, Waschmaschinen und Geschirrspülautomaten vor, die sich in ein System zur intelligenten Stromsteuerung im Haushalt integrieren lassen. »Ein Gefahren-Szenario ist nicht denkbar«, erklärt Miele selbstbewusst auf Anfrage.

Doch es ist so ein Problem mit solchen Aussagen. Wenn man bei Miele genauer nachfragt, bekommt man auch eine Erläuterung – schriftlich! – warum ferngesteuerte Haushaltsgeräte nicht gefährlich sind. »Zunächst ist davon auszugehen, dass ein WLAN-Netz geschützt ist, was allein schon für Telekommunikations-Anwendungen im ureigenen Interesse des Kunden liegt.« Beim Hackertreff in Vegas würden sie sich über solche Sätze gleich kaputtlachen: Für das Eindringen in ein verschlüsseltes WLAN-Netz braucht ein mittelmäßig begabter Computerfreak zwischen wenigen Sekunden und einigen Minuten. Es gibt dafür fertige Programme, die man nur starten muss. »Die technisch komplexe Integration von Miele@Home in ein Bussystem obliegt spezialisierten Systemintegratoren, die den erforderlichen Schutz sicherstellen können«, beantwortet Miele die Anfrage in schwer verständlichem Kauderwelsch weiter. Soll das heißen, dass andere Firmen schuld sind, wenn etwas passiert?

Es gibt aber auch ein ernst zu nehmendes Argument in der langen Antwort der Firma Miele: Bei keinem dieser Geräte sei im Augenblick vorgesehen, dass man Funktionen aktivieren kann, »die den Kunden gefährden oder größeren wirtschaftlichen Schaden anrichten«. Also kann man die Kühltruhe nicht per Funk abstellen, um auf diese Weise heimlich Salmonellen zu züchten, bis die Nachbarsfamilie wieder aus dem Urlaub zurückkehrt. Man kann auch nicht das Kochfeld anstellen und damit einen Brand auslösen.

Aber wie lange wird das noch so bleiben? Das Problem ist hier ein Phänomen, das Informatiker schon lange kennen, und das sie »Mission Creep« genannt haben. Systeme, die anfangs nur für einen kleinen Kreis von Aufgaben gedacht waren, neigen im Lauf der Zeit zu immer größerer Komplexität. Sie bekommen zusätzliche Funktionen. Sie werden in die Zusammenhänge anderer, größerer Systeme eingebunden. Sie werden vielfältiger benutzt als ursprünglich gedacht.

Man kennt das von den unterschiedlichsten Einsatzorten für Computer. Autoelektronik ist so ein Klassiker: Anfangs konnte man damit die Scheiben herunterlassen, den Blinker anwerfen und einen energiesparenden Motor betreiben – aber über die Jahre ist Autoelektronik immer komplexer geworden. Sie nimmt mehr und mehr Arbeit beim Fahren ab, und das geschieht über Computer. Neuerdings werden einige dieser Computer mit drahtlosen Antennen ausgestattet und sogar ans Internet angeschlossen. Die Firma General Motors vertreibt ein System namens OnStar, das die Position des Fahrzeugs und allerlei diagnostische Informationen über das Auto direkt an den Hersteller sendet. Das ist sehr praktisch im Fall von Crashs oder Diebstählen. Längst arbeiten Hersteller wie VW und Ford mit Firmen wie Google und Microsoft zusammen, um dem Autofahrer eine nächste Welle neuartiger, netzverbundener Produkte und Dienste auf dem Armaturenbrett anzubieten. Und IBM hat Patentschutz für ein System beantragt, das Autos laufend ortet und das selbsttätig auf die Bremse tritt, wenn jemand über eine rote Ampel fahren will.

Eine Studie, die an der Universität Washington und der Universität von Kalifornien in San Diego entstand, kam aber – am Beispiel der Systeme eines ungenannten Herstellers – zu dem Ergebnis: »Wir demonstrieren die Möglichkeit, ein weites Spektrum von Autofunktionen zu steuern und den Fahrer dabei komplett zu ignorieren – zum Beispiel ein Ausschalten der Bremsen, selektives Bremsen mit einzelnen Rädern, den Motor anhalten und so weiter.« Das ist ein Beispiel für Mission Creep: Wie sollten die ersten Entwickler der Autoelektronik auch ahnen, dass Autos eines Tages ans Netz angeschlossen würden?

Die Wertpapier- und Rohstoffbörsen sind auch so ein Beispiel. Dort läuft der Vormarsch der Computer schon seit Jahren. Richtige Händler, die mit den Armen fuchteln und auf Papierfetzen ihre Käufe und Verkäufe notieren, sind so etwas wie Dinosaurier am internationalen Finanzmarkt. Doch der jüngste Schrei an den amerikanischen Börsen ist die Spekulation mit Wertpapieren, die komplett vollautomatisch über hochintelligente, superschnelle, eng vernetzte Computer ausgeführt wird. Computer spekulieren gegen Computer.

Als ein Crash am 6. Mai 2010 den amerikanischen Dow-Jones-Aktienindex an einem Tag um fast tausend Punkte abstürzen ließ, hatte niemand so schnell eine Erklärung parat. Hatte da ein einzelner Mitarbeiter – wie es bald hieß – ein paar falsche Tasten gedrückt? Und warum hatte diese Armee von Computern dann nicht aufgepasst? Oder war es die Fehlfunktion eines Computers selber, die den Crash auslöste? Hatten gar Hacker dazwischengefunkt? Inzwischen glaubt die zuständige Aufsichtsbehörde SEC, dass damals ein vollautomatisches Handelssystem eines großen Investmentfonds verrückt gespielt habe, und der verrückte Computer habe bei den anderen Computern eine Kettenreaktion ausgelöst.

Dann kam der 19. Januar 2011. Eine kaum bekannte paneuropäische Spezialbörse, in der Emissionsrechte gehandelt werden, musste den Handel aussetzen, und kurz darauf gaben ihre Betreiber ganz offiziell zu: Es hatte einen Hackerangriff gegeben. Über zwei Monate hinweg hatten offenbar unbekannte Eindringlinge die Computersysteme der Börse unter ihre Kontrolle gebracht, Preise manipuliert und sich dabei offenbar um 28 Millionen Euro bereichert. Die EU-Kommission erklärte, dass in vierzehn an die Börse angeschlossenen Ländern die Sicherheitssysteme nicht ausreichend modernisiert worden seien.

Solche Vorfälle könnten sich jederzeit wiederholen, warnten Börsenexperten. Vielleicht sind sie schon häufiger vorgekommen, als man offiziell weiß. Fachleute in der Londoner City und an der Wall Street arbeiten daran, eine ganze Reihe extremer Handelsbewegungen aufzuklären, um festzustellen, ob sich Hackerangriffe dahinter verbergen. Jedenfalls wurde den Beteiligten schnell klar, dass ihre Systeme immer größer, immer komplexer geworden waren. Störanfälliger. Im Extremfall mit ganz eigentümlichen Verhaltensweisen ausgestattet. Manipulierbar, ohne dass die Manipulation gleich auffällt.

Und die neue smarte Miele-Küche? Vielleicht ist sie tatsächlich sicher vor Hackern. Die Frage ist, ob das so bleibt, wenn in einiger Zeit immer neue Funktionen hinzukommen.

Im Pionierland USA vertreiben inzwischen der Internetriese Google und der Software-Gigant Microsoft ihre eigenen Programme zur Messung von Strom. »Das Google PowerMeter erlaubt es Ihnen, den Stromverbrauch in Ihrem Haus abzulesen von überall online«, steht auf der Webseite der Firma. Beide Software-Giganten tun sich zunehmend mit Herstellern von Smart Metern und Steuerungsgeräten für sogenannte »intelligente Häuser« zusammen.

Google, Nokia, General Electric, Intel und Hewlett Packard gehörten zu einem Konsortium von vierzig Unternehmen, die im April 2010 den amerikanischen Präsidenten aufforderten: Er solle doch bitte sicherstellen, dass jeder Haushalt im Lande via Computer, Smartphone und anderen Geräten seinen Energieverbrauch »ablesen und managen« könne. Google will aber nicht einmal abwarten, bis es überall im Land soweit ist: Das Unternehmen kündigte an, man werde demnächst

Strommessgeräte vertreiben, die auch ohne Smart Meter im Keller funktionieren. Ebenso der Chiphersteller Intel. Der verkauft bereits einen »drahtlosen Sensor, der jedes Gerät in Ihrem Haus anhand seines eindeutigen elektronischen Signals identifizieren kann« – zur Messung und zur Steuerung des Verbrauchs, auch ohne Smart Meter im Keller.

Eine amerikanische Firma namens Z-Wave wirbt neuerdings mit einem System, das von jedem drahtlosen PC oder Smartphone aus, von daheim oder bei der Arbeit, die Steuerung der Heimelektronik ermöglicht: Alarmanlage, Thermostat, Licht und sogar den Feueralarm. »Das wird Ihr Zuhause und Ihr Leben sicherer und wirtschaftlicher und angenehmer machen«, heißt es bei Z-Wave. Hierzulande machen das die ganz Großen. Etlichen deutschen Tageszeitungen lag Anfang 2011 ein Prospekt des Energieversorgers RWE bei. Auf der Titelseite sieht man den »Stromberg«-Hauptdarsteller Christoph Maria Herbst, in der Hand hält er eine Ansammlung schicker neuer Geräte namens »RWE SmartHome«. »Dank intuitiver Bedienung und kabelloser Funkverbindungen ist RWE SmartHome blitzschnell einsatzbereit«, ist da zu lesen. Einstecken, anschließen, und schon lassen sich Licht, Heizung und beliebige Elektrogeräte per Computer, Fernsteuerung oder aus der Ferne vom Smartphone ein- und ausschalten. Sogar im Baumarkt sind ab 99,95 Euro die ersten Do-It-Yourself-Lösungen fürs Haushalt-Fernsteuern erhältlich: Da kann man dann einstecken und per Handy fernsteuern, was man will. Vom Radiowecker bis zum Tischgrill.

Das oberste Ende des Marktes kann man auf Funk-, Architektur- und Elektrotechnikmessen bestaunen: die schlaue und energiesparende Steuerung ganzer Häuser, »Smart Homes«. Je nach Bedarf können die nicht nur Energie sparen, sondern beispielsweise die Kaffeemaschine anstellen, wenn der Bewohner offenbar gerade aufwacht. Sie können Diättipps geben, wenn die Waage im Badezimmerfußboden eine unvorteilhafte Gewichtsveränderung feststellt. Sie können der Polizei melden, wenn ein Einbrecher kommt. Oder eine Ambulanz rufen, wenn ein Mensch regungslos auf dem Teppich liegt.

Ross Anderson, der am Computer Laboratory der Cambridge University in England viel über Sicherheitsfragen nachdenkt, schlägt angesichts solcher Entwicklungen die Hände über dem Kopf zusammen: »Wir sind gerade dabei, eine signifikante neue Cyberverletzlichkeit in unser Leben einzuführen«, warnte er kürzlich.

Einfach mal abschalten: Obama nimmt die Sache ernst

In den Vereinigten Staaten denkt niemand daran, den rasanten Ausbau der Smart-Meter-Wirtschaft aufzuhalten. Doch dass damit neue Gefahren entstanden sind – das nimmt man dort inzwischen äußerst ernst. Im Juli 2010 verkündete die Obama-Administration, man plane ein ganzes Schutzschild gegen Cyberattacken im Land. Es gibt schon einen Projektnamen dafür: Perfect Citizen, Musterbürger. Es gibt auch 100 Millionen Dollar für die erste Projektphase sowie einen ersten Auftragnehmer: Der Rüstungskonzern Raytheon bekam den Zuschlag. Es gibt nur noch nicht viele Details. Bestätigt ist, dass Messpunkte an vielen Stellen des Internet und in den SCADA-Systemen amerikanischer Versorgungsbetriebe eingerichtet werden sollen. Abhörstellen für den Internetverkehr, die Alarm schlagen sollen, wenn dort jemand eindringt oder sabotiert.

Schon bald nach seinem Amtsantritt hatte Barack Obama den Cyberspace zu einem »strategischen nationalen Gut« erklärt und einen kompletten Bericht darüber angefordert, was denn eigentlich im Land getan werde, um die digitale Infrastruktur zu schützen. Den damaligen Sicherheitschef von Microsoft, Howard Schmidt, berief er ins Weiße Haus – und der ist jetzt dafür zuständig, dass es keine Cyberangriffe auf amerikanischem Boden gibt. Seit Mai 2010 gibt es beim Pentagon ein neues »Cybercommando« (Cybercom), das General Keith Alexander untersteht, der zugleich Direktor des technischen Geheimdienstes NSA ist. Das Mandat des Generals ist die Cyberkriegsführung – defensiv und offensiv. Im September 2010 vereinbarte das US-Verteidigungsministerium eine Zusammenarbeit mit dem Heimatschutzministerium, sodass nun auch zum Schutz ziviler Netzwerke in den USA die Experten von Cybercom und NSA hinzugerufen werden können. Die beiden Ministerien legen nun einen Teil ihres Personals zusammen, wollen zusammen planen, und haben offenbar noch gewaltige Expansionspläne. Besonderes Aufsehen erregte aber die amerikanische Ankündigung, dass »Perfect Citizen« eine Art roten Notfallknopf enthalten solle. Bei einer echten Bedrohung, heißt es, sollten wichtige Einrichtungen und notfalls auch Teile des amerikanischen Internet vom weltweiten Netz abgeklemmt werden.

Was mit anderen Worten für den Rest der Welt bedeutet: Wenn es brenzlig wird, schalten die Amerikaner schnell mal das Internet ab.

Und ausgerechnet etliche Informatikexperten finden das völlig konsequent. Sie wissen nämlich: Es gibt keinen absoluten Schutz vor Hackern, Cyberspionen und Internetsaboteuren. Steven Chabinski, ein hochrangiger FBI-Experte für Cybersicherheitsfragen, erklärte kürzlich vor einem amerikanischen Kongress-Komitee ganz kategorisch: »Mit genug Zeit, Motivation und Geld wird ein entschlossener Gegner immer – immer! – in ein System seiner Wahl eindringen können.« Weder Passwörter noch eine Firewall noch komplizierte technische Lösungen können das verhindern.

Mit einer Ausnahme: Wenn man die Verbindungen kappt.

Der Stuttgarter Technikexperte Sandro Gaycken zum Beispiel redet ebenso kategorisch daher wie der FBI-Mann Chabinski: »Daten, die auf vernetzten Computern gespeichert werden, kann man nicht schützen.« Das Problem von Großprojekten wie dem Smart Grid sei eben, dass es unvorstellbar große Netze schaffe: »Die Systeme müssen interoperabel sein. Mit Standards operieren. Das ist der Sinn der ganzen Sache – aber genau das ist für Hacker auch immer ein Angriffstool. Wenn alle Computer ähnlich funktionieren, reicht ein Virus, um sie alle zu steuern oder auszuschalten.«

»Wer das nicht will, muss konsequent entnetzen«, so sieht

es Gaycken. Sprich: Wer seine Daten wirklich geheim halten möchte, darf keine Netze bauen. Er muss sie auf Computern speichern und seine Programme ausschließlich auf Rechnern laufen lassen, die für sich alleine stehen. Er muss Inseln schaffen. Er muss auf die Geschwindigkeit, Zentralisierung, bessere Verwaltung und die vielen Effizienzgewinne verzichten, die das Internet üblicherweise bringt.

»Physische Trennung ist das Einzige, das Sicherheit gewährleistet«, glaubt auch der Mannheimer Informatikprofessor Freiling (der bereits erwähnt wurde und sich auf Sicherheitsprobleme bei Computern spezialisiert hat). »Das ist der einzige Weg, um diesen furchtbaren Zustand zu beheben, den die Informatiker über die Welt gebracht haben.« Freiling lacht, das war natürlich ein Scherz, aber auch wieder nicht, oder nur teilweise. »Die Erwartungen, die die Informatik in der Welt geweckt hat, sind unter diesen Umständen gar nicht alle erfüllbar – Erreichbarkeit, Produktivität, Flexibilität durch Integration und Mobilität«, sagt Freiling. Zu kurz gedacht. Zu viele Nebenwirkungen. Zu viele Gefahren. Seine Meinung zu »smarten Häusern«? »Da graut es mir ehrlich gesagt vor«, sagt Freiling.

Nachtrag

Moskau. 14. Januar 2010, 23:05 Uhr. Auf dem Moskauer Gartenring rauschen Autos vorbei, aber heute fahren einige etwas langsamer als sonst. Kurz vor dem Serpuchow-Tunnel zeigen zwei elektronische Werbetafeln eine unerwartete Szene: Auszüge aus einem Hardcore-Porno.

Irgendwer hat eine Vorführung gefilmt und den Film vom Filmchen ins Internet gestellt. Als später Zehntausende die Szene in Videoportalen wie »YouTube« anklicken, sind die Ermittler dem Schuldigen schon auf der Spur: Ein Arbeitsloser aus der Schwarzmeerstadt Noworossisk, ein ehemaliger Systemadministrator – so berichteten es einige russische Medien – sei der Porno-Hacker gewesen. Er war wohl auch umgehend geständig. Er sei in die Systeme der Werbefirmen eingedrungen, um ein wenig Schabernack zu treiben. Er habe die Leute auf der Straße unterhalten wollen.

Man merkt es schon. Je mehr wir unsere Welt vernetzen, desto eher können Hacker unseren Alltag übernehmen. Nicht alle sind spätpubertierende Spielkinder geblieben.

4. Die Mithörgesellschaft – Wie Facebook und Co. die Vertraulichkeit der Kommunikation abschaffen

Eines Abends konnten Freunde von Thomas und Sabine einen herzzerreißenden Dialog bei Facebook verfolgen:

Thomas: »Baby, biiiittte, lass uns die Sache in Ordnung bringen.«

Sabine: »Nein, ich habe es dir gesagt, es ist vorbei. Wir bleiben besser nur gute Freunde.«

Thomas: »Baby, Sabine, bitte, ich will mit dir zusammen sein.«

Sabine: »Thomas, wir waren drei Wochen zusammen ... Das ist kein so großes Ding, du musst das nicht so schwer nehmen. Wir können gute Freunde bleiben.«

Thomas: »BABY, BITTE GIB MIR EINE CHANCE. ICH KANN DAS ALLES WIEDER GUT MACHEN!!!! BABY, DU SAGST VERRÜCKTE DINGE, LASS MICH RÜBERKOMMEN.«

Sabine: »Nein Thomas, wir reden morgen in der Schule.«

Thomas: »BABY, ICH BEKOMME PANIKATTACKEN!! DAS WEISST DU! ICH WILL VORBEIKOMMEN. BITTE!!!!«

Sabine: »N.E.I.N. NEIN! Wir reden MORGEN!!

Thomas: »Baby, bitte, ich will vorbeikommen ...«

Sabine: »NEIN! MEIN VATER IST HIER UND SAGT, DASS ES ZU SPÄT IST UND AUSSERDEM GANZ EINFACH: NEIN!!!!«

Thomas: »BABY, BITTE!«

Thomas: »GEH ANS TELEFON!!!!«

Thomas: »Baby, bitte!!«

Sabine: »Nein!«

Soziale Netzwerke haben die Welt verändert. Millionen Teenager haben entschieden, ihr Medium der Wahl seien nicht mehr Briefe oder Tagebücher. Stattdessen schreiben sie alles ins Netz, fotografieren oder kommentieren per Handykamera in kleinen Videospots. Die Nichtigkeiten, die Dummheiten, Liebe und Frust. Sie machen Notizen über erfahrenes Unrecht und erlebten Sex, sie sind gemein, überschwänglich, liebevoll, tränendrüsig, romantisch, verletzend, im Stakkato – und lassen in Sozialen Netzwerken andere mitlesen. In den Kreis der Mitleser aufgenommen zu werden, das geht ziemlich schnell. Dafür tauscht man eine kurze Nachricht aus. »Willst Du mein Freund sein?«, steht darin, und die andere Person klickt kurz »o.k.«, und fortgeschrittene Besucher können noch ein paar Extra-Einstellungen vornehmen, damit nicht alle alles mitlesen können. Eigentlich.

Doch auch, was die Benutzer nur mit wenigen teilen wollen, bleibt durch technisches Versagen oder durch Schnüffelei nicht mehr zuverlässig vertraulich.

Facebook, das größte und erfolgreichste Soziale Netzwerk der Welt, hat mehr als 500 Millionen aktive Mitglieder, und das Unternehmen drängt die Menschen aus Überzeugung und kühler Berechnung dazu, ein öffentlicheres Leben zu leben. Aber Facebook ist eben nicht bloß eine Plattform für den kleinen Narzissten, sondern auch eine sehr effektive Möglichkeit, um Kontakt zu vielen Menschen zu halten, vor allem zu denen, die man selten sieht. Es ist hervorragend geeignet, um sich zu organisieren, und damit hat, wenn man so will, die zweite große Phase in der Entwicklung des Sozialen Netzwerks begonnen. Politische Aktivisten in vielen Ländern Nordafrikas benutzen die Software heute ganz selbstverständlich, weil sich Informationen bei Facebook so kaskadenartig ausbreiten. Auf einmal ist Facebook ein Werkzeug für Revolutionäre. Und deshalb stellt sich, je mehr Facebook und Co. zur zentralen Kommunikationsplattform im Internet werden, die Frage: Werden Firmen wie Facebook ihrer Verantwortung gerecht?

Man muss sich die Software zunächst als weißen leeren Bildschirm vorstellen, auf dem einige Grundfunktionen festgelegt sind (Foto, Angaben zur Person, Liste der Freunde, eine Box, in der die Nachrichten von Freunden eingehen). Darüber hinaus kann ein Mitglied seine Seite mit einer persönlichen Auswahl an Funktionen anreichern: mit einer öffentlichen Pinnwand oder kleinen Computerspielen oder einem Spendenaufruf und hundert anderen Dingen mehr; man kann Gruppen bilden und Fan-Seiten gründen.

Facebook ist ein Kommunikationsmittel für jedermann geworden. Es ist die populärste, in sich geschlossene Kommunikationsplattform der Welt und steckt noch mitten in der Entwicklung, weil es so viele Arten und Weisen gibt, es zu benutzen. Die einen schreiben, anstatt zu telefonieren, die nächsten ersetzen damit einen Karteikasten, in dem sie bis dahin die Visitenkarten ihrer Geschäftspartner gespeichert haben. Wieder andere benutzen es als gemeinsame Pinnwand für die Familie, als zentralen Ort, um sich im Freundeskreis zu verabreden – oder eben um einen Diktator zu stürzen. Und damit ist das Soziale Netzwerk nicht nur zu einer riesigen Datenbank des Geschmacks und der Gefühle, sondern auch der Beziehungen und der politischen Einstellungen geworden. Im Buch *The Facebook Effect* beziffert der Autor David Kirkpatrick die Zahl der monatlichen Einträge und Nachrichten auf zwanzig Milliarden.

Um das Ausmaß der Entwicklung zu begreifen, hilft ein Vergleich. Derzeit haben ungefähr zwei Milliarden Menschen, das ist fast ein Drittel aller Menschen, einen Internetzugang. Und fast ein Drittel davon ist wiederum Mitglied von Facebook. Nun überträgt man dieses Größenverhältnis auf ein altes Medium, das Telefon. Dann würde praktisch jeder dritte Mensch auf der Erde, der ein Telefon besitzt, ein und dieselbe Telefongesellschaft benutzen.

Darin, dass Rechner von Facebook und vergleichbaren Unternehmen jedes Wort speichern, jedes Foto und jedes Video, liegt eine der großen Zeitbomben des Internet – wenn diese Daten nicht sicher sind. Wer Zugriff auf die Daten hat, kann alles nachlesen und zurückverfolgen. Was nicht aktiv gelöscht wird, geht nicht verloren. Nichts wird vergessen.

Inzwischen geht es also nicht mehr nur darum, ob man Menschen in die Öffentlichkeit drängen sollte, wie Facebook es tut, sondern ob solche Plattformen die Vertraulichkeit da gewährleisten, wo die Mitglieder es wollen oder existenziell brauchen. Ist die Vertraulichkeit der Kommunikation in diesen Fällen nicht gewährleistet, ist das ein Problem ersten Ranges: für politisch Andersdenkende in vielen Regionen der Welt, aber auch für jeden Bürger in den westlichen Staaten. In einer Zeit, in der Menschen mehr Freundschaften und Beziehungen, Arbeitsgemeinschaften und intellektuelle Bünde über größere Entfernungen schließen als je zuvor, sind vertrauenswürdige Kommunikationsplattformen ein wichtiger Baustein der Globalisierung. Der Demokratisierung. Der bürgerlichen Gesellschaft.

Wenn etwas öffentlich wird, was nicht öffentlich werden sollte, ist das oft peinlich – manchmal fatal.

Für Thomas und Sabine wurde es (nur) peinlich: Unter ihren Freunden war zumindest einer, der einen riesigen Spaß an dem Trennungsdialog hatte – und den, fand er, sollten andere auch haben, also kopierte er ihn einfach und veröffentlichte das Teenagerdrama für jedermann einsehbar im Internet. Mehr als dreißig Leuten, die sich hinter Spitznamen verbargen, diskutierten dann bei www.lamebook.com über Thomas, wie er da so öffentlich bettelt, fleht und droht:

deadvices schrieb: »Los Thomas, … bekommst eine Eins fürs Anstrengen.«

Miss Shegas: »Stalker werden immer stalken. Zum Glück war dieses arme Mädchen klug genug, diesen Spinner so schnell abzuschießen. Gruselfaktor 11.«

Maggie: »Ich denke, Thomas sollte einfach schwul werden. Er wäre dann die Frau in der Beziehung.«

Quest4cb: »Thomas erinnert mich an meinen ersten Mann. SCHAUDER!«

Vermutlich wird Thomas das verkraften, und seine Ex-Freundin auch, aber trotzdem illustriert dieses Beispiel ziemlich gut, dass Nachrichten, die jemand auf Facebook hinterlässt, erstaunliche Wege zurücklegen. Dass man sich nicht darauf verlassen sollte, dass nur diejenigen eine Kommunikation auf Facebook verfolgen, die man dazu eingeladen hat.

Zu Recht wurde in den vergangenen Jahren diskutiert, welche sozialen Folgen Facebook hat. Wie man damit umgeht, wenn Kinder dort nicht nur Freunde finden, sondern auch gemobbt und Arbeitskollegen angeschwärzt werden. Aber inzwischen erreichen die Nebenwirkungen eine andere Dimension. Sind uns die Folgen schon so richtig klar?

Wenn Diktatoren heimlich lauschen

Der Sicherheitschef von Facebook, Joe Sullivan, bekam in den Weihnachtstagen des Jahres 2010 beunruhigende Nachrichten. Angeblich sollten die Facebook-Seiten von politisch aktiven Tunesiern gekapert und teilweise gelöscht worden sein. Sullivan dachte zunächst, das könne gar nicht sein, erzählt er dem amerikanischen Magazin *The Atlantic*. Doch dann fanden er und seine Kollegen nach zehn Tagen intensiver Analyse einen Beweis, der sie schaudern ließ: Die tunesischen Telekomfirmen und Internetzugangsanbieter hatten auf ihren Computern, den großen Knotenpunkten des tunesischen Internet, ein Spionageprogramm installiert. So versuchten sie, nach und nach alle Passwörter des ganzen Landes auszuspähen und die Bürger, die im Internet surften, zu überwachen.

»Wir hatten bisher mit Internetzugangsanbietern zu tun, die versucht haben, unsere Seite zu blocken oder herauszufiltern«, sagt Facebook-Mann Sullivan. »In diesem Fall aber waren wir damit konfrontiert, dass die Internetzugangsanbieter etwas bis dahin Beispielloses taten, in dem sie versuchten, aktiv Nutzerdaten abzufangen.«

Nach Presseberichten verwendete die staatliche Telekom-Aufsicht des Landes die erspähten Passwörter unmittelbar, um mehr als hundert Foren zu schließen, in denen sich Gegner des damaligen Präsidenten austauschten und Protestkundgebungen organisierten.

Grundsätzlich war lange bekannt, dass die tunesische Regierung das Internet streng kontrolliert. Alle Internetzugangsanbieter mieten ihre technische Infrastruktur über die staatliche Aufsichtsbehörde, die wiederum die staatliche Infrastruktur, also die zentralen Leitungen, kontrolliert. Deshalb konnte der Staat auch, jenseits des speziellen Passwort-Diebstahls, vor langem eine Internet-Filtersoftware namens Smartfilter von der US-amerikanischen Firma Secure Computing einsetzen. Als missliebig betrachtete Internetseiten wurden auf diese Weise gesperrt.

Facebook reagierte auf den Fischzug der tunesischen Behörden und Unternehmen schnell und in dem klaren Bemühen, seine Nutzer zu schützen. Erstens lenkte das Team um Sullivan alle Versuche aus Tunesien, das Soziale Netzwerk zu erreichen, auf einen sogenannten https-Server um. Der verschlüsselt jede Kommunikation zwischen Nutzer und Internetseite. In einem zweiten Schritt führte Facebook für alle Tunesier eine weitere Sicherheitshürde ein. Wer sich einloggen wollte, dem wurden die Gesichter von mehreren Freunden aus seinem Netzwerk gezeigt. Wer die Namen nicht kannte, durfte nicht auf das Nutzerkonto zugreifen.

So wogte der technische Wettkampf zwischen Facebook und den tunesischen Staats-Hackern hin und her. Menschenrechtsgruppen aus der Region berichten, der sichere https-Zugang sei zwischenzeitlich geblockt worden. Facebook selbst räumt ein, dass der tunesische Staat in der Lage gewesen wäre, die Firma zu zwingen, die Verschlüsselung fallen zu lassen — oder eben den Zugang zu Facebook abzuschneiden.

Sicher ist: Facebook-Nutzerkonten wurden gehackt. Vom tunesischen Repressionsapparat missbraucht. Politische Aktivisten gerieten dadurch ins Visier der Polizei und der Geheimdienste, und das geschah nach Berichten der technisch versierten amerikanischen Organisation für Bürgerrechte im Internet, der Electronic Frontier Foundation, auch mit Nutzern von Internetdiensten wie Yahoo!, Google und dem Kurznachrichtendienst Twitter. Dass die Sache für die Tunesier, soweit bekannt ist, glimpflich ausgegangen ist, liegt am ehesten daran, dass Diktator Ben Ali schon wenige Tage nach dieser Aktion, Mitte Januar 2011, ins Exil nach Saudi-Arabien floh.

Die einen werden von ihren Freunden bloßgestellt. Die anderen durch staatliche Behörden verfolgt. Für die einen wird es peinlich, für die anderen geht es um Freiheit und Revolution oder Repression, Gefängnis und Folter.

Kommunikationsplattformen wie Facebook sind ambivalent, so viel ist auch in Ägypten klar geworden. Der politische Sturz von Präsident Hosni Mubarak durch Demonstranten bekam den Namen »Facebook-Revolution«. Nach anfänglichem Zögern, unterstützt durch die Armee, organisierten sich die Demonstranten Anfang 2011 vor allem über Facebook. Dort wurden Nachrichten weitergereicht, Fotos verbreitet, zu neuen Demonstrationen aufgerufen. »Facebook war schon vorher populär«, sagt die Journalistin und Bloggerin Amira al Hussaini aus Bahrein. Sie beobachtet seit Jahren die Internetszene und die Entwicklung der Zivilgesellschaft in Nordafrika sowie im arabischen Raum. Als internationale Expertin für diese Themen war sie von der *Deutschen Welle*, dem deutschen Auslandsrundfunk der ARD, im Jahr 2011 gebeten worden, die weltweit besten Blogger zu küren. Al Hussaini sagt über die Bedeutung von Facebook im arabischen Raum und in Nordafrika: »Das Leben dort findet normalerweise innerhalb der Mauern der Familie statt. Facebook gab den Menschen die Gelegenheit, mit anderen in Kontakt zu kommen, zu sehen, wie andere leben, neue Bekanntschaften zu schließen. Oft haben sich die Menschen dafür allerdings falsche Namen zugelegt.« Aus diesem Grund sei Facebook schon seit Längerem sehr populär in der Region. Allerdings, darauf weist Amira al Hussaini auch hin, sei Facebook häufig eine Quelle für die Geheimdienste. Wenige Jahre vor dem Sturz Hosni Mubaraks hatten politische Aktivisten versucht, via Facebook einen Generalstreik in Ägypten zu organisieren. Die Initiatoren seien später anhand ihrer Facebook-Aktivitäten identifiziert, gefangen, misshandelt und eingesperrt worden.

Zwei Männer haben die Stärken und Schwächen von Sozialen Netzwerken in Revolutionen intensiv diskutiert, unter anderem in der *Frankfurter Allgemeinen Zeitung:* Der amerikanische Medienwissenschaftler Clay Shirky von der New York University glaubt, dass Facebook und Co. »die soziale Koordination« in Entwicklungs- und Schwellenländern so sehr verbessern, dass sie ernsthaft dazu beitragen, deren Regime unter Druck zu setzen. »Haben diese Regime Recht, sich (davor) zu fürchten? Ich glaube, ja.« Er nennt Beispiele aus Burma, Moldawien und der Ukraine und glaubt, dass sich »diese Staaten von Bedingungen bedroht fühlten, unter denen sich eine Öffentlichkeit mit sich selbst identifizieren und sich miteinander abstimmen kann«. Aus diesem Grund hätten sie Kommunikationsplattformen wie Facebook und Twitter geblockt.

Evgeny Morozov, Herausgeber des amerikanischen Magazins *Foreign Policy,* ist hier eher Pessimist – unter anderem mit Blick auf den Iran. »Ich glaube, die iranischen Behörden (sehen) einen enormen Gewinn darin [...], regierungsfeindliche Iraner bei der Koordination ihrer Aktionen zu beobachten: bei der öffentlichen Koordination auf Facebook und Twitter.« Nach den großen Demonstrationen wurden viele Wortführer verhaftet. Wie man sie aus der Masse herausgefiltert hat? Das ist in vielen Fällen nicht bekannt.

Bei Facebook selbst ist ein Wandel zu beobachten. In den Jahren 2008 und 2009 feierte man in der Zentrale im kalifornischen Palo Alto die Tatsache, dass sich politische Bewegungen mithilfe des Sozialen Netzwerks organisierten. Inzwischen versucht das Management, politische Aktivisten zu schulen: wie sie sich in geschlossenen Gruppen auf Facebook treffen können, die nur für deren Mitglieder sichtbar und auffindbar sind. Außerdem scheint es so zu sein, als blockiere das Netzwerk nicht mehr überall, wenn Nutzer unter falschem Namen agieren – sofern die Gründe plausibel erscheinen. Diese Themen treiben die Macher bei Facebook um, und dabei geht es nicht um Werbedollar, sondern um die Überzeugung, wie wichtig das Recht auf freie Meinungsäußerung ist. Sonst würde es solche Hilfestellungen mit Sicherheit nicht geben. Aus diesem Verhalten lässt sich aber auch schließen, dass Facebook sich der Sollbruchstellen in der eigenen Software bewusst ist. Dass auch in der Firma darüber debattiert wird, wie viel Öffentlichkeit gut ist.

In all dem manifestiert sich eine für alle Kommunikationsmittel geltende Dualität: Teils fördern sie Freiheit und Demokratie – teils sind sie Kontrollinstrumente des Staates. Facebook ist aus eigenem Antrieb die wichtigste Plattform für Kommunikation im Internet geworden. Was bei Facebook gilt, setzt Standards. Deshalb diskutiert die westliche Welt anhand dieser Firma stellvertretend für alle großen Internetunternehmen die Frage, unter welchen Bedingungen Kommunikation im digitalen Raum stattfindet. Wie man einen wirksamen Sichtschutz einbaut. Wie man das Recht auf freie Meinungsäußerungen gewährleistet und ob man es in Staaten gewährleisten kann, die keine Skrupel haben, Andersdenkenden hinterherzuspionieren. Kann man digitale Plattformen entwickeln, die nicht durchlässig sind oder verwanzt, wie früher die Wohnungen von Dissidenten verwanzt waren? An Facebook entscheidet sich inzwischen in erheblichem Maße, wie viel Privatsphäre sich die Menschen bewahren können – und wollen. Aber die Sache zieht noch größere Kreise: Ein vor allen Zugriffen geschützter Raum war über Jahrhunderte die Basis einer bürgerlichen Existenz. Hier konnte sich der Einzelne ungestört entfalten – und dazu gehörte vor allem, sich in Ruhe eine politische Meinung zu bilden. Dieser Raum ist in Deutschland per Grundgesetz geschützt, und das daraus abgeleitete Grundrecht erstreckt sich auch auf die unbeobachtete Kommunikation mithilfe technischer Systeme wie dem Telefon. Facebook fällt mehr und mehr in die gleiche Kategorie.

Wir stehen vor einer entscheidenden Frage: Eine Handvoll Firmen ist gerade dabei, die menschliche Kommunikation auf den Kopf zu stellen, auf der ganzen Welt Servertürme fürs globale Schwatzen zu errichten und kein Wort des Gesagten mehr zu vergessen. Können wir uns wirklich in ihre Hand begeben?

Der scheue Mark

Der junge Mann, der von anderen so viel Offenheit fordert, der glaubt, wenn die Menschen offener seien, wäre die Welt ein besserer Ort, bleibt selbst ein verschlossener und in der Öffentlichkeit unsicherer Mensch. Mark Zuckerberg liegt seine öffentliche Rolle nicht, und es ist gar nicht so lange her, dass ihm bei einem halbstündigen Fernsehinterview angesichts kritischer Fragen der Schweiß in Strömen vom Gesicht lief. Er ist eben nicht nur Mitte zwanzig. Er ist auch außergewöhnlich introvertiert.

Stellvertretend für die Frage, wie er selbst mit der Öffentlichkeit umgeht, kann auch ein Treffen in Berlin im Jahr 2009 mit dem *ZEIT-Magazin* stehen. Der Fotograf hat für Zuckerberg eine kleine Garderobe zusammenstellen lassen, Anzüge, Hemden. Mark Zuckerberg taucht in einer Fleecejacke, Jeans und Turnschuhen auf, immer umgeben von einer Gruppe Berater, die beim Anblick der Anzüge protestieren. »This is not Mark!«, ruft eine Mitarbeiterin und zieht ein knallblaues Facebook-T-Shirt aus der Tüte, drückt es Zuckerberg in die Hand: »Hier, Mark, zieh mal lieber das an.« Er nickt zunächst und streift es sich über. »Seht ihr, das ist Mark!«, ruft die Mitarbeiterin wie eine Mutter. Er selbst schweigt. Dann diskutieren die Berater, was zu Mark passt und was nicht. Mark steht daneben, beteiligt sich scheinbar nicht. Plötzlich zieht er das Facebook-T-Shirt wieder aus und entscheidet sich für ein dezenteres in Grau. Und er schlüpft in ein dunkles, eng geschnittenes Sakko. Unsicher beobachtet er sich im Spiegel. Das Sakko sitzt. Wen sieht er jetzt, den erwachsenen Mark? Das Sakko gefällt ihm offenbar. Er behält es an.

Wie würde er sich jemandem beschreiben, der ihn nicht kennt? Auf die Frage schweigt Mark Zuckerberg zunächst. Er selbst sagt von sich, er sei *awkward*, ungelenk, und das trifft zweifellos zu. Auch in jenem Moment in Berlin weiß er spontan nicht, wie er sich verhalten soll. Also lässt er sich zu keiner Gefühlsregung hinreißen, blickt seinen Gegenüber an und doch zugleich vorbei. Dann stellt er eine Gegenfrage: »Warum stellen Sie mir so eine psychologisierende Frage zu meiner Person?« Einer der Berater warnt ihn: »Mark, die wollen ein Psychogramm zeichnen.« Zuckerberg sagt nur kurz »mmh«, mehr nicht. Es geht um die Frage von Privatleben und Öffentlichkeit. Wie schützt er seine Privatsphäre? Zuckerberg lacht, sieht verlegen zu seinen Beratern, einer antwortet für ihn: »Indem wir sie privat halten. Nächste Frage bitte.« Trotzdem weiß inzwischen jeder, der sich mit dem Unternehmen beschäftigt, dass Zuckerberg einen mittelgroßen, unauffälligen Wagen fährt, vor kurzem für ein paar Millionen Dollar eine Villa nahe der neuen Firmenzentrale gekauft hat und seit Jahren die gleiche feste Freundin hat. »Wenn es um Facebook geht, habe ich mit öffentlichen Auftritten kein Problem. Aber es gibt bestimmt Menschen, die so etwas mehr genießen als ich«, sagt Mark Zuckerberg dazu, jener Mensch also, der mit seinem Programm dafür sorgt, dass Millionen Menschen bei Facebook ständig ihre kleinen Auftritte zelebrieren.

Die Welt erobern – das hat er dagegen schon früher gerne gemacht. Seinen ersten Computer bekam er mit zehn Jahren von seinen Eltern geschenkt, einen Quantex 486DX. Ein Schulfreund hatte einen, also wollte er auch einen haben. Was hat er damit gespielt? »Oh, Computerspiele haben mich nie sonderlich interessiert. Ich wollte nicht spielen, ich wollte etwas mit dem Computer machen, etwas Größeres.« Er brachte sich das Programmieren mithilfe einiger Bücher selbst bei, und sein Vater besorgte ihm, als er dessen Talent sah, einen privaten Lehrer. Bald darauf programmierte Zuckerberg zum Beispiel einen Instant-Messaging-Nachrichtendienst für die Zahnarztpraxis seines Vaters und später einmal eine Computerversion des Brettspiels »Risiko«. »Rivalisierende Truppen, die darum kämpfen, die Welt zu beherrschen, das hat Spaß gemacht«, sagt er. Später, als Student in Harvard, entwickelte er die erste Version von Facebook. Die Idee war entstanden, weil es den Studenten auf die Nerven ging, dass das offizielle Jahrbuch der Universität nur einmal im Jahr erschien, also nicht ständig aktualisiert werden konnte – und natürlich auch, weil man dort nichts darüber erfuhr, was junge Studenten über ihre Kommilitonen wirklich wissen wollen: Bist du Single?

»Ich habe Facebook nicht gegründet, weil ich mit einer Firma schnell viel Geld verdienen wollte«, sagt Zuckerberg. »Mein Antrieb war ein anderer. Ich wollte einfach nur beweisen, dass es funktioniert. Deshalb habe ich das Programm damals in meiner Studentenbude geschrieben.« Wird aus Mark Zuckerberg der Bill Gates seiner Generation? »Er ist cool«, sagt Zuckerberg, der sein Sohn sein könnte. »Es interessiert mich, was er denkt, aber ich habe bei Microsoft mehr mit den Leuten zu tun, die noch im Geschäft sind. Und ich bin nicht Bill, ich bin Mark.«

Die Fehler von Facebook

Wenn es eine Sache gibt, in der sich Bill Gates und Mark Zuckerberg ähneln, dann ist es der unbedingte Wille, die eigene Firma zum Erfolg zu führen. Doch die Kosten für so viel Erfolgshunger sind hoch.

Gates hat ein weltweites, rigoroses Vertriebssystem aufgebaut und Konkurrenten durch Exklusivverträge mit Computerherstellern verdrängt. Damit hat Microsoft viele Innovationen verhindert – und seine eigene Software nicht ausreichend fortentwickelt. Insofern war Microsoft Office lange Zeit unbestritten die erfolgreichste, aber nicht die beste Software fürs Büro.

Zuckerberg richtet all sein Streben in eine andere Richtung. Er hat eine weltumspannende Plattform für Kommunikationen im Internet aufgebaut – und dies mit einer atemberaubenden Geschwindigkeit. Zugleich hat Facebook ernste Schwächen und Sollbruchstellen. Einige davon sind oben beschrieben und systemimmanent. Andere sind durch technische Fehler beim Aufbau des Unternehmens entstanden. Wieder andere Mängel hat Zuckerberg jedoch durch die von ihm geprägte Unternehmenskultur, durch seine Geisteshaltung heraufbeschworen.

Kardinalfehler 1: Facebook hat Datenlecks, Identitätsklau und andere Delikte nicht verhindern können.

Facebook hat rund zweitausend Angestellte; so genau gibt die Firma darüber keine Auskunft. Software-Ingenieure beschäftigt die Firma vielleicht tausend. Wie viele davon für Datensicherheit zuständig sind, ist nicht bekannt. Die Daten fließen in große, firmeneigene oder angemietete Rechenzentren. Es sind Lagerhallen, in denen Tausende von Rechnern stehen, die miteinander verbunden sind und gigantische Speicher bilden. Diese Rechenzentren von Facebook standen in den ersten Jahren ausschließlich in den USA. Inzwischen soll es auch welche in Großbritannien geben. Das Unternehmen schweigt dazu ebenso wie zu den Sicherheitsstandards oder dem Aufwand, den es betreibt, um Datenlecks zu verhindern. Tatsächlich aber hat es in den vergangenen Jahren jede Menge Datenlecks gegeben:

Im Jahr 2009 berichtet Sophos, eine Internet-Sicherheitsfirma, dass Hackerangriffe und Spam bei Facebook deutlich zugenommen haben. Es sei massenhaft Schadsoftware an Facebook-Mitglieder verschickt worden, um die Rechner derjenigen, die diese Schadsoftware heruntergeladen haben, aus der Ferne in Besitz zu nehmen und sie zu großen Botnetzwerken zusammenzuführen, mit denen Cyberkriminelle ihre Spam-Industrie aufziehen (siehe 1. Kapitel).

Im März 2010 waren einige Stunden lang alle privaten E-Mail-Adressen von Facebook-Mitgliedern öffentlich zugänglich.

Im Mai 2010 konnten Facebook-Nutzer private Chats ihrer Freunde mitlesen und sogar deren Kontaktanfragen bearbeiten.

Die Stanford-Informatikerin Aleksandra Korolova fand im Sommer 2010 eine Datenschutzlücke im Werbe-System von Facebook. Dabei ging es um sogenanntes Targeting, das dem Werbungtreibenden erlaubt, seine Reklame nur an solche Nutzer zu schicken, die bestimmte Eigenschaften haben. Hier war es für Korolova nun möglich, herauszufinden, ob Facebook-Nutzer schwul oder lesbisch sind. Auch Alter, politische und religiöse Einstellungen einzelner Personen konnte sie mithilfe des Werbe-Werkzeugs von Facebook herausfinden.

Die Wirtschaftszeitung *Wall Street Journal* berichtete im Herbst 2010, dass Informationen von Facebook-Mitgliedern an Dutzende von Werbeunternehmen weitergeleitet worden waren.

Im Frühjahr 2011 erfassten erneute große Spam-Wellen das Soziale Netzwerk. Viren infizierten Zehntausende von Profilen und verschickten Hinweise an die Netzwerke der betroffenen Nutzer. Wer auf den Hinweis klickte, infizierte nicht nur sein Facebook-Profil, sondern auch seinen heimischen Rechner.

Erfahrende Datenschützer sagen immer: Man solle nie zu viele Dinge an einem Ort speichern. Das biete die meiste Sicherheit.

Kardinalfehler 2: Fast alles wird in den USA gespeichert.
Praktisch alle Daten deutscher Mitglieder verlassen in dem Moment, in dem sie eingetippt werden, deutschen Boden, und von da an unterliegen sie nicht mehr dem Schutz, den das Grundgesetz verspricht. Was bedeutet in der Facebook-Ära eine kurzzeitige Sympathie für eine radikale linke Gruppierung? Die halbe deutsche Elite war in Studentenjahren in sozialistischen oder kommunistischen Vereinigungen. Irgendwann sind sie einfach nicht mehr hingegangen und haben ein bürgerliches Leben begonnen. Haben Karriere gemacht. Wie laut, wie öffentlich und wie lange muss man künftig widerrufen? Wer von ihnen könnte heute noch Beamter, Wissenschaftler, Bundesminister werden? Hinzu kommt, dass diese Daten im Ausland lagern und nach den dortigen Gesetzen ausgewertet werden können: Wie oft US-amerikanische Polizisten und andere Ermittlungsbehörden in Soziale Netzwerke Einblick nehmen, ist unbekannt. Dass sie es tun, ist unbestritten. Das US-Recht erlaubt es ihnen, ohne dass sie sich eine richterliche Anordnung besorgen müssten. Ein sogenannter *National Security Letter* reicht aus, und um ihn auszustellen, muss der Ermittler den Zugriff

nur als relevant erachten. Zahlen sind lediglich für die Jahre 2003 bis 2006 bekannt. In diesem Zeitraum wurden mehr als 190.000 National Security Letters in den USA verschickt, um Auskunft von allen möglichen Institutionen zu erlangen. Die Leichtigkeit, mit der dies vonstatten geht, gehört zu den Folgen der Terroranschläge vom 11. September 2001. Nach diesem Ereignis wurden die staatlichen Ermittlungsbefugnisse mit dem Patriot Act extrem ausgedehnt. Anfangs diente er nur dazu, Terroristen aufzuspüren. Inzwischen haben aber auch andere staatliche Behörden leichten Zugriff und benutzen diese Möglichkeit für die ganz normale Polizeiarbeit.

Was das im Einzelnen heißt, legt Facebook nicht offen. Aber in dieser Hinsicht unterliegen alle amerikanischen Internetunternehmen den gleichen Regeln. Der Verwaltungsratsvorsitzende von Google, Eric Schmidt, hat dazu einmal gesagt: »Wir unterliegen in den USA alle dem Patriot Act. Es ist also möglich, dass Informationen (der Nutzer) den Behörden zugänglich gemacht werden.« Um die Dimensionen klarzumachen, veröffentlicht Google inzwischen, wie oft Behörden einzelner Länder in den vorausgegangenen sechs Monaten verlangt haben, dass Daten gelöscht werden. Daneben gibt es noch eine zweite Kategorie – »Other Requests« –, und dahinter dürfte sich verbergen, wie oft Google um die Herausgabe persönlicher Nutzerdaten gebeten wurde. Über Facebook ist bekannt, dass auch Zuckerberg in seiner Firma schon Besuch vom FBI bekommen hat.

Kardinalfehler 3: Die aggressive Haltung zur Privatsphäre
Facebook hat in nur sieben Jahren Standards für die Kommunikation im Internet gesetzt. Das ist eine große Leistung. Anders gesagt: Mehr als 500 Millionen Menschen ordnen sich den Grundregeln unter, die das Unternehmen aufstellt. Und weil diese Regeln in Software gegossen wurden, sind sie bindender als ein *Knigge* und die Moralvorstellungen der Kirche. Menschen können fünf gerade sein lassen. Software kann es nicht.

Das ist an sich nichts Ungewöhnliches. Alle Unternehmen, zum Beispiel Autokonzerne, setzen die technischen Möglichkeiten fest und bestimmen, wie ihr Produkt aussieht und welche Eigenschaften es besitzt. Nur geht es in seinem Fall eben um Persönlichkeitsrechte, Privatsphäre, Datenschutz – und nicht um die Frage, wie die Sitze eines neuen Mercedes beschaffen sind. Facebook maßt sich hier vor allem eines an: Es drängt die Nutzer zu maximaler Offenheit, indem es die Liste der persönlichen Daten, die per Facebook-Dekret erstmal öffentlich werden, mehr und mehr verlängert. Wer das nicht will, muss aktiv werden und die Einstellungen seines Kontos wieder ändern.

Warum eigentlich? Würde man nicht erwarten, dass zunächst alles privat ist und es dann am Einzelnen liegt, was er in größerer Runde teilen möchte? Aber Facebook drängt seine Nutzer in die Gegenrichtung. Das jüngste Beispiel dafür ist die automatische Gesichtserkennung. Schon lange markieren Nutzer per Hand einzelne Fotos und ordnen den Gesichtern ihrer Freunde den Namen zu. Doch seit Sommer 2011 »unterstützt« Facebook dies automatisiert, in dem es im Hintergrund eine machtvolle Gesichtserkennungssoftware laufen lässt. Abstellen? Kann man sie nicht. Wurden die Nutzer gefragt? Nein. Keiner hat die Liste fortschreitender Grenzverletzungen so ausführlich dokumentiert wie Matt McKeon ...

Zunächst seien, erklärt Matt McKeon, ein Programmierer aus der Abteilung Visual Communication im IBM Forschungszentrum für Social Software in Cambridge (Massachusetts), nur Name, Geschlecht, die Gruppe, der jemand sich zugehörig fühlte, und ein Bild für alle Facebook-Nutzer sichtbar gewesen. Dann wurden, im November 2009, auch alle Freunde einer Person innerhalb von Facebook sichtbar, per »default«, wie es so schön heißt. Als Grundeinstellung. Zugleich öffnete sich Facebook dem gesamten Internet. Wer diese Veränderung nicht aktiv abstellte, war seither mit Name und Bild als Facebook-Mitglied im Internet zu finden. Nur einen Monat später erweiterte Facebook diese Funktion noch einmal enorm und zeigt nun auch die Namen der Freunde einer Person und seine Vorlieben öffentlich im Internet – wenn es der Einzelne nicht in den Privatsphäre-Einstellungen verhindert. Und seit April 2010 sind auch alle Fotos und Profildaten per »default« erst mal öffentlich. Wurden die Nutzer gefragt? Nein. Facebook verkaufte die Änderungen als Fortschritt, weil nun jeder bis in feinste Details bestimmen könne, was privat sei – nachdem erst einmal alles öffentlich geworden war. Kurz bevor Facebook die automatische Gesichtserkennung einführte, kritisierte die amerikanische Nicht-Regierungsorganisation EPIC auch den Ortungsdienst von Facebook. Er heißt »Places« und gibt Nutzern die Möglichkeit, ihrem Netzwerk zu zeigen, wo sie sich aufhalten. Um das abzuschalten, muss man vier verschiedene Optionen in den Privatsphäre-Einstellungen ändern.

Ein Unternehmen, das in Sachen Datensicherheit auch nicht viel besser ist als andere, das aber eine zentrale Stellung in der globalen Internetkommunikation hat – drängt es die Menschen auch deshalb so sehr in die Öffentlichkeit, weil es seiner eigenen Software nicht zutraut, Kommunikation vertraulich zu halten?

Wer eine so bedeutende Rolle in der globalen Kommunikation einnimmt wie Facebook, der muss seine Methoden, seine Arbeitsweise und seine Unternehmenskultur seiner Verantwortung anpassen – aber dafür macht Facebook sehr viele Fehler.

Nur Investoren hat das bisher nicht gestört.

Sieben Jahre alt. Und schon 80 Milliarden Dollar wert?

Im Sommer 2011 (und damit nach Andruck dieses Buches) ist Facebook wieder einmal umgezogen. Die neuen Bürogebäude an der San Francisco Bay gehörten ehemals der Firma Sun, aus deren Netzwerkrechnern ein Teil der Internet-Infrastruktur gebaut wurde. Sun wurde jedoch vom Softwareunternehmen Oracle übernommen und benötigt seinen Campus nicht mehr. Facebook dagegen braucht mehr Platz.

Bis zu dem Umzug hatte das Soziale Netzwerk seine Zentrale ein paar Kilometer entfernt in einer ehemaligen Medizingerätefabrik in Palo Alto nahe der Stanford Universität aufgeschlagen, und man bekam dort einen guten Eindruck von der Arbeitskultur, von der eigenen Mischung aus Professionalität und Experimentierfreude, die im Unternehmen herrscht. Ein Rundgang durch die beiden weitläufigen, offenen Etagen wirkte wie der Besuch in einer arbeitenden Wohngemeinschaft, in der Menschen zusammenkommen, die mit niemandem in ihrem Leben so viel Zeit verbringen wie mit ihren Kollegen. Verstreute Habseligkeiten der Mitarbeiter erinnerten noch an Zeiten, als Facebook nicht viel mehr war als das Zimmer eines männlichen Jugendlichen, der seine Zeit am Computer verbringt, aber seine Stofftiere und Monsterfiguren noch nicht auf den Dachboden geräumt hat. Zugleich hatten die Programmierer auf mehreren tausend Quadratmetern ordentliche Tischreihen gebildet, es gab ein Bootcamp für die neuen, die eingearbeitet werden mussten, und eine große Kantine, in der sich alle Mitarbeiter freitags zur kurzen Vollversammlung einfanden. Facebook ist eine Firma der kurzen Wege und flachen Hierarchien geblieben. In der unteren Etage saßen viele Mitarbeiter noch in Rufweite von Zuckerberg, denn abgesehen von kleinen Besprechungskammern war die Facebook-Zentrale ein offener Raum.

Zuckerberg ist heute CEO (Chief Executiv Officer, d. h. alleiniger Geschäftsführer), aber vor ein paar Jahren war er nur ein begnadeter junger Programmierer, der im Sommer 2004 sein Studium an der Universität Harvard unterbrach, um mit aller Energie und großer Willenskraft einer Idee zu folgen, von der er selbst noch nicht wusste, wohin sie ihn tragen würde. Er zog mit einigen Freunden nach Kalifornien. Ihre Partys feierten sie mit Bier und – so wird erzählt – mit ein bisschen Haschisch. Fotos aus dieser Zeit zeigen junge Kerle, die um einen Tisch sitzen. Vor sich hatte jeder von ihnen einen aufgeklappten Laptop und darum herum lagen die Reste schlechter Ernährung: Cola-Dosen und Pizzakartons. Vom Kamin aus sollen sie irgendwann sogar ein Seil zu einem Telefonmasten gezogen haben, der hinter dem Swimmingpool im Garten stand, weil sie sich so direkt abseilen und in den Pool fallen lassen konnten. Am Ende des Sommers war der Wasserfilter des Pools voller Glasscherben, und auch das Apartment musste erst einmal renoviert werden, schreibt Firmenbiograph David Kirkpatrick.

Zuckerberg war eben nicht nur ein Computergenie, sondern auch ein ziemlich unreifer Mensch, wie auch E-Mails belegen, die im Umfeld von juristischen Auseinandersetzungen aufgetaucht sind und die sich um die Gründungszeit von Facebook drehen. Aufsichtsratsmitglieder von Facebook haben gegenüber dem US-Magazin *New Yorker* ihre Echtheit bestätigt. Einige Nachrichten an einen nicht genannten Bekannten lauten:

Zuckerberg: »Klar, wenn Du irgendwann mal Informationen über irgendjemanden in Harvard suchst.«

Zuckerberg: »Frag einfach.«

Zuckerberg: »Ich habe mehr als viertausend E-Mail-Adressen, Bilder und Wohnadressen.«

Unbekannter: »Was!? Wie hast Du das geschafft?«

Zuckerberg: »Die Leute haben es einfach eingetragen.«

Zuckerberg: »Ich weiß auch nicht, warum.«

Zuckerberg: »Sie ›vertrauen‹ mir.«

Zuckerberg: »Dumb fucks – verdammte Idioten.«

Jahrelang hat sich Zuckerberg nicht zu diesen E-Mails geäußert, doch im Sommer 2010 sagte er dem *New Yorker:* »Wenn man damit weitermachen will, ein Angebot aufzubauen, das einflussreich ist und auf das sich viele Menschen verlassen, dann muss man sich erwachsen verhalten, richtig? Ich denke, ich bin erwachsen geworden und habe eine Menge gelernt.« Wer Zuckerberg länger verfolgt, ihn getroffen und die über ihn erschienenen Bücher gelesen hat, wird zu dem Schluss kommen, dass er in beeindruckender Weise mit seinen Aufgaben wächst – aber zugleich noch einen langen Weg vor sich hat.

Zuckerberg war klug genug, für dieses Ziel einige erfahrene und exzellente Manager um sich zu scharen: Kommunikations- und Lobbymanager Elliot Schrage, den Werbestrategen Dan Rose – und die frühere Google-Managerin Sheryl Sandberg. Sie ist Chief Operating Officer und leitet das Tagesgeschäft in der Firma. Ihr Schreibtisch stand im Erdgeschoss der alten Zentrale und bildete einen Dreierblock mit dem von Mark Zuckerberg und ihrer gemeinsamen Sekretärin.

Zu einem Treffen im April 2010 kommt Sandberg mit langen Schritten aus einem Besprechungsraum gestürmt, grüßt, rennt weiter. »Muss in die Kantine«, ruft sie, verteilt auf dem Weg noch Arbeit, um Minuten später mit einem Bündel Bananen zurückzukommen. Eine reißt sie auf, die anderen schiebt sie über den Tisch. »Möchte jemand?« Das ist Sandberg. Seit bald vier Jahren verwandelt sie die wild wuchernde Internetfirma in einen Konzern. Sie sagt: »Als ich kam, hatten wir vierhundertfünfzig Mitarbeiter.« Jetzt sind es mehr als zweitausend. Ihre Aufgabe ist es, die abertausend Alltagsfragen zu lösen, damit aus dem Startup ein richtiges Unternehmen wird. Sie sagt: »Ich laufe den ganzen Tag mit meinem Klebeband herum, bisher ist nichts auseinandergefallen.«

Ergebnisse zu liefern, hat sie früh gelernt. Ihr Doktorvater in Harvard war Larry Summers, der später Wirtschaftsberater von Präsident Barack Obama wurde. Nacheinander ging sie zur Weltbank, wurde Stabschefin im Washingtoner Finanzministerium, wechselte zu Google, baute dort das Werbegeschäft auf und wurde in den Vorstand befördert. Bis Mark Zuckerberg sie abwarb. Nun erledigt Sandberg für Facebook stets drei Dinge zugleich, egal, wen man fragt, so wird sie beschrieben, und keiner versäumt zu erwähnen, dass die Überfrau über alldem andere Menschen nicht vergesse. So wie bei den Bananen: eine Staude für die Mannschaft.

Nur, der tägliche Ansturm schafft manchmal selbst die Superfrau. Ende April 2010 ist so ein Tag, sie sieht nach wenig Schlaf aus, und das künstliche Licht im Besprechungsraum macht sie noch blasser. Wie ihr heutiger Tag werde? »Grauenhaft«, sagt sie. An jenem Tag, den Sandberg als grauenhaft einstuft, haben vier US-Senatoren offiziell gegen Facebook

Stellung bezogen. Unter ihnen Charles Schumer, einer der einflussreichsten Senatoren überhaupt. Er verlangte schriftlich, das Unternehmen müsse den Umgang mit der Privatsphäre seiner Nutzer ändern: »Bringen Sie das in Ordnung!« In jenem Frühjahr hat Facebook seinen Status als junges, unschuldiges Unternehmen verloren – und wird in Washington seither als ernstzunehmender Konzern behandelt. Mehrere amerikanische Gesetzgebungsverfahren versuchen inzwischen die Privatsphäre im Internet zu stärken und widmen sich der Frage, wie Nutzer besseren Zugriff auf ihre Daten bekommen können. Facebook war einer der Auslöser.

Trotzdem wird das Unternehmen inzwischen mit 50 bis 60 Milliarden Dollar bewertet.

Solange das Unternehmen nicht an der Börse notiert ist, wird das ein Näherungswert bleiben, sicher ist nur: Die Wertentwicklung seit dem Herbst 2010 ist atemberaubend. Das Wirtschaftsmagazin *Forbes* schätzte den Wert zunächst auf 23 Milliarden Dollar. Im November gab dann einer der bis dahin größten Anteilseigner von Facebook, der Wagniskapitalgeber Accel Partners, einen Teil seiner Facebook-Aktien an willige Investoren ab, angeblich bei einer Bewertung von 35 Milliarden Dollar. Als die US-Investmentbank Goldman Sachs im Dezember 2010 knapp 450 Millionen Dollar für knapp ein Prozent der Facebook-Anteile zahlt, ist das Soziale Netzwerk rechnerisch 50 Milliarden Dollar wert. Facebook-Aktien wurden auch seit Längerem auf dem Graumarkt gehandelt. Dort verkaufen Angestellte und frühe Investoren ihre Anteile über Handelshäuser wie Secondary Markets, Sharepost und Second Market. Den Meldedaten dieser Firmen und Medienberichten zufolge liegt der Wert von Facebook sogar bei knapp 60 Milliarden Dollar, wobei die Erfahrung zeigt: Die Graumarkt-Preise liegen ein Stück weit über den Aktienkursen bei einem späteren Börsengang.

Und wann kommt der Börsengang? Manches deutet auf das Jahr 2012 hin. Setzt Facebook seine Entwicklung fort, wird das Unternehmen Ende 2011 vielleicht mehr als drei Milliarden Dollar Umsatz machen. Eine ähnliche Größenordnung hatte der Suchmaschinenbetreiber Google, als der 2004 an die Börse ging. Google wuchs seinerzeit allerdings schneller und war nach allem, was man heute über Facebook weiß, von Anfang an deutlich profitabler.

Wieso also ist Facebook so viel wert? Das hat mehrere Gründe. Erstens erwarten die Investoren offenbar, dass Facebook auf den politischen Druck reagiert und in der Lage ist, technische Antworten auf die angesprochenen Probleme zu finden.

Zweitens gehen eigentlich alle davon aus, dass Facebook die Aufmerksamkeit der Nutzer in Werbemilliarden ummünzen kann. Werbe- und Marketingmanager bestätigen das: »Es ist ein ziemlich guter Weg, um seine Botschaften zum Konsumenten zu schaffen«, sagt etwa Marc Pritchard, Markenmanager beim Konsumgüterkonzern Procter & Gamble; und der Digitalstratege der internationalen PR-Agentur Ketchum, Richard Ouyang, sagt: »Etwas mit Facebook zu machen ist heute Standard.«

Und drittens herrscht die Überzeugung, dass der überwiegende Teil der Facebook-Nutzung von einem gesellschaftlichen und mentalen Wandel getragen wird, der permanent ist.

Alles Selbstdarsteller und Narzissten!

»Connection is attention«, Kontakt bringt Aufmerksamkeit, liefert ein kleines Glückserlebnis, so erklärt die kalifornische Wissenschaftlerin Kit Yarrow einen wesentlichen Erfolgsfaktor von Facebook. Sie lehrt Psychologie an der Golden-State-Universität, hat einen Bestseller über das Konsumverhalten junger Menschen geschrieben und ist eine begehrte Rednerin bei Unternehmen und auf Kongressen. Ihr Argument lautet: Facebook besteht aus Nachrichten, Werbebotschaften und kurzen Kontakten zu anderen Menschen. Die Seite ist so angelegt, dass stets mehrere Dinge gleichzeitig geschehen. Man sieht, welche Freunde online sind, man sieht die privaten Nachrichten der vergangenen Minuten und

Stunden, Facebook schlägt automatisch vor, sich bei einem Bekannten mal wieder zu melden und zeigt dessen Bild. Dazwischen steht ein kleines Werbebanner, unauffällig, es sieht genauso aus wie andere Elemente auf der Seite. *Connection is attention.* Facebook bedient diese Bedürfnisse im Internet erfolgreicher als andere, und Yarrow meint, die Oberfläche des Sozialen Netzwerks sei ein Spiegelbild der Lebenswelten, die sie in den Einkaufszentren erforsche. Die Softwareingenieure bei Facebook hätten die Menschen ziemlich gut verstanden.

Kit Yarrow lädt zu einem Rundgang in ein Einkaufszentrum in Hillsdale nahe San Francisco. Wo soll sie anfangen? Sie dreht sich auf dem glatten Steinboden langsam um die eigene Achse. Ihr Revier hat mehr als 100.000 Quadratmeter. Ein perfekter Ort sei das, sagt Yarrow, um zu verstehen, wie Jugendliche und junge Erwachsene ticken. Sie erklärt: »Seit Langem halten amerikanische Eltern das Einkaufszentrum für einen sicheren Ort, in dem sie ihren Kindern freien Lauf lassen können«, beginnt sie. Verglichen mit Bushaltestellen oder Bars, gelten Einkaufszentren als sauber und familienfreundlich. »Viele Kinder wachsen hier praktisch auf. Hier treten Marken in ihren Alltag, bevor sie ihr erstes Wort sprechen. Und später treffen sie hier ihre Freunde.« Im Einkaufszentrum zu sein heißt aber auch, einem Strom von Eindrücken ausgesetzt zu sein. Waren, Werbebotschaften, Menschen: Sie ziehen vorbei. Und manchmal kommt man ins Gespräch.

Yarrow geht ein paar Schritte und bleibt in der Tür eines Modegeschäfts stehen. »Forever 21« heißt es, nie älter als 21 Jahre alt werden. Mit einer Mischung aus mitfühlender Wärme und wissenschaftlicher Kälte mustert sie die jungen Frauen, die sich, teilweise gemeinsam mit ihren Müttern, Kleiderberge aufladen. Im Privatleben hat sie das selbst getan. Sie ist 50 Jahre alt, ihre Tochter ein Teenager. Dann betritt Yarrow den Laden und streunt umher wie eine Ethnologin durch ein Urwalddorf. Sie bleibt hier stehen und dort, befühlt einen Stoff, greift einen Gürtel. »Forever 21« stattet junge Frauen schon ab 20 Dollar mit T-Shirt, Hose, Gürtel und Kette aus. Bei solchen Preisen könnten sich viele Städter jeden Monat neu einkleiden. Yarrow sagt dazu: »Diese Generation schätzt schnelle und häufige Kontakte mit Menschen wie mit Marken, auch weil ihre Aufmerksamkeitsspanne so gering ist. Gleichzeitig ist ihr Bedürfnis nach Stimulation sehr groß.«

Yarrows Beobachtungen ergänzen sich mit denen der Psychologen Jean M. Twenge und W. Keith Campbell. Die beiden sprechen davon, das eine Narzissmus-Epidemie vor allem die amerikanische, aber letztlich alle entwickelten Gesellschaften erfasst habe (*The Narcism Epidemic. Living in the Age of Entitlement*). Ausgangspunkt ihrer Überlegungen ist die Tatsache, dass amerikanische Kinder seit Jahrzehnten in der Schule darauf getrimmt werden, selbstbewusst zu sein. Für jede Leistung gibt es einen Pokal, für durchschnittliche Leistung immer noch eine Plakette. Die Autoren beschreiben eine Welt, für die sich statistisch nachweisen lässt, dass mehr Menschen überhöhte persönliche Ansprüche haben. Verstärkt werde diese Haltung nach Ansicht der Autoren durch den allgegenwärtigen Materialismus, billige Kredite, Kreditkarten, Reality-Fernsehshows, Schönheitschirurgie und den alltäglichen Star-Kult. So entsteht eine Welt, in der viele Menschen über ihre Verhältnisse leben, alles tun, um 30 Sekunden Ruhm zu ergattern – und meinen, das stünde ihnen zu.

Die technologische Entwicklung beschleunige nun diesen Trend weiter, argumentieren Twenge und Campbell. Denn in Sozialen Netzwerken gebe es den sozialen Druck, eine Dynamik, das eigene Ego aufzupusten und sich mit möglichst vielen Freunden und möglichst vielen, Aufmerksamkeit erregenden Taten und Nachrichten einen hohen sozialen Status in seiner Gruppe zu sichern. Der Narzisst sei vielfach der Normalo geworden.

In Sozialen Netzwerk schauen alle gleichermaßen zu und entscheiden darüber, was sie von sich zeigen – wenn alle die Regeln einhalten. Wie Jose Antonio Vargas im amerikanischen Magazin *New Yorker* nach einer Tiefenrecherche über Facebook und seinen Gründer so treffend schrieb: »Zuckerbergs Geschäftsmodell hängt von unserer sich verändernden Haltung zu Privatsphäre, Entblößung und reiner Selbstdarstellung ab.« Er kommt zu den gleichen Erkenntnissen wie die Psychologen Yarrow, Twenge und Campbell.

Wer sagt, dann sollen die Leute doch auf eine Mitgliedschaft verzichten, der hat die soziale Dynamik noch nicht ganz begriffen. Eine Untersuchung der gemeinnützigen Pew Foundation in Boston aus dem Frühjahr 2010 besagt, dass in den USA die 73 Prozent der Jugendlichen, die im Internet surfen, Mitglied in mindestens einem Sozialen Netzwerk sind. Bei den 17- bis 29-Jährigen sind es 72 Prozent – und von denen, die älter als 30 sind, inzwischen schon fast 40 Prozent. Was noch beeindruckender ist und die zentrale Rolle von Facebook an dieser Stelle begründet, ist die Tatsache, dass drei Viertel aller Amerikaner, die ein Soziales Netzwerk nutzen, eine Facebook-Mitgliedschaft besitzen. Gab es Anfang 2008 »nur« etwa 70 Millionen Mitglieder, ging es seither steil bergauf. Mehr als 150 Millionen Menschen sind allein im Jahr 2010 dazugekommen.

In Deutschland ist es zwar noch nicht ganz so weit. Aber auch hierzulande hat Facebook inzwischen mehr als 18 Millionen aktive Mitglieder.

Da werden die sozialen Kosten für diejenigen langsam hoch, die nicht bei Facebook sind, und an dieser Stelle geht es nicht mehr um die Attraktivität des Internetangebots allein. Es geht darum, dass man beinahe Mitglied werden muss, um nicht den Anschluss zu verlieren.

Facebook-Gründer Mark Zuckerberg sagte einmal über den Drang vieler Menschen, persönliche Dinge bei Facebook zu veröffentlichen: »Wir haben das nicht geschaffen – die Gesellschaft war bereit dafür. Ich denke, es ist lediglich Teil eines generellen Trends, die Gesellschaft wird offener, und ich denke, das ist gut.« Nein, man kann so einen Trend nicht schaffen, wohl aber beschleunigen und formen.

Was kann man dagegen tun?

Facebook hat eine großartige Software entwickelt, einen wirklich unglaublichen Erfolg bei Nutzern überall auf der Welt – und Zuckerberg ist ein junger Unternehmer, wie es wenige auf der Erde gibt. Doch das Soziale Netzwerk hat Sollbruchstellen, die vitale Bedürfnisse und Grundrechte vieler Menschen betreffen, und das wird eben umso deutlicher, je mehr Menschen bei Facebook sind.

Was kann heute privat und wirklich vertraulich bleiben? Was dürfen Menschen über andere öffentlich schreiben? Wie setzt man deutsche Vorstellungen von Privatsphäre und das Grundrecht auf vertrauliche Kommunikation gegen Firmen aus anderen Ländern durch? Die Menschen brauchen auch im Netz einen nicht-öffentlichen Bereich, in dem sie unbehelligt von äußeren Einflüssen ihre Persönlichkeit frei entfalten können. Das Recht auf Privatsphäre und Vertraulichkeit der Kommunikation (Post und Telekommunikation) ist dafür existenziell und im deutschen Grundgesetz verbrieft. Aber wenn dem so ist, dann braucht es Softwarewerkzeuge und andere Rahmenbedingungen, um dieses Grundrecht auch in IT-Systemen zu gewährleisten – wo Vertraulichkeit zugesagt wird. Das gilt unabhängig von der momentanen Neigung vieler Menschen, eine Menge von sich zu erzählen und zu zeigen.

Was könnte daraus folgen?

Erstens: Alle Einstellungen, die relevant für die Privatsphäre sind, sollten zunächst auf »geschlossen und privat« gesetzt sein. Danach kann dann jeder Einzelne entscheiden, was er preisgeben will. Dann würde man ja sehen, wie narzisstisch diese Gesellschaft wirklich ist.

Zweitens: Wenn der Prophet nicht zum Berg kommt, muss der Berg den Propheten holen lassen, so ungefähr lautet ein biblisches Sprichwort. Staaten sind nun einmal nur begrenzt in der Lage, ihre eigenen Rechtsvorstellungen am anderen Ende der Welt durchzusetzen. Und deshalb sehen sich Facebook und andere Internetunternehmen mit der Idee konfrontiert, Rechenzentren zu regionalisieren. Dann würden die

Daten von Europäern in Europa gespeichert und verarbeitet. Folglich würde europäisches Recht gelten, weil die Daten auch physisch dort lagern. Anfragen US-amerikanischer Ermittler nach deutschen Bürgern müssten nach hiesigem Recht beschieden werden – und nicht nach dem Patriot Act.

Drittens: Was kann Facebook für Dissidenten tun? Als ein Element einer insgesamt verstärkten Datensicherheit könnte man sich eine extra-verschlüsselte Kommunikationsmöglichkeit innerhalb von Facebook vorstellen. So etwas würde die geschlossenen Gruppen, die nur von Mitgliedern gefunden werden können, ergänzen. Zwar würden damit auch Ermittlungen in westlichen Staaten erschwert. Aber die müssen ja ohnehin den vorgeschriebenen Rechtsweg gehen.

Eine weitere Idee für mehr Nutzer-Autonomie entwickelt das nächste Kapitel.

5. Abhängig vom Supercomputer – Apple und Google übernehmen unser Leben

Mehmet N. hat am 16. Dezember 2008 in der Fußgängerzone der westfälischen Kleinstadt Dorsten seiner Ehefrau Fatma N. die Kehle durchgeschnitten. Sie lebte von ihm getrennt, war untergetaucht, und trotzdem spürte er sie auf – weil er sie mit einem Handy orten konnte. Es war der erste Mord in Deutschland, bei dem der Täter sein Opfer per Handy aufspürte.

Der Täter nutzte eine Dienstleistung, wie sie mehrere Telefongesellschaften und andere Dienstleister anbieten: »Orte die Handys deiner Freunde!« »Hat dein Partner etwas zu verbergen?« »Jetzt mit verbesserter Ortung auf 10 m genau!« – solche Locksprüche finden sich an allen möglichen Ecken im Netz und in Zeitungsanzeigen und in Spots des Werbefernsehens. Der Kunde bezahlt eine Gebühr, und im Gegenzug ortet die Telefongesellschaft auf Anfrage sein Handy. Genau das tat Mehmet N., um sein Mordopfer zu finden. Es war nicht das Handy von Fatma N., das er orten ließ, sondern eines, das er seinem Sohn zugesteckt hatte, wie der Staatsanwalt bestätigte: »Das manipulierte Handy versteckte er in dem Ranzen seines Kindes.« So fand Mehmet N. seinen Sohn und die Mutter am Nachmittag des 16. Dezember 2008 vor dem »Plus« in der Dorstener Fußgängerzone – und ermordete die Frau vor den Augen des Kindes.

Verkaufsargumente liefern solche Dienstleister massenweise. Sei es die Sicherheit der Kinder, die eines verwirrten Großvaters oder die zusätzliche Sicherheit vor Diebstählen, weil man die Koordinaten eines abhandengekommenen Handys ja der Polizei mitteilen kann. Immer wieder erweist es sich als nützlich.

Die Nachteile sind inzwischen auch bekannt. Bei dem Versuch, Schicksale wie das von Fatma N. zu vermeiden, verlangt der Gesetzgeber heute zum Beispiel, dass der Benutzer eine Bestätigung per SMS schicken muss, bevor sein Handy geortet werden kann. Trotzdem häufen sich in Frauenhäusern jene Fälle, in denen der verlassene Ehemann die Ehefrau an ihrem Zufluchtsort aufspürt – weil er beispielsweise die Ortung heimlich auf dem Handy seiner Frau aktiviert hat. Und so gehört es inzwischen vielerorts zu den ersten Handgriffen, Schutz suchenden Frauen ihr Handy wegzunehmen und den Akku zu entfernen.

Das Handy ist ein perfektes Symbol unserer Zeit. Wo die Menschen gehen und stehen, hinterlassen sie Datenspuren: Sie teilen also einem Computer mit, wo sie gerade sind und was sie machen. In der Regel tun sie dies, ohne es zu wissen oder ohne daran zu denken. Sie tun es, wenn sie telefonieren, wenn sie Auto fahren und eben wenn sie in einer Fußgängerzone in Dorsten unterwegs sind. Denn inzwischen sind mehr als 35 Milliarden Geräte ans Internet angebunden: Computer, Tablettcomputer, Musik-Datenbanken, GPS-Geräte, Autonavigationssysteme, dazu Handys und Digitalkameras, über die Kevin Kelly, ein renommierter Technologie-Beobachter und früherer Chefredakteur der Kult-Zeitschrift *Wired*, sagt: »Das System hat drei Milliarden Augen.« Wo landen all die gesammelten Daten? In riesigen Computernetzwerken und Supercomputern, denen Programmierer mit genialer Software irre Dinge beigebracht haben – oder wahlweise entlocken.

Der Computerwissenschaftler David Gelernter, er lehrt an der amerikanischen Universität Yale und gilt als einer der brillantesten Köpfe seines Faches, hat vor zwanzig Jahren die Vorstellung entwickelt, das Leben der Menschen würde irgendwann von lauter kleinen Sensoren aufgezeichnet und zu einem regelrechten »Doppelgänger« zusammengefügt. Der Computerwissenschaftler denkt, dass unsere Datenströme »es der Software noch leichter machen, unser Leben im Detail kennen zu lernen und unser Verhalten vorherzusagen«. Und wozu? Google, Apple, Microsoft und Co. sammeln Daten, damit die Menschen mehr kaufen, gezielter finden, was sie suchen, und die Werbung treibende Wirtschaft hofft, die vielen hundert Milliarden, die sie jedes Jahr für Werbekampagnen ausgibt, gezielter einsetzen zu können. Verwaltungen versprechen den Bürgern eine effizient organisierte Zukunft,

Versandhändler ein müheloseres Leben, die Schufa eine reibungslosere Wirtschaft. Alle sammeln sie.

Im Netz der Riesenrechner

Eric Schmidt, der langjährige Chef des Internetkonzerns Google, ist im August 2010 zu einem Kurzbesuch nach Berlin geflogen. Er will eine Rede auf der Internationalen Funkausstellung halten. Als der 56-Jährige auf die Bühne tritt, sieht er aus wie immer: Er trägt einen blauen Anzug, eine dazu passende blaue Seidenkrawatte, ein weißes Hemd – und braune Slipper. Seine Stimme lässt keine tiefen Gefühle erahnen, er schaltet sein Lächeln in Intervallen ein, als stünde es so im Redemanuskript.

Er zählt die einzelnen Punkte der IT-Revolution an den Fingern ab – damit er bloß keinen vergisst, und so eine Rede würde normalerweise keine flüchtige Erinnerung hinterlassen. Schmidt sagt Sätze wie: »Wir stehen am Anfang eines humaneren Zeitalters, in dem Computer die Dinge machen, die wir wirklich wollen, was letztlich bedeutet, die Welt zu einem besseren Ort zu machen.« *Augmented Humanity* nennt er das, den Ausdruck verwendet er tatsächlich für seine Visionen. Eine neue Ära des Menschseins, freundlich gestützt von Google und Co.

So weit, so wolkig. Aber dann tritt der Google-Entwicklungsingenieur Hugo Barra auf die Bühne. »Wir haben in den vergangenen Jahren viel an der Spracherkennung gearbeitet«, beginnt Barra, reibt sich die Hände und sagt dann, er wolle etwas zeigen, was noch niemandem gelungen sei.

Hugo Barra bittet den deutschen Google-Pressesprecher Kay Overbeck auf die Bühne. »Bitte denken Sie daran, es ist noch in der Experimentierphase.« Dann macht er mit Overbeck ein kleines Rollenspiel. Er selbst spielt einen Touristen, der in Deutschland unterwegs ist, aber kein Deutsch spricht, und der Pressesprecher soll einen Schuhverkäufer in Berlin mimen, der kein Englisch versteht.

Vor ihnen auf einem Stehtisch liegt ein Smartphone mit dem neuesten Betriebssystem von Google. Die Software heißt Android und ist dabei, das zu werden, was Windows von der Firma Microsoft für die Welt der Heimcomputer ist: der Standard für die Basis-Software moderner Telefone. Sie legt fest, was das Handy kann und welche Programme darauf laufen. Google hat mit Android die Konkurrenten von Apple, Research in Motion (Blackberry) und Microsoft bereits hinter sich gelassen, ist auf mehr Smartphones installiert als irgendein anderes Betriebssystem, und insofern wird Android der Menschheit – wenn es nach Google geht – ein wenig unter die Arme greifen.

Nun beugt sich Barra über das Handy und fragt es auf Englisch:

»Do you have these shoes in size 41?«

Eine Kamera ist auf den Bildschirm des Handys gerichtet und überträgt alles auf eine Leinwand hinter den beiden Männern. Das Handy zeigt ein Mikrophon und die Worte »Speak now« – jetzt sprechen. Wenige Sekunden später sagt eine maschinelle, weibliche Alt-Stimme. »Sie haben die Schuhe in der Größe 41.« Dass es sich um eine Frage handelt und die Stimme am Ende nach oben gehen müsste, versteht der Computer noch nicht. Aber ansonsten gelingt die Übersetzung tatsächlich.

»Welche Farbe?«, sagt Overbeck, der weiter den Schuhverkäufer spielt, aber dieses Mal versteht die Maschine nicht, sie bockt und wiederholt mehrfach »which cable«. Einen Moment lang sieht es so aus, als müsste Barra abbrechen, doch dann sagt das Handy plötzlich »What colour?«

Barra: »Black or brown would be fine.«

Maschine: »Schwarz oder braun wäre schön.«

Overbeck: »Wir haben schwarz und braun.«

Maschine: »We have black and brown.«

Das Handy hat simultan übersetzt! Ein paar Ahhs und Ohhs sind zu hören, denn hier und in diesem Moment ist ein lange gehegter Traum in Erfüllung gegangen. Dass Computer simultan übersetzen, daran arbeiten die besten Computerwissenschaftler seit zwanzig Jahren. Und nun erwähnt Eric Schmidt ganz lässig, die Simultanübersetzung werde Google bald für hundert Sprachen anbieten.

Noch Monate schwärmt Schmidt von diesem Tag.

Mai 2011, eine Gründerzeitvilla am Ufer des Wannsees, die American Academy hat den Google-Manager zum Vortrag eingeladen. In der Eingangshalle und in den Treppenaufgängen hängen gerahmte Fotos von Besuchern, Rednern, Weltveränderern, die hier auch schon aufgetreten sind: Helmut Kohl, Hillary Clinton, Henry Kissinger, Joschka Fischer, Richard von Weizäcker. Und jetzt Schmidt. Auf die Frage nach seinen Visionen und neuesten technischen Plänen sagt der: »Als wir hier in Berlin ein Google-Handy gezeigt haben, das simultan übersetzen kann, war das einer der wichtigsten Momente in meiner Zeit bei Google.«

Natürlich schmeichelt er damit den anwesenden Deutschen, aber er meint es offenbar trotzdem ernst.

»Wie viele Kriege hätten verhindert werden können, wenn die Gegner einfach direkt miteinander hätten sprechen können. Wenn sie die Sprache des anderen verstanden hätten.«

Ja, Schmidt meint das ernst. Er glaubt daran, dass die Welt mithilfe der Technologie ein besserer Ort wird.

Doch ein Handy alleine – auch eines von Google – ist zu schwach. Genauso wenig können iPads und Navigationsgeräte all die Ortungs-, Ratgeber- und Steuerungsfunktionen alleine vollbringen. Deshalb vollbringt jemand anderes im Hintergrund die wahre Arbeit. Ein Supercomputer. Rechner mit Fühlern in aller Welt, die mehr vermögen, mehr wissen und mehr beobachten, als wir Menschen ahnen. Alleine Google besitzt an die hundert solcher Rechenzentren. Andere Internet- und Computergiganten wie Amazon, Microsoft und IBM eifern dem Suchmaschinenkonzern nach – aber aus Sicherheitsgründen machen sie nicht viel Aufhebens darum – und selbst in den USA halten sie die Standorte ihrer Datencenter geheim.

Die allwissenden Superhirne, die unser Leben besser machen sollen – sie stehen irgendwo da draußen.

Es ist eine ziemlich öde Autofahrt. Je weiter man auf dem Hochplateau entlang des Columbia River vorandringt, desto karger wird die Vegetation. Ganz oben gedeiht nur noch windgeplagtes Gestrüpp und welkes Gras. Verrostete Schienen treffen auf eine Straße; ausrangierte Industriewaggons in karger Landschaft; ein Trucker-Motel ohne einen einzigen Truck davor. Ein Schild warnt vor Staubverwehungen auf der Straße. So könnte das Ende der Welt aussehen. Und doch ist das hier so eine Art Zentrum.

Das eine, was hier auffällt, sind Leitungen, die von Horizont zu Horizont reichen. Kabel-Autobahnen überziehen diese unwirtliche Landschaft, Strommast steht hinter Strommast, teilweise laufen drei, vier oder fünf Leitungen nebeneinander.

Aber wer braucht so viel Strom? Man muss ein wenig herumfahren und suchen, man muss Hinweisen aus der Bevölkerung nachgehen, um ganz am Rand des Industrieparks ein grünlich-graues, riesengroßes Gebäude zu entdecken. Sein Grundriss ist so groß wie ein bis zwei Fußballfelder. Graugrüner Beton, keine Aufschrift daran und ein hoher Zaun, der das Gebäude weiträumig abriegelt. Das merkwürdige Gebäude gehört einer Firma namens VA Data, die wiederum eine Tochter des Internetriesen Amazon ist, speziell darauf ausgerichtet, gewaltige Rechenzentren für den Internetkonzern zu errichten.

Amazon, Google und Microsoft bauen derzeit ein solches Rechenzentrum nach dem anderen. Hallen voller leistungsstarker Rechner, dicht an dicht, Reihe an Reihe, verbunden durch Datenkabelstränge und Stromleitungen, zusammengeschaltet zu einem Superhirn. Im Fachjargon nennen die Unternehmen das »Cloud-Computing«, weil es ungefährlicher, niedlicher klingt. Aber faktisch verschwinden die Daten eben nicht in einer »Wolke«, sondern sie fließen zu den größten und leistungsfähigsten Computern, die die Menschen bisher gebaut haben.

Weil sie immer laufen, immer online sind und ohne Unterlass Millionen Rechenoperationen, Abfragen oder Analysen parallel erledigen, verbrauchen die Datencenter gigantische Mengen an Energie, werden nach und nach zu einem der größten Stromverbraucher auf der Erde, und der Energiehunger geht in die Petajoule. Schon heute schlucken Computer etwa fünf Prozent allen Stroms, der weltweit hergestellt wird.

Sobald wir einen Finger auf ein iPhone legen, weiß irgendeiner dieser Supercomputer, wo wir sind und was wir gerade treiben. Können wir ihnen trauen?

In jedem Fall fangen wir an, mit ihnen zu sprechen. Jede vierte Suche im Internet, die in den USA über Google-Handys läuft, wird nicht mehr eingetippt, sondern gesprochen. Der Computer versteht das.

Auch die Gesichtserkennung per Handy funktioniert nur mit Hilfe der Großrechner im Hintergrund. Die eingebaute Kamera nimmt ein wildfremdes Gesicht auf, schickt es an einen Supercomputer, der analysiert es und vergleicht es mit anderen Bildern im Internet, die genau die gleichen Merkmale aufweisen, und schaut, was für Informationen zu diesen Gesichtern gespeichert sind. Diese Informationen gehen dann wieder an den Ausgangspunkt zurück: das Handy. Es ist, als kramten die Supercomputer in einem globalen Gedächtnis, um dann zu sagen: Klar, das ist doch der Peter Schmidt aus Saarbrücken.

Es gibt inzwischen Software fürs Handy, mit deren Hilfe ein Supercomputer problemlos alle Sternbilder erkennt, und andere Programme, mit denen er jedes Flugzeug am Himmel identifizieren kann, welche Flugnummer es hat, wohin es will und wann es landet. Mit wieder einem anderen Programm liefert er Informationen über die meisten historischen Bauwerke, sobald man die Handy-Kamera darauf richtet. Sogar im Supermarkt macht sich so ein Supercomputer als Ernährungsberater nützlich. Um zu erfahren, ob eine Ware ungesunde oder gefährliche Inhaltsstoffe im Übermaß hat, hält der Kunde einfach seine Handy-Kamera über den Strichcode auf der Packung. Das Ergebnis kommt wenige Sekunden später.

In Millisekunden abgetastet. Die neueste Onlinewerbetechnik

Die Datencenter und Supercomputer werden nicht aus Menschenfreude in die Landschaft gesetzt. Sie sollen uns das »unterstützte Menschsein« zur Wirklichkeit machen, von dem Eric Schmidt sprach, aber darüber wollen die Erfinder all dessen sehr, sehr reich werden. Und zwar mit Werbung.

Nicht die alte Art von Werbung. Keine lärmenden Fernsehreklamen oder nervenden Plakate an der Autobahn, mit Inhalten, für die sich höchstens ein Bruchteil der Zuschauer interessiert. Nein, Google, Amazon, Facebook & Co. schalten individuelle Werbung, maßgeschneidert für jeden Menschen und seinen Handybildschirm. Lockrufe zum Geldausgeben, die perfekt zu den Bedürfnissen, Wünschen, Gewohnheiten und Träumen des Umworbenen passen, im richtigen Moment, am richtigen Ort. Dafür wollen Google & Co. ihn besser kennenlernen. Sehr viel besser.

Einige Brancheninsider sind aber noch unzufrieden. »Die durchschnittliche Person kann sich im Augenblick gar nicht vorstellen, wie disparat diese verschiedenen Onlinedatenbanken noch sind«, klagt Allison Hartsoe, eine Mathematik- und Werbexpertin, die bei der großen »Webanalyse«-Firma Semphonic für das Auswerten eben solcher Daten zuständig ist. »Hier haben Sie Daten aus einem Callcenter. Da haben Sie welche von Webbesuchen. Und dort haben Sie ein paar Umfrageergebnisse. Das alles liegt in Silos nebeneinander, es ist ein großes Durcheinander.«

Ihrer Meinung nach leben wir in einer ziemlich paradoxen Welt. Ja, es würden jede Menge Daten gesammelt heutzutage, und die Leute regten sich – nicht selten zu Recht – darüber auf. Doch eigentlich seien es auch zu wenige Daten. Allison Hartsoe träumt den Traum aller Onlinewerbexperten: »Was ich wirklich von einem Unternehmen möchte, ist doch: Information und eine freundliche Beziehung«, sagt Hartsoe. Das müsse eines Tages auch die Werbung schaffen. Computer, Webseiten und Handys müssten mit Informationen gefüttert werden, die so gut sind, dass die Menschen sie als freundliche, informative Helfer wahrnehmen.«Und dafür, fürchte ich, muss man erst noch viele, viele Daten miteinander kombinieren, und das wird noch viele, viele Jahre dauern«, sagt Hartsoe. Wirklich? Vielleicht arbeitet Hartsoe auch nur mit den falschen Unternehmen zusammen.

Hausbesuch in New York: Die Eingangstür liegt unscheinbar in einer Seitenstraße nördlich des Union Square in New York. Die Straßen und Cafés sind voller Studenten, aber dort, in der 28 West 23. Street, hat sich eine Firma niedergelassen, die eine der genialsten Techniken in der Werbeindustrie entwickelt hat: AppNexus heißt sie; auch sie betreibt einen Supercomputer und führt mit seiner Hilfe Auktionen um Werbeplätze im Internet innerhalb von wenigen Millisekunden durch. Es ist kaum vorstellbar, aber wahr: Zwischen dem Moment, in dem ein Mensch eine Internetadresse eintippt, und dem Moment, in dem diese Seite auf dem Computer oder einem Handy zu sehen ist, führt AppNexus eine Auktion durch und versteigert den Werbeplatz auf dieser Internetseite meistbietend.

Brian O'Kelly, Gründer und Vorstandschef von AppNexus, sagt:»Vor gerade mal drei Jahren haben wir die erste Auktion in Echtzeit abgehalten. eBay war unser erster Kunde. Und heute liefern wir täglich 5,5 Milliarden Banner aus.« Jedes davon wird über eine Auktion vermittelt. Jede dieser Auktionen dauert tatsächlich nur ein paar Millisekunden.

Inzwischen beherrschen auch andere Firmen diese Technik.»Trotzdem macht es erst einen kleinen Teil des Onlinewerbemarktes aus«, sagt O'Kelly, der den Auktionsumsatz für das Jahr 2010 auf zwei Milliarden Dollar weltweit schätzt, aber davon ausgeht, dass sich diese Summe im Jahr 2011 verdoppelt.»Dieses Jahr gehen wir nach Europa, und auf Deutschland liegt unsere besondere Aufmerksamkeit«, sagt der Firmengründer.

Damit die Auktion nicht länger als ein Wimpernschlag dauert, muss der Mensch ausgeschaltet werden. Er gibt nur die Parameter ein, den Rest erledigen Maschinen. So legt beispielsweise ein Onlinenachrichtendienst nur noch fest, dass er keine Werbung für Diät-Programme und keine Anzeigen für Pornoseiten zeigen will, und meldet AppNexus dann, wie viel Werbeplätze noch frei sind.

Auf der anderen Seite der Auktion stehen in der Regel Werbeagenturen und sogenannte Media-Agenturen, die für Firmen wie Coca Cola und Mercedes die Werbung auf die verschiedenen Mediengattungen verteilen. »Zu unseren Kunden gehören WPP, Havas und Group M«, einige der Welt größten Werbeagenturen, sagt O'Kelly. Diese Agenturen legen nun ihrerseits fest, welchen Teil des Werbebudgets eines Kunden sie in eine Auktion geben, und in welchem Umfeld diese Anzeigen erscheinen sollen.

Den Rest erledigen die Supercomputer von AppNexus.

Wenn dann auch noch eine Technologiefirma namens Criteo ins Spiel kommt, wird es fast überirdisch. Denn dann wird Werbung nicht nur innerhalb von Bruchteilen einer Sekunde versteigert und auf den entsprechenden Werbeplatz ausgeliefert, sondern auch noch individuell angepasst. Criteo wurde vor wenigen Jahren in Frankreich gegründet, macht inzwischen dreistellige Millionenumsätze und ist in Europa und den USA aktiv.

Der Gründer Jean-Baptiste Rudelle ist stolz darauf, dass »wir in Europa einmal so viel weiter vorn sind als die Technologiefirmen in den USA«. Sein Dienst funktioniert folgendermaßen: Criteo arbeitet beispielsweise mit dem Onlineschuhhändler Zalando zusammen und platziert jedem Zalando-Besucher ein Cookie auf den Computer.

Cookies sind kleine Programme, die sich auf Dauer in Computern einnisten, es sei denn, der Besitzer entsorgt sie. Unterlässt er es, kann der Absender eines Cookies aufzeichnen, was der Nutzer eines bestimmten Computers bei ihm auf der Internetseite macht, denn er erkennt den Nutzer anhand einer einmaligen Nummer, die im Cookie gespeichert ist, immer wieder. Alle großen Internetseiten senden solche Cookies: Amazon, eBay, Zalando und wie sie heißen. Über die Zeit können die Betreiber von Internetseiten viele Hunderttausend oder auch Millionen Nutzer einordnen und ihren Geschmack oder ihr Verhalten kartografieren. Wenn derjenige dann auch einmal kauft, kommt zu dem Profil ein Name, eine Lieferadresse und eine Bankverbindung.

Ein Surfer trägt aber noch ein zweites Identifikationsmerkmal im Internet mit sich herum: eine temporäre IP-Adresse. Das ist quasi die Anschrift des Computers im Internet. Diese IP-Adresse bekommt der Surfer von seinem Internetzugangsanbieter, also von Firmen wie t-online und United Internet, und er behält sie für maximal 24 Stunden. Deshalb heißt sie »temporär«. Danach bekommt jeder eine neue IP-Adresse. Der Sinn des Ganzen war, dass die Architekten des Internets davon ausgingen, dass man die technische Infrastruktur dadurch einfacher halten könne, wenn man IP-Adressen nur an diejenigen verteilt, die gerade online sind. Weil Händler aber ihre Kunden immer eindeutig identifizieren wollen, haben sie unter anderem die Cookies entwickelt, die fest auf einem Computer haften.

Zurück zu Criteo. Die Firma kennt ihre Cookies und dazu die aktuellen IP-Adressen von Konsumenten, die gerade bei Zalando stöbern. Wenn nun ein Kunde ein paar Schuhe anschaut, dann aber zu einer anderen Internetseite surft, taucht er dort mit seiner temporären IP-Adresse auf und wird vermarktet. Die andere Internetseite meldet darum an ein Echtzeit-Auktionshaus wie AppNexus: »Kriege gerade Surfer mit der IP-Adresse X rein, wer bietet für die Werbeplätze auf meiner Seite, die IP-Adresse X zu sehen bekommt?« Die Maschinen von Criteo sehen das Angebot, schauen nach, ob sie die IP-Adresse kennen und ordnen ihr die eigene Cookie-Nummer zu. So wissen sie, welcher Kunde da gerade angeboten wird. »Das ist doch der, der bei Zalando war und sich Cowboystiefel und Badelatschen angesehen hat.« Als nächstes versucht die Firma, ihn wieder zu Zalando zu locken. Also bietet Criteo für die Werbeplätze auf der Internetseite, wo sich der potenzielle Schuhkäufer gerade befindet. Bekommt die Firma den Zuschlag, baut sie – auch innerhalb von Millisekunden – ein Banner mit Fotos von genau den Schuhen, die sich der Surfer bei Zalando angeschaut hatte, und schickt es dorthin, wo der Surfer gerade ist. Tatsächlich reagieren überdurchschnittlich viele Kunden auf solche Werbung, sonst würde Criteo nicht so schnell wachsen. Die Werbekunden sind zufrieden.

Darf ich Ihnen folgen? Wie digitale Doppelgänger entstehen

Wie nah die Supercomputer den Surfern auf den Fersen sind, zeigt auch ein Blick in die großen Sammelstellen. Sie versuchen Millionen Menschen nicht nur als Schuhkäufer, sondern als ganze Konsumenten zu erfassen.

Die Datensammelstellen gehören Telefongesellschaften, Internetkonzernen wie Google, Onlinehändlern wie Amazon, Geräteherstellern wie Apple, hinzu kommen Adresshändler, Werbeagenturen und ihre Dienstleister, Kredit-Bewerter wie die Schufa und Firmen, die sozio-demographische Datenbanken aufbauen. Dort landen die Daten, die Konsumenten mit ihren Handys und Computern erzeugen, mit Kundenkarten hinterlassen, bei Fluggesellschaften, Banken, Kreditkartenunternehmen und in populären Sozialen Netzwerken speichern (siehe Kapitel 4). Und die Datensammler werfen ihre Netze immer weiter aus, die Maschen werden enger, so eng, dass kaum einer mehr durchrutscht. Seit Jahren ist beispielsweise zu beobachten, wie vier führende IT-Unternehmen – Google, Apple, Facebook und Microsoft – versuchen, sogenannte Öko-Systeme aufzubauen, in denen Kunden und Nutzer möglichst lange verweilen und dann wahlweise möglichst viel Geld ausgeben oder möglichst viel Werbung wahrnehmen.

In den USA sind die Datensammler wegen der laxeren Datenschutzbestimmungen weiter als in Deutschland, aber auch hierzulande sind Firmen wie Doubleclick, Tomorrow AG, die Post, Infoscore, Amazon und der Otto-Versand ziemlich dick im Geschäft.

Joe Apprendi von der New Yorker Firma Collective erklärt das Motiv der Datensammler. Er ist selber einer. Apprendi malt einen Trichter auf, es ist der alte Werbetrichter. Oben kippt, um in diesem Bild zu bleiben, der Werber seine Reklame hinein. Auf dem Weg nach unten verflüchtigt sich viel von der Werbung, sie geht verloren, und nur ein Bruchteil erreicht am unteren, engen Ende des Trichters interessierte, potenzielle Kunden. »Wir drehen jetzt den Werbetrichter um«, sagt Apprendi. »Die Firmen, die zu uns kommen, sagen: Wir kennen unseren eigenen Kunden, aber wir wissen nicht, wie wir Menschen erreichen, die ähnlich ticken.« Dann schaut Apprendi in seine große Datenbank mit digitalen Doppelgängern, um dort amerikanische Konsumenten mit entsprechenden Profilen zu finden. Natürlich geschieht das auch nicht mehr per Hand, sondern per Computer. »Im Zentrum steht unsere Publikums-Wolke«, sagt Apprendi.

Die »Wolke« ist derzeit ein beliebtes Wort, um etwas im Ungefähren zu lassen. Tatsächlich handelt es sich um eine Sammlung von 190 Millionen Kundenprofilen. Die lagern nicht alle auf den Computern von Collective, aber die Technologiefirma darf auf all diese Profile zugreifen, sie anreichern, analysieren und vermarkten. Woher die Profile kommen? Sie werden von fünfunddreißig großen Internetunternehmen, viele von ihnen sind Onlinehändler, gesammelt, sagt Apprendi. Dann fügt er weitere Daten aus öffentlich zugänglichen Quellen hinzu, etwa über das Einkommen in bestimmten Stadtvierteln. Seine Technologie namens AMP helfe den Werbungtreibenden dann, aus den 190 Millionen digitalen Doppelgängern jene herauszusuchen, deren lebendiges Gegenstück man mit einiger Wahrscheinlichkeit in einen Kunden verwandeln kann. Die Software durchsuche einfach die Daten nach Dutzenden von Kriterien: »Geschlecht, Alter, ob sie gerade nach einem Computer suchen oder eine Geschäftsreise planen, nach Hobbies und Charaktereigenschaften.«

So fließen die Datenströme, die an verschiedenen Stellen mit verschiedenen Techniken aufgefangen werden, zusammen. Und zwar nicht nur bei Collective. Von 190 Millionen Amerikanern gibt es inzwischen mehrere, digitale Doppelgänger, die sicher noch kein Ebenbild abgeben, sondern in vielerlei Hinsicht verzerren, Dinge auslassen, noch nicht erfassen oder falsch interpretieren. Aber nach diesen digitalen Doppelgängern werden 190 Millionen Amerikaner an verschiedensten Stellen bewertet und eingeordnet.

In den USA sind etliche Firmen nun dabei, die letzte Hürde zu überspringen: All die Daten aus dem Internet, aus denen sich solch vollzählige Menschenabbilder ergeben, wieder den richtigen Menschen zuzuordnen. Oder zumindest den Geräten, die sie in ihren Taschen tragen. »Geräte-Fingerabdrücke« heißt das Zauberwort in der IT-Branche, und David Norris, der Chef einer Firma namens BlueCava aus dem kalifornischen Irvine, hat sie gegenüber dem *Wall Street Journal* kürzlich als die »nächste Generation der Onlinewerbung« bezeichnet. Kein Wunder, er verkauft ja solche Fingerabdrücke. 200 Millionen Geräte will er schon im Internet identifiziert haben: einzelne Handys oder Mobil- und Tablettcomputer, die sich ein wenig unterscheiden, nach ihren Spracheinstellungen und den benutzten Buchstaben, nach ihrer Zeitzoneneinstellung, nach dem Mix der Software auf diesem Rechner und so weiter.

Das Versprechen von BlueCava: Wenn eins dieser Geräte künftig eine präparierte Webseite besucht, erkennen die Fingerabdruck-Systeme es wieder – und können es mit vielen Datenbanken auf Supercomputern verbinden, wo längst eine Menge über die Gewohnheiten, Wünsche und Träume ihrer Besitzer verzeichnet ist. Noch Zweifel, dass hier der nächste »Große Bruder« geboren ist? BlueCavas Werbetexter antworten darauf mit einer rhetorischen Frage. »Wäre es nicht schön, wenn Sie wüssten, dass der Kunde, der gerade Flugtickets bei Ihnen kauft, wirklich Fred aus Fresno ist statt Boris aus Bulgarien? BlueCava kann das für Sie auseinanderhalten.«

Einmal Apple, immer Apple? Der Klammergriff

Soll man also dankbar sein, dass die digitalen Ebenbilder einen Riesensprung gemacht haben, seit es das iPhone und vergleichbare Handys von Google, Microsoft und Co. gibt? Der Wissenschaftler Chris Schmandt leitet seit Jahren die Abteilung für Mobilität und Sprache am Media Laboratory des Massachusetts Institute of Technology in Cambridge bei Boston. Von dort sind in den vergangenen Jahren viele wichtige Impulse für die technologische Entwicklung ausgegangen, und seit Langem ist es eines der intellektuellen Zentren der globalen Computerwissenschaften. Schmandt sagt: Durch die Mobiltelefone von heute weiß man »in nicht mehr als zwei Wochen ziemlich viel über dein Leben: wo du lebst, wo dein Arbeitsplatz ist, wie und wann du zur Arbeit fährst, wo du einkaufst, wen du anrufst, ob du Kinder hast und ob du sie in den Kindergarten oder in die Schule bringst. Das kann man alles aus den Daten filtern, die in gerade einmal zwei Wochen entstehen«.

Genau auf diese Daten sind Konzerne wie Apple, Google und Microsoft scharf und erheben sie in großem Umfang. Sie kombinieren die Ortungsdaten, die durch Handys entstehen, auf denen ihre eigenen Betriebssysteme laufen, mit den Daten, die die gleichen Konzerne durch kostenlose Internetangebote einsammeln: durch E-Mail-Programme, Chat-Kanäle, Nachrichten-Seiten, Such-Maschinen, Fotospeicher, Musik-Datenbanken, Spiele und anderes mehr. Wer sich einmal darauf eingelassen hat, wird feststellen, dass er nicht so schnell wieder aus diesen Öko-Systemen herauskommt. Zum einen halten ihn Verträge mit einem Mobilfunkunternehmen ab, die über mehrere Jahre laufen. Zum anderen machen es Apple und Co. enorm schwer, persönliche Daten von einem Anbieter zum nächsten mitzunehmen.

Als Erster hat der Computerhersteller Apple diese Technik perfektioniert. Sein iPhone war ein Meilenstein der Technikgeschichte – und der Datensammelei. Es ist einer der besten Sensoren, die es gibt, und das Unternehmen hat davon inzwischen mehr als 200 Millionen verkauft. Alle diese Menschen haben ein ziemlich genaues Bild ihres Verhaltens beim kalifornischen Computerkonzern Apple hinterlegt – und verfeinern und ergänzen es täglich.

Zunächst einmal kennt die Firma den Namen des iPhone-

Besitzers, weil der sich anmelden muss, sobald er das Telefon erwirbt. Im gleichen Moment verlangt die Firma eine Kreditkartennummer, also eine Bankverbindung. Sonst kann der Kunde das Telefon nicht nutzen.

Mit dem Vertrag erlangt Apple weitreichende Rechte. So heißt es im Dokument »iPhone 4. Wichtige Produktinformationen«: »Sie erklären Ihr Einverständnis damit, dass Apple, seine Tochtergesellschaften und Auftragnehmer Diagnosedaten sowie technische Informationen, Nutzungsdaten und zugehörige Informationen, einschließlich insbesondere Informationen über Ihr iPhone, Ihren Computer, Ihre Systemsoftware und Softwareprogramme sowie Ihre Peripheriegeräte *sammeln, verwalten, verarbeiten und verwenden* dürfen, sofern diese für die iPhone Software relevant sind. Apple ist berechtigt, diese Informationen zu verwenden, um Produkte zu verbessern oder Ihnen Dienste und Technologien zur Verfügung zu stellen, vorausgesetzt, diese Informationen werden anonym gesammelt und in einer Form verwendet, die keinerlei Rückschlüsse auf Ihre Person zulässt.«

Danach fängt die Datensammelei erst richtig an. Apple betreibt seit zehn Jahren einen der größten Onlineshops für Musik und andere Medien (iTunes), registriert also Geschmäcker und Medienkonsumverhalten von mehreren hundert Millionen Menschen.

Das größte Verkaufsargument für das iPhone sind all die nützlichen und unnützen Programme, die anzeigen, wann am nahe gelegenen Bahnhof der Zug abfährt, wo ein nettes Restaurant zu finden ist und wie es von A nach B auf einer Karte geht. Zehn Milliarden solcher »App« genannten Programme haben die Besitzer von iPhones bis Januar 2010 auf ihre Telefone geladen. Und all diese Programme sammeln Daten. Zu den Diensten, die ortsbezogene Daten brauchen, erklärt Apple: »Indem Sie ortsbasierte Dienste auf Ihrem iPhone verwenden, erklären Sie sich damit einverstanden, dass Apple, seine Partner und Lizenznehmer Ihre Ortungsdaten und -abfragen übertragen, sammeln, verwalten, verarbeiten und verwenden, um Ihnen diese Produkte und Dienste anbieten und sie optimieren zu können. Sie können Ihr Einverständnis jederzeit widerrufen ...« Dann aber kann man diese Ortungsdienste auch nicht mehr benutzen.

Das größte Risiko für Apple, einen Kunden zu verlieren, entsteht, wenn der Kunde mit seinem iPhone auch alle Daten verlieren würde, die darauf gespeichert sind. Hier setzt eine weitere Sammel-Aktion des Konzerns an. Seit letztem Sommer macht Apple eine Sicherheitskopie von allen Daten auf dem Telefon – auch innerhalb der Programme –, um alles wiederherstellen zu können, wenn ein Telefon kaputtgeht oder gestohlen wird. Man kann diese Funktion ausstellen, aber es ist davon auszugehen, dass dies nur eine verschwindend geringe Minderheit tut.

Für die überwiegende Mehrheit speichert Apple in einer Sicherheitskopie folgende Daten: Adressbucheinträge, Notizen, die Liste der letzten Anrufer, SMS-Nachrichten, Fotos, gespeicherte Trainingseinheiten und Einstellungen für Nike + iPod, Daten für Programme aus dem App Store, Videos, Einstellungen für Programme, die eine Ortung ermöglichen – und Sprachmemos. Hinzu kommen Einstellungen, die der Nutzer nach und nach in einzelnen Programmen vornimmt: Lesezeichen im Internetbrowser, Cookies, Karten-Lesezeichen, die Zugangsdaten für Onlinekalender, E-Mail-Konten mit Kennwörtern. Im Sommer 2001 ist Apple dann konsequenterweise noch einen Schritt weiter gegangen und bietet die iCloud an. Dort sollen die Nutzer nicht nur Musik oder die Daten von einem iPhone, sondern gleich alle auf ihren Apple-Computern, iPads, iPods und iPhones anfallenden Daten in die konzerneigenen Rechenzentren überführen. Nur zur Sicherheit, natürlich. Und aus Bequemlichkeit. Denn so haben die Nutzer im Prinzip jederzeit Zugriff auf ihre Daten und müssen sie nicht mehr mühsam zwischen verschiedenen Geräten hin- und herschieben.

Was Apple mit den ganzen Daten genau macht? Darüber gibt der Konzern keine Auskunft.

Mit wem er diese Daten, wenn auch in anonymisierter Form teilt? Darüber gibt es keine genauen Informationen.

Wie Apple sicherstellt, dass diese Daten nicht wegkommen? Geschäftsgeheimnis.

Wo überall die von Apple gesammelten Informationen in Erkenntnisse verwandelt werden? Bleibt offen.

Apple ist für seine Kunden ein Schwarzes Loch, wenn es um Daten geht. Und das, obwohl die Kundenprofile von Apple einem digitalen Ebenbild doch näher kommen als viele andere.

Ein Optimist macht sich Sorgen

Chris Schmandt ist der Sohn eines ausgewanderten Bayern, ein massiger Mann und über 1,90 Meter groß. Seit mehr als zwanzig Jahren arbeitet er am Massachusetts Institute of Technology in Boston (MIT), wo er die Abteilung Mobility and Speech leitet. Der 56-Jährige ist ein begeisterter Forscher, Erfinder und Technikversteher. Aber er macht sich zunehmend Sorgen.

»Wie all diese Geräte und Techniken, all dieses Zeug, unseren Alltag durchdringt, fasziniert mich seit langer, langer Zeit«, sagt Schmandt. Und dann erzählt er, wie er in den 1980er-Jahren, als Computer allenfalls an Universitäten und in Großunternehmen eingesetzt wurden, weil nur sie die riesigen Maschinen bezahlen konnten, herumexperimentierte. Schmandt grinst. »Erinnern Sie sich noch, wie teuer es war, von einem Hotel aus anzurufen? Also brachte ich meinem Computer bei, dass er mich zurückrief, wenn ich mich kurz meldete, und dass er mich gleichzeitig mit demjenigen verband, mit dem ich telefonieren wollte. Das muss so 1986 gewesen sein.« Zwei Jahre später, 1988, habe er dann einen Computer in den Kofferraum seines Autos eingebaut »und darauf das erste Navigationssystem programmiert«, erzählt Schmandt weiter. »Das war ein cooles Projekt.«

Schmandt trägt an diesem Tag ein blaues Jeanshemd und eine ausgewaschene Jeans, aber eigentlich sieht er immer so aus, sagt er. An seinen nackten Füßen schlenkern Flipflops. Sein Zimmer liegt im Altbau des MIT. Das Mobiliar ist ein scheinbar wahllos in dieses Zimmer geratenes Sammelsurium aus Stühlen, Tischen und Regalen. Darauf stehen Computer sowie diverse Anbauteile herum, dazwischen überall Bücher, eigentlich gibt es nur noch einen freien Korridor zu Schmandts Stuhl. Aus einem Regal über seinen zahlreichen Computerbildschirmen holt Schmandt nun einen GPS-Message-Sender, den er beim Wandern immer bei sich trägt. So hat er auch einmal in einer Geröllllandschaft sein Portemonnaie wieder gefunden, erzählt er begeistert. Er sei einfach exakt seine GPS-Spur zurückgegangen und habe den Geldbeutel so mitten im Nichts geortet. »Hat keine halbe Stunde gedauert.« Keine Frage, Schmandt liebt die Technik und ist ein Optimist.

Aber Schmandt ist auch Familienvater, Ehemann, Freund. Und als solcher warnt er vor der Technik, die er mitentwickelt hat und dann jenseits des MIT zu Massenprodukten hat reifen sehen, vor Apple, Facebook »und dem ganzen Mist«. Für ihn wird es an dem Punkt »kritisch und interessant«, wo es um die Frage geht, »wer bekommt diese ganzen Informationen – und wer kontrolliert sie«.

Spätestens mit den Smartphones hätten die Menschen ihr Leben unwiderruflich mit den Supercomputern verwoben, so Schmandt. Und die entscheidende Frage sei, wie sie in den kommenden Jahren den Überblick über die Technik behalten, und zwar nicht nur IT-Genies, sondern der durchschnittliche Bürger. Schmandt sagt dazu: »Im Moment kann man noch die Kontrolle über seine Daten behalten, aber man muss dazu ziemlich smart sein. Und auf Dinge verzichten können. Ich tue das, aber meine Kollegen und Freunde erzählen mir von all den Diensten, die sie nutzen, und wie nützlich und toll die seien. Es ist eine Kosten-Nutzen-Frage. Und ich sehe inzwischen oft die Kosten.« Man verliert einfach ein großes Stück seiner Autonomie, weil man nicht mehr überblicken kann, wer wo etwas speichert.

Aber nicht nur das: »Wenn das System ausfällt oder einen Fehler hat, geraten Menschen in Schwierigkeiten! Wir sind schrecklich, schrecklich verwundbar, weil wir alle diese Dienste nutzen. Wir hängen davon ab.« Schmandt muss gar nicht mehr sagen. Datenskandale füllen wöchentlich die Zeitungen, Onlinedienste und Fernsehsendungen: Microsoft verliert Daten von Mobilfunkkunden. Google-Handys werden von Viren heimgesucht. Amazon vernichtet aus Versehen die Daten von Firmen, die viel Platz in der »Cloud« angemietet haben.

Was machen Supercomputer aus dem Menschen?

Die Menschen haben einige ihrer größten Industrien um Supercomputer, das Internet und ihr Zubehör errichtet. Sie holen Silizium aus der Erde, verwandeln Rohöl in Kunststoff, stellen Milliarden Chips, Bildschirme und andere Hightechprodukte her, errichten weltweite Entwicklungs- und Lieferketten, erfinden globale Werbekampagnen und schaffen weltweite Handelsorganisationen, um alle mit dieser Technik zu versorgen und zu verbinden. Die Supercomputer fordern unfassbar viel Kreativität und Arbeitskraft.

An dieser Stelle meint der Publizist und Techniksoziologe Kevin Kelly, es sei einmal an der Zeit, die Perspektive zu wechseln, und genau das tut er in seinem jüngsten Buch. Darin fragt er nicht, was die Menschen nun alles mit den Computern anfangen, sondern was ein so enormes System wie die Informationstechnik, alle Hard- und Software des Planeten zusammengenommen, vom Menschen verlangt: *What Technology Wants,* fragt er. Was machen diese Supercomputer mit uns? Zu welchem Verhalten bewegen sie uns?

»Ich glaube nicht, dass die Gesellschaft schon versteht, was es heißt, wenn alles zugänglich, erfahrbar und von allen und zu jeder Zeit gespeichert werden kann«, sagte Google-Verwaltungsratschef Eric Schmidt noch im Sommer 2010 dem *Wall Street Journal.* Und deshalb soll dieses Kapitel zum Abschluss drei Aspekten nachgehen. Sie drehen sich um einen Verlust an Autonomie, weil Menschen die Übersicht verlieren, um eine wachsende Abhängigkeit von dieser Technik im Alltag und zuletzt um eine psychische Veränderung, die bei Menschen zu beobachten ist. Das »System« macht das Leben leichter, reicher, angenehmer – wenn es funktioniert. Aber: Indem es funktioniert, manipuliert es. Tausende von Programmierern und ihre Algorithmen verändern das Leben der Menschen, und diese haben es nicht mehr unter Kontrolle, nach welchen Regeln die Supercomputer mit ihnen kommunizieren, ihnen Werbung schicken, ihnen Informationen zuteilen. Deshalb stehen die ersten Menschen an der Schwelle, von Computern und Software beherrscht zu werden. Ganz subtil. Ohne böses Genie im Hintergrund. Und doch einschneidend.

Autonomieverlust: Er ist offensichtlich. Er beginnt damit, dass praktisch niemand weiß, wer etwas und wie viel dieser Jemand über ihn gespeichert hat. Denn die Datenerfassung läuft unterhalb der Wahrnehmungsschwelle des Einzelnen. Wer kennt AppNexus? Wer weiß, was Apple, Collective, Tomorrow oder Doubleclick alles wissen? Davon abgesehen, lesen ohnehin wenige Menschen die klein gedruckten, oft mehr als dreißig Seiten langen Allgemeinen Geschäftsbedingungen, die sie akzeptieren müssen, bevor sie einen Onlinedienst nutzen. Noch geringer wird der Prozentsatz der (immerhin) Halbwissenden, wenn man bedenkt, das Apple und Co. ihre ellenlangen Dokumente, die an iPhone- und andere Kunden gerichtet sind, alle sechs Monate in wesentlichen Punkten ändern.

Ein zweiter Aspekt ist, dass Supercomputer in der Werbung den Zufall zurückdrängen. In den Grenzen eines bekannten Kundenprofils wird die Werbung zweifellos relevanter; dem System noch unbekannte Neigungen eines Konsumenten werden damit allerdings zunehmend ausgeklammert.

Abhängigkeit: New York gilt als ein guter Ort, um zu beobachten, wie sehr sich Menschen heute schon auf die Supercomputer verlassen, wie abhängig sie von ihnen sind. Die Wege zwischen Arbeit und Wohnung sind in New York lang, zugleich gibt es viele gut bezahlte Angestellte, die ein teures Telefon, also letztlich einen Zugang zum den Supercomputern besitzen. Das Leben im Laufen zu organisieren ist normal, und in diesem Umfeld habe das Mobiltelefon für viele

Menschen »die Rolle eines Concierge übernommen«, eines Dieners in allen Lebenslagen, sagt Trendscout Florian Peter, Gründer der New Yorker Firma Cscout. »Harry, hol den Wagen«, »Frau Müller, reservieren Sie bitte einen Tisch«, früher musste man Chef sein, damit nach diesen Sätzen etwas geschah. Heute tippen die New Yorker: Taxi! Klick. Tisch bei Abe & Arthur's, 19 Uhr! Klick.

Menschen, die ihr Handy als ausgelagerten Teil des Gehirns benutzen, sind nicht in der Mehrheit, nicht in der Lower East Side und nicht im Rest der Stadt. Aber ihre Zahl nimmt zu, und Legionen von Start-ups bedienen ihre Bedürfnisse. Sie übersetzen Alltagsfragen in Handyprogramme und machen die Geräte zu einem unverzichtbaren Werkzeug, mit denen sich das Leben in all seinen Nischen organisieren lässt, solange die Systeme funktionieren. Aber wehe, wenn nicht. Wenn einige der großen Datensammler versagen, verlieren Menschen heute mehr als ein paar Daten. Es ist, als würde ihnen die Handtasche mit Adressbuch und Tagebuch gestohlen.

Cyborgs: Über Menschen, die ihr Leben besonders eng mit dieser Technik verwoben haben, ist eine wissenschaftliche Debatte entstanden: Werden sie zu einer Art Cyborg? Sind sie nur noch »komplett« in ihrer Verbindung mit der Technik? Die Soziologin und Psychologin Sherry Turkle, die am Massachusetts Institute of Technology lehrt, hat in fünfzehn Jahren und Dutzenden von Feldforschungen das Verhältnis der Menschen zu Computern, Handys und Robotern erforscht. Ihre Erfahrung ist, je weniger Menschen wissen, wie die Technik funktioniert, umso tiefere Gefühle entwickeln sie für sie: Verbundenheit. Vertrauen. Ihre Interpretation läuft darauf hinaus, dass Intensiv-Nutzer von Handy und Co. tatsächlich zu einer Art Cyborg werden.

Diese Menschen seien mit der Technik in einer Weise eins geworden, die noch vor wenigen Jahren auch für Turkle unvorstellbar gewesen sei, argumentiert sie. Damon Darlin schrieb in der *New York Times,* iPhone und Co. seien »Erweiterungen unseres Ichs geworden, aber nicht in dem Sinn, in dem eine teure Uhr etwas darüber sagt, wer wir sein wollen, sondern tatsächlich als ein Teil unseres Bewusstseins«. Autonomieverlust, Abhängigkeit, eine sich vertiefende emotionale Beziehung zwischen Mensch und Handy, also letztlich mit den Supercomputern: Es gibt einen plausiblen Grund für diese Entwicklung, sagt der spanische Soziologe und Theoretiker der Informationsgesellschaft, Manuel Castells. »Pervasive mobile Netzwerke gehören inzwischen zu den sozialen Strukturen unserer Welt.« Wir leben in einer »Mobile Network Society«, und man kann sie nicht einfach abschalten, sehr wohl aber verändern. So argumentiert auch Turkle. In einem Interview sagte sie kürzlich: »Eigentlich bin ich vorsichtig optimistisch, dass ein Wandel einsetzt. Der Grund ist, dass die Menschen, mit denen ich rede, einfach nicht glücklich sind.« Und sie führt im Interview mit der Wochenzeitung *DIE ZEIT* weiter aus: »Es geht nicht darum, einen *kalten Entzug* zu machen und die Geräte wegzuwerfen. Die Gefahr geht von einem unausgewogenen Verhältnis aus – wer das einsieht, kann daran arbeiten, ihnen weniger schutzlos ausgeliefert zu sein.«

Letztlich geht es also darum, wie wir die Supercomputer und ihre Programmierer zähmen – und uns selbst zu disziplinieren.

Um die heutige Abhängigkeit zu verringern und den Menschen damit mehr Autonomie zurückzugeben, würde es schon viel helfen, mehr Transparenz schaffen. Dazu muss jeder die Frage klären können: Wo sind meine Daten und was geschieht mit ihnen? Man muss die Wolken der »Cloud« beiseite schieben können und direkten Zugang zu den Supercomputern bekommen.

In den USA und in Europa haben sich Politiker und Regulierungsbehörden lange nicht um dieses Thema gekümmert. Doch seit dem Jahreswechsel 2010/2011 ändert sich das. Die amerikanische Kommunikationsbehörde FCC plant eine Art Grundrecht auf Privatsphäre, und das US-Handelsministerium arbeitet an einem neuen Gesetz zum Umgang mit Daten. Beide laufen darauf hinaus, dem Einzelnen mehr Autonomie zurückzugeben und seine Auskunftsrechte gegenüber Datensammlern zu stärken.

Größere Einschränkungen könnte es für die Datensammler in Europa geben. Die EU will das Recht des Einzelnen stärken, seine Daten einzusehen, zu verändern oder zu löschen. Explizit fordert sie ein »Recht auf Vergessen«.

Am MIT experimentiert Hal Abelson damit, ob jeder Internetnutzer seinen Daten eine Lizenz mitgeben könnte, die festlegt, wie seine Daten genutzt werden. Damit er das nicht jedes Mal tun muss, wäre auch eine Zentralstelle für Lizenzen im Umgang mit persönlichen Daten denkbar. Vielleicht in einer Datenschutz-Stiftung angesiedelt. MIT-Forscher Abelson arbeitet auch schon an einer Art Software-Polizei, die selbstständig prüft, ob alle Datensammler die Lizenzen beachten.

Wenn nichts geschieht, dann sind uns die Maschinen bald voraus.

Wie erste Maschinen die Zukunft voraussagen

Fünf junge Männer steigen in einem Backsteinbau an der 21. Straße in Manhattan in einen Fahrstuhl. »Hey, das sieht aber hässlich aus«, sagt einer und hält den anderen sein Handy vor die Nase. Er spricht von Grautönen und Linien, der sichtbaren Oberfläche ihrer neuen Software. Die Männer fachsimpeln, lachen, blödeln zehn Stockwerke lang, dann steigen sie aus und gehen durch eine Metalltür, auf der nur ein Aufkleber mit dem Wort »Hunch« pappt. »Hunch« ist das englische Wort für »Vorahnung«, und das ist in diesem Fall so zutreffend wie maßlos untertrieben. Nicht mehr lange, dann werden sie dort die Zukunft vorhersagen. Eigentlich können sie es schon, sie machen bloß noch ein paar Tests.

Hunch besteht lediglich aus fünfzehn Computergenies. Ein Drittel der Belegschaft stand also gerade im Fahrstuhl und sieht so aus, wie man sich in den USA *ordinary guys* vorstellt: mittelgroße, weiße Männer im Alter von Ende zwanzig. Diese netten Jungs haben nach eigenen Angaben 30 Milliarden persönliche Informationen über den Geschmack von Menschen und die Verbindung zwischen diesen Informationen analysiert. Und das benutzen sie nun, um schlummernde Wünsche zu erahnen und diese mit einer gezielten Empfehlung zu verstärken. Im Internet. Und vor allem auf dem Handy. »Empfehlung«, das klingt so harmlos. Dahinter verbirgt sich ein großer technologischer Entwicklungsschritt. Bisher musste man dem Internetkonzern Google immer noch sagen, was man sucht. Nun sind erste Firmen dem Nutzer voraus – und wenn es nur einige Sekunden sind.

Hunch-Gründer Chris Dixon beschreibt sein Konzept so: »Statt etwas zu suchen, wird man nun gefunden. Also: Du läufst eine Straße entlang, und Hunch weiß, dass ein Geschäft in der Nähe zu deinem Geschmack passt.« Versprochen haben das schon viele: das Handy als Fenster zur Welt für seine Besitzer – und umgekehrt als Fenster der Welt in den Kopf des Besitzers hinein. Aber Hunch ist dem Ziel wirklich nah.

Fast alle Mitarbeiter von Hunch haben am MIT studiert, und mit ihrem dort erworbenen Wissen über Künstliche Intelligenz und Algorithmen stellen sie heute Beziehungen in riesigen Datenbergen her. Berechnen Wahrscheinlichkeiten. Suchen nach Auffälligkeiten. Zu diesen generellen Erkenntnissen »brauchen wir von jedem Menschen nur zwanzig Datenpunkte, dann können wir mit weit über 90 Prozent vorhersagen, welchen Geschmack er hat und welche Dinge er mögen wird. Wir sind schon ziemlich gut«, sagt Chris Dixon, nachdem er sich im Büro eine ruhige Ecke gesucht und niedergelassen hat. »Und das sagt auch einiges über den Menschen an sich aus.« Genauer, wie wenig man über einen Einzelnen wissen muss, wie viel der eigene Freundeskreis aussagt – und wie sehr sich die Menschen im Grunde doch gleichen. Alle Werbefachleute wissen das. Aber jetzt erhält dieses Wissen eine neue Stoßkraft. Datenpunkte! Es ist ein kühnes Wort für jene Schlüsselinformationen, die Dixon unser ganzes Leben zu erklären scheinen. Der Mann lehnt sich zurück, schiebt seine Hornbrille die Nase hoch und kratzt an seinen grün-lila-gelb geringelten Wollsocken. Dann unterbricht der Firmenhund das Gespräch. Dixon beugt sich hinab und krault den winzigen Terrier, bis der wieder verschwindet.

Wer nicht glaubt, was Dixon sagt, sollte Hunch ausprobieren. Die Fragen sind scheinbar banal: Können Sie selbst ein Dolby-Surround-System anschließen? Ist es falsch, Delfine in Shows auftreten zu lassen? Sind Sie eine Mac-Person oder ein PC-Typ? Cola oder Pepsi? Sind Sie in der Schule viel gehänselt worden? Zwanzig Fragen sind es – und die Ergebnisse dann atemberaubend zielgenau: bis hin zu einzelnen Büchern, Schuhmodellen und politischen Einstellungen. Ob das nun zu 92, 95 oder 97 Prozent zutrifft, bedürfte einer Überprüfung von außen. Was der Buchhändler Amazon für Bücher geschafft hat, liefert Hunch für Hunderte von Produkten.

Woher Chris Dixon all die Daten bekommt, die er braucht? Von einigen großen Datensammelstellen, die für jede Technik dankbar sind, die ihnen hilft, mehr Umsatz zu erzeugen. Es würde auch nicht verwundern, wenn die Hunch-Technik bald auf sogenannten sozialen Geo-Location-Apps auftaucht: Die bekanntesten heißen Foursquare, Gowalla, Facebook-Places, Google-Latitude und Brightkite. Das Prinzip ist überall ähnlich. Mitglieder können sich über ihr Handy Plätze in der Nähe anzeigen lassen und dort »einchecken«. Ihre Freunde sehen dann einen Punkt auf dem Stadtplan. Ob in Bars, Restaurants, im Einkaufscenter, am Arbeitsplatz oder im heimischen Wohnzimmer. Bei Foursquare gibt es für jeden Check-In virtuelle Punkte, und wer am häufigsten an einem Ort eincheckt, wird dessen »Bürgermeister«. Würde Hunch all diese Daten analysieren, könnte Foursquare seinen Nutzern, wenn diese einen Stadtbummel machen, viele zu ihren Vorlieben passende Orte und Geschäfte vorschlagen, an denen sie gleich vorbeilaufen. Erste Verträge mit Handelsunternehmen hat Dixon geschlossen, mit wem, sagt er nicht, das würden seine Kunden nicht erlauben. Aber so viel könne er verraten, ein großer Buchhändler und ein populäres Reiseunternehmen seien darunter.

Alles, was den Kaufimpuls verstärkt, ist hochwillkommen.

6. Die Grenzen der Globalisierung – Wie die Abhängigkeit vom Netz unseren Wohlstand bedroht

Wer in der Morgendämmerung über die achtspurige Stadtautobahn von Seattle fährt, ein Labyrinth von Tunneln und geschwungenen Brücken zwischen Bürotürmen aus Stahl und Glas, erhascht an einigen Stellen einen spektakulären Blick auf den Seaport. Die Hauptstadt des Bundesstaates Washington ist um eine Reihe Buchten herum gebaut, und ihr verwinkelter Seehafen gehört zu den größten Containerumschlagplätzen der Welt. So früh am Morgen spiegeln sich im Wasser die Lichter der Hafengebäude und Schiffe; grellrot gestrichene Ladekräne thronen am fernen Ufer über Stapeln von Containern.

So sehen Knotenpunkte der Globalisierung aus – der alten Art. In der Wirtschaftsentwicklung der vergangenen dreißig Jahre, der Ära der »Turboglobalisierung«, spielten solche Häfen eine ganz wesentliche Rolle. Die Transportpreise fielen zeitweise drastisch, was nicht zuletzt an der rasanten Fortentwicklung der Containertechnik lag, an automatischen Verladekränen und Logistiksystemen. Auch Transportflüge wurden billiger, das Fernmeldewesen machte schnelle Fortschritte, gesetzliche Handelsschranken fielen und vieles mehr. Produkte und Zwischenprodukte werden seither wie auf einem Karussell um die ganze Welt verschifft. An Knotenpunkten wie dem Seaport of Seattle läuft alles zusammen.

Doch wie gesagt: Das ist die alte Art der Globalisierung. Seattle ist ein Ort, an dem sich auch die neue Art des weltweiten Wirtschaftens besichtigen lässt. Zehn Minuten die Stadtautobahn 99 entlang, und man landet in einem Viertel voller ehemaliger Lagergebäude. Ein großes Stoffschild an einem Gebäude wirbt für »Kreative Workspaces«, man kann sie mieten. Ein karg dekoriertes Café verkauft zwischen Backsteinwänden Prosciutto-Feigen-Sandwiches an eine verschlafene Yuppie-Klientel in Turnschuhen.

Gegenüber: Der Eingang zum Konzerngebäude von Amazon.com. Das ist der größte Onlinebuchhändler der Welt, den man aber nicht mehr so nennen sollte. Amazon verkauft längst nicht mehr nur Bücher, sondern auch Filme, Musik, Autoteile, Elektronik, Medizin, Kleidung und überhaupt so ziemlich alles, was in den Häfen der Welt angelandet wird. »Willkommen, Amazonier«, steht auf dem Schild. Blanke Glühbirnen hängen im Empfangssaal herab, ein Zeichen sowohl für rauen Chic wie für Sparsamkeit. Man sitzt auf Hartschaumwürfeln in schwarz und rot, bis das vereinbarte Treffen beginnt.

Es geht bei dem Gespräch um ein wenig bekanntes Vorhaben von Amazon: Der Großhandelskonzern will nebenbei auch noch eine Revolution der Weltwirtschaft auslösen. Er möchte sich selber zum Knotenpunkt einer neuen Ära der Globalisierung machen, die noch flexibler und noch profitabler ist, als die Turboglobalisierung es je war.

Es geht darum, dass ohne eine effiziente Datenverwaltung, ohne die gewaltige Rechenleistung in Computerzentralen, nichts mehr geht in der heutigen Wirtschaft. Manche Großkonzerne, die sehr viel mit Daten umgehen, zum Beispiel Versicherungen oder Internetprovider oder Supermarktketten mit ihrem aus aller Welt herangeschafften Warenangebot, unterhalten heute wahre Monster von Rechenzentren – mit eigenen Kraftwerken, Kühlanlagen, Transformatoren, Wasserkreisläufen. Digitale Heiligtümer. Zentrale Quelle des Geschäftserfolges. Für viele Unternehmen Existenzgrundlage.

Die Sache ist aber auch sehr teuer. Bei Amazon sagen sie deshalb, so ein Rechenzentrum zu betreiben, das sei für viele Firmen viel zu teuer und unflexibel und obendrein noch schädlich für die Umwelt. Amazon, das selber gigantische Rechenzentralen an größtenteils geheimen Orten betreibt (siehe Kapitel 5), hat deshalb seinen neuen Dienst begründet: AWS. Amazon Web Services. Jeder Unternehmer und überhaupt jeder Mensch mit einer Kreditkarte kann heutzutage Rechenleistung und Speicherplatz bei Amazon anmieten. Vom Speicherplatz, der auf einer kleinen Festplatte unterzubringen wäre, bis hin zum Supercomputer à la NASA oder einem Rechenzentrum, das für Großkonzerne ausreicht.

Mit anderen Worten: Amazon stellt die Knotenpunkte der neuen Wirtschaftsordnung bereit – schlüsselfertig und zum Mieten. Die Sache ist schon heute ein Erfolg. Amazon berichtet, dass der neue Geschäftsbereich explosionsartig wachse. »Hunderttausende von Kunden«, und Analysten schätzen den Umsatz mit diesen Diensten auf 750 Millionen Dollar im Jahr, mit rasant steigender Tendenz. Eine ganze Reihe bekannter Unternehmen käme ohne die Dienste von AWS nicht mehr aus: Dazu gehört die in den USA beliebte Videoverleihfirma Netflix, bei der man Filme leihen kann, die das Unternehmen dann bei Bedarf übers Internet ins Wohnzimmer beamt. Washingtoner Behörden nutzen die virtuellen Großrechner von Amazon. Biotech-Firmen, die für die Entschlüsselung von DNA-Sequenzen sehr viel Rechenpower benötigen, sind dabei. Wall-Street-Banken, die auf den Servern von Amazon ihre gesamten Kundendaten ablegen. Die spanische Bankengruppe Bankinter und der Telefontechniklieferant Ericsson, die britische Guardian-Mediengruppe und die European Space Agency (ESA). Und Hunderte kleiner Internetstartupfirmen vom Silicon Valley bis Berlin.

»Dreißig bis vierzig Jahre lang hat die Menschheit ihre Informationsverarbeitung nach dem immer gleichen Modell erledigt«, sagt Adam Selipsky, der bei AWS für das Produktmanagement zuständig ist. »Jetzt entsteht ein ziemlich radikal neues Modell.«

Selipsky hat dunkle schwarze Locken, holt beim Sprechen weit mit beiden Armen aus und trägt ein reichlich irritierendes Hemd aus lauter unterschiedlichen blauen und blauschwarzen Streifen. Wahrscheinlich fällt das nur deshalb so ins Auge, weil es in dem kargen Konferenzraum sonst nichts anzuschauen gibt. Man sitzt an einem endlos langen Tisch, fast leer, auf dem unerklärlicherweise eine Kiste Kleenex und ein Stück Seife stehen. Am anderen Ende sitzt Kay Kinton, die Pressesprecherin, und tippt abwesend in ihr Blackberry. Auf dem Tisch steht außerdem noch ein Ufo-förmiges Telefon.

Das Ding wird eingeschaltet, und am anderen Ende meldet sich Stephen Schmidt, ein wichtiger Mann bei AWS. Er ist der Chief Information Security Officer, also zuständig dafür, dass die vielen Kundendaten auf den Amazon-Computern sicher abgelegt und nicht ausgespäht werden können. Schmidt war früher einmal beim FBI.

Aber erstmal redet Silipsky einfach weiter. Warum sich Firmen darauf einlassen, anderen Leuten die Kontrolle über ihre Daten und ihre Rechner zu übergeben? »Weil wir IT-Manager in Helden verwandeln können«, sagt Selipsky. »Mit unserer Hilfe schaffen sie mehr Leistung mit weniger Aufwand. Einer unserer Kunden ist eine große Chemiefirma. Wenn deren Forscher früher kamen und sagten, wir wollen einen Supercomputer für ein paar Tests, dann sagten die: In zehn Wochen habt ihr ihn. Und heute? Da sagen sie: Klar – in zehn Minuten habt ihr ihn!«

Und das soll zuverlässig funktionieren? Stephen Schmidt ist dran. Er räuspert sich, beziehungsweise das Ufo auf der Tischplatte räuspert sich, und seine Stimme sagt aus dem Lautsprecher: »Die Leute verlagern ihre Daten zu Amazon, weil es bei uns sicherer ist als auf den Servern im eigenen Unternehmen.« Durchs Telefon hält er einen Vortrag über API-Calls, kryptografisch sichere Prozesse, ISO-Sicherheitsnormen und verschlüsselte Tunnel. Als der Reporter zugibt, dass er davon jetzt nur ein paar Prozent verstanden hat, lachen alle herzlich. Die Pressesprecherin sagt, dass es ihnen hier auch immer so gehe, wenn Stephen redet, aber das ist natürlich ein Scherz. »Katastrophale Ausfälle sind immer möglich«, gibt Schmidt zum Ende des Gespräches zu. Wie überall, nicht nur bei Amazons Datendiensten. Aber solche Ausfälle seien extrem, extrem, extrem unwahrscheinlich.

All das könnte ein reines Spezialthema für Computerfreaks sein, wenn nicht ein solch gewaltiges ökonomisches Versprechen dahinterstünde. Neben Amazon versuchen auch Google, Microsoft und IBM mit schwerelosen Datencentern ganz groß ins Geschäft zu kommen. Und längst nicht nur in Amerika: Im Herbst 2010 startete Microsoft auch in Deutschland seine »Go Cloud-Initiative für die deutsche IT-Industrie«, und ein Mitglied der deutschen Microsoft-Geschäftsführung erklärte:»Deutsche Unternehmen stehen heute nicht mehr vor der Frage, ob sie das nutzen, sondern wie und in welchem Umfang.«

Das Versprechen besteht nicht einfach darin, ein paar Kosten zu sparen, weil ausgelagerte Computerdienstleistungen billiger sind. Das Versprechen besteht tatsächlich in einer neuen Art zu wirtschaften.

Der Traum, den Amazon & Co. verkaufen, lautet: Neue Knotenpunkte der Weltwirtschaft, ja komplett neue Arten, Geschäfte zu betreiben, könnten über Nacht entstehen. Man erfindet einen neuen Service und kann ihn blitzschnell im großen Stil auf der ganzen Welt anbieten. Rechenleistung? Kein Problem. Wenn die Sache ein Erfolg wird, genügen ein paar Klicks auf der AWS-Webseite, und man besitzt die zehnfache Menge virtueller Computer, bei Bedarf gleich in mehreren Kontinenten. Wenn die Sache scheitert, bestellt man die virtuellen Computer wieder ab.

Einfach mal probieren: Die neue Experimentierwirtschaft

Es ist noch gar nicht so lange her, da verkündeten ernst zu nehmende Wirtschaftswissenschaftler: Die ganze Flut von Computern und Unternehmensnetzwerken bringt der Wirtschaft unterm Strich überhaupt nichts.

Mitten im euphorischen Internetboom der neunziger Jahre verkündeten diese Herrschaften solche sauertöpfischen Thesen. Sie mochten nicht an die Verheißungen einer »New Economy« glauben. Angefangen hatte Robert Solow, der große amerikanische Wachstumstheoretiker, indem er bereits ganz früh im Jahre 1987 das »Solow-Paradox« aufstellte: Warum waren neuerdings überall Computer zu sehen, »bloß nicht in den Produktivitätsstatistiken«? Studien kamen zu dem Ergebnis, dass diese Kisten und Drahtgeflechte für das Bruttoinlandsprodukt unterm Strich eher nutzlos seien.

Das hat sich aber tüchtig geändert. Kein ernst zu nehmender Ökonom zweifelt heute noch an den segensreichen Wirkungen des Internet. Heutzutage weisen die ökonomischen Studien nach, dass Unternehmen und ihre Angestellten mehr schaffen als je zuvor, wenn ihnen Computer und das Netz dabei helfen – besonders in Wirtschaftsbereichen, wo viele Informationen verarbeitet werden. Angebot und Nachfrage kommen besser zueinander, ob am Markt für Produkte oder am Markt für Fachkräfte. Zeit wird gespart, Kosten sinken. Es hat nur alles ein bisschen gedauert.

Aber jetzt? Wie geht es weiter? Was kommt als Nächstes? Spekulieren kann man ja viel, aber der MIT-Ökonom Erik Brynjolfsson glaubt, dass er eine ganz grundlegende Antwort auf diese Frage gefunden hat. Eine unerhört optimistische Antwort gar: Nach Jahrhunderten der technischen Innovation sei die Menschheit gerade auf dem Sprung, das Erfinden und Erneuern selber zu automatisieren.

»Soll man Innovation auf Steroiden sagen?«, fragt sich der Professor. Solle man lieber »Innovation in Warpgeschwindigkeit« sagen? Ob »die Innovation rapider Innovation« wohl ein Wort sei, das den Leuten etwas sage? Man muss gleich hinzufügen, dass Brynjolfsson sonst überhaupt nicht so überschwänglich redet. Es hat ihn nur ziemlich schwer erwischt.

»Innovation, die früher Monate dauerte und riesige Budgets verschlang, kann jetzt manchmal in ein paar Sekunden gestartet werden und nur ein paar Cent kosten«, will Brynjolfsson festgestellt haben. Neue Produkte, neue Geschäftsmodelle, neue Weltsichten kämen mit einer Geschwindigkeit in die Welt, wie sie die Menschheit noch nie erlebt habe. »Die nächste Dekade der Innovationen am globalen Markt wird noch tumultartiger verlaufen als die letzte«, sagt Brynjolfsson. Vor allem werde sie uns viel, viel wohlhabender machen.

Es gibt wirklich tausende solcher Beispiele. Durch computergestütztes Herumprobieren wird Neues entdeckt. Probierverfahren machen es möglich, ein komplett neuartiges Produkt oder eine völlig neue Dienstleistung zu testen und in den Markt einzuführen. David Newkirk, der frühere Chef der internationalen Unternehmensberatungsfirma Booz Allen Hamilton, sagt: »Die allgegenwärtige Verbindung mit dem Internet hat eine wahre Flut von Experimenten mit Business-Modellen beginnen lassen.« Man könne jetzt ganz neue Arten von Geschäften oder Business-Konzepten ausprobieren.

Im Silicon Valley reden sie vom Modell des »Instant Entrepreneurs«. Das kommt den Vorstellungen des MIT-Professors ziemlich nahe: Gemeint ist der Macher in einem Heimbüro oder einer Garage oder auch in einem Konzern, der eine zündende Idee entwickelt oder aufschnappt – und dann einfach mal ausprobiert. Es ist in Mode gekommen, diese Kurzentschlossenheit mit der Kultur zu erklären. Die Kalifornier machten so etwas eben. Im Silicon Valley liege das in der Luft. So viele Erfolgsgeschichten, so viele Vorbilder.

Doch eine andere Erklärung ist, dass wir diese Art der Innovation in einem Hightech-Paradies als erstes beobachten, weil techniknahe Menschen eben auch die neue, technikgestützte Kunst des Erneuerns als erste nutzen. Großer Kapitalaufwand ist für Unternehmen dieser Branchen gar nicht nötig, häufig sind die Produkte nicht einmal etwas zum Anfassen, sondern Software. Also kann man auf die Schnelle ein Unternehmen gründen und etwas ausprobieren. Ein Büro zu mieten und Computer und Pizza hineinzustellen und ein paar Programmierer mit Versprechen auf Firmenanteile bei Laune zu halten – das kostet nicht so viel. Neuerdings braucht man ja nicht einmal mehr ein Rechenzentrum, weil Amazon welche vermietet.

Die Internetwirtschaft ist für solches Probieren auch deshalb gut geeignet, weil ein Unternehmer schnell erfahren kann, ob die Sache bei den Kunden gut ankommt oder nicht. Bei Dienstleistungen im Internet fällt es meistens leicht, Ergebnisse zu kontrollieren. Man kann den Zuspruch der Kunden genau messen, und ihre Ablehnung ebenso.

Und was wird probiert?

Zum Beispiel neue Verkaufsmethoden. Für einige Zeit war es im Silicon Valley groß in Mode, Produkte von Kleidern bis zu Reisen in ausgetüftelten Auktionsverfahren übers Internet zu verkaufen – und dann zu schauen, wann das den Kunden den meisten Spaß machte, wann es die größten Umsätze brachte. Und wer hätte gedacht, dass internetorganisierte Gruppenkäufe, wie sie die Firma Groupon im Netz organisiert, innerhalb weniger Monate zu einem weltweiten Massenphänomen würden und die Erfinder Milliardäre?

Oder persönlich zugeschnittene Dienstleistungen. Internet-Entrepreneure finden ständig neue Tricks, alle möglichen Nischenmärkte zu befriedigen, von seltenen antiquarischen Büchern bis hin zum am Bildschirm selbstgemischten Müsli. Auch hier ist das Ausprobieren der beste Weg, ein erfolgreiches Geschäft aufzubauen.

Konkret? Vielleicht ist der Suchmaschinen-Konzern Google das ultimative Beispiel für Innovation durch Experimente. Google war von Beginn an bei seinen Benutzern beliebt, weil zwei kalifornische Studenten eine nützliche Dienstleistung entwickelt hatten: eine besonders gut funktionierende Suchmaschine für das Netz. Ein gutes Geschäft war das aber nicht. Die Google-Gründer Sergey Brin und Larry Page boten die Dienste ihrer Suchmaschine kostenlos an und hatten nicht den leisesten Schimmer, wie sie mit ihrem Unternehmen Geld verdienen sollten. Jahrelang brachten sie stattdessen das Geld ihrer frühen Investoren durch. Aber sie experimentierten nebenbei auch – mit allen erdenklichen Zusatzangeboten.

Google wäre niemals zum Konzerngiganten mit einem Börsenwert von 160 Milliarden Dollar geworden, wenn seine Macher – neben zahllosen anderen Dingen – nicht irgendwann eine exzentrische, neuartige Werbeform für das Netz ausprobiert hätten: kleine Textanzeigen am Seitenrand, unauffällig und alles andere als marktschreierisch, die möglichst gut auf die Inhalte der gerade angeschauten Internetseiten und zu den Interessen des jeweiligen Internetsurfers passen sollten. Geld nimmt Google von seinen Anzeigenkunden nur, wenn ein Besucher der Seite auf die Anzeige »klickt«. Die zahlenden Inserenten können sogar selber laufend nachprüfen, wie viele Leute ihre Inserate anschauen und wie häufig darauf geklickt wird.

So wie die Google Boys hatte noch niemand zuvor über Werbung nachgedacht. Aber es hat funktioniert, und so haben sie weitergemacht und sind Multimilliardäre geworden. Und wenn man genau hinschaut, haben es die anderen Internetriesen der Stunde – die soziale Netzwerkseite Facebook, die schließlich von Microsoft übernommene Internettelefongesellschaft Skype, der Business-Kontaktdienst LinkedIn, die Rabattaktions-Zentrale Groupon – mit ihren sich ständig wandelnden Angeboten und Geschäftsmodellen ganz ähnlich getrieben.

Unternehmen ohne Grenzen

Eine Masse von Computern und Computerprogrammen wirkt da zusammen, verbunden über das Internet, und was entsteht, ist eine neue Wirtschaft. Langsam, aber scheinbar unaufhaltsam.

Es liegt in der Natur solcher Neuerungen, dass man ihre Konturen nicht recht erkennen kann, wenn man gerade darin steckt. Adam Smith zum Beispiel, als er 1776 seinen »Wohlstand der Nationen« veröffentlichte und darin die moderne Volkswirtschaftslehre begründete, hatte nicht die geringste Vorstellung davon, dass draußen im Lande gerade die industrielle Revolution begonnen hatte.

Immerhin: Diesmal versuchen sich einige Forscher daran, vorab ein Bild des neuen Zeitalters zu malen. Shoshana Zuboff ist eine von ihnen, eine emeritierte Professorin der Betriebswirtschaftslehre von der Harvard Business School. Sie hat ein Leben lang über die Informationsrevolution geforscht, über die Rolle von Computern im Leben der Menschen und schon vor Jahrzehnten Bücher geschrieben wie »Das Zeitalter der schlauen Maschine«.

Zuboff hat ein Wort gefunden, um die neuen Entwicklungen dieser Tage zusammenzufassen: »Distributed Capitalism.« Verteilter Kapitalismus. »Produktion und Konsum werden zunehmend von verteilten Gütern, verteilten Informationen, verteilten Sozial- und Managementsystemen abhängen«, glaubt die Professorin. Wegen der ganzen neuen Technik. Zuboff spricht da unter anderem ganz konkret von den vielen iPhone-Telefonen und iPad-Tablettcomputern und Blackberrys und sonstigen mobilen Geräten in der Hand von Managern, Wissensarbeitern und Verbrauchern. Nie zuvor hätten die einzelnen Wirtschaftssubjekte so verzögerungsfrei, so umfangreich miteinander kommunizieren können – egal ob sie nun in einem einzigen Konzern zusammen sitzen oder in verschiedenen Unternehmen auf ganz unterschiedlichen Kontinenten.

Okay: Das klingt noch etwas wolkig. Wie es sich für große Visionen gehört. Doch wenn man genauer auf die Wirtschaft des Jahres 2011 schaut, wird die Sache vielerorts bereits konkret. Da hängen Arbeitsplätze dran. Investorengelder. Chefkarrieren.

Eine konkrete Folge: Die direkte Rücksprache der Unternehmen mit ihren Kunden nimmt zu. Sie ist ja neuerdings technisch möglich, also wird das auch genutzt. »Man fragt (als Unternehmer) künftig nicht mehr: Was haben wir anzubieten, das wir Ihnen verkaufen könnten? Man fragt zuerst: Wer sind Sie? Was brauchen Sie? Wie können wir helfen?«, glaubt Zuboff. Mit anderen Worten: In dieser nächsten Phase der globalen Wirtschaft reden Konsumenten und Geschäftspartner zunehmend den Produktentwicklern in ihre Arbeit hinein.

Eine weitere konkrete Folge: Auch Mitarbeiter, das fordern viele Unternehmensberater unter Verweis auf die ganze neue Technik, könnten jetzt über die Hierarchiegrenzen und Fachbereiche hinweg mehr miteinander reden und gemeinsam neue Ideen ausbrüten. Als wäre das nicht genug, umgeben sich Unternehmen auch noch mit einen Dickicht von Zulieferbetrieben und Beratungsfirmen und spezialisierten Einzelkämpfern, die alle zusammen irgendwie erfolgreich wirtschaften sollen. »Föderationen« von Unternehmen tun sich zusammen, um sich an Ausschreibungen zu beteiligen oder um branchenweite Großprojekte wie einen neuen Videodisk-

Standard gemeinsam zu entwickeln. Beim nächsten Projekt gibt es dann wieder eine Föderation, in anderer Zusammensetzung.

Niemand weiß unter diesen Umständen noch genau zu sagen, wo die Grenzen eines Unternehmens verlaufen, wer drinnen ist und wer draußen. Zu den traditionellen Angestellten stößt eine wachsende Schar Kollegen, die freie Mitarbeiter, Berater und Mitarbeiter anderer Firmen sind, mit denen man aber gerade projektweise zusammenarbeitet. Nur einen Teil dieser bunt zusammengewürfelten Gesamtbelegschaft findet man allerdings im Büro beziehungsweise an der Werkstraße. Ein anderer Teil sitzt irgendwo vor einem Bildschirm im Heimbüro oder am Flughafen oder in Peking oder im Starbucks um die Ecke, mischt sich aber ständig per E-Mail und Videokonferenz und Telefon ein. Und richtig: Weil in dieser neuen Wirtschaft so viel experimentiert wird, kommt es häufig vor, dass die Teams über Nacht neu zusammengesetzt werden.

Wer, um alles in der Welt, soll da den Überblick bewahren? Die Antwort lautet auch hier: die Technik. Das Internet, Mobilcomputer und Mobiltelefone erlauben die Kommunikation der vielen Beschäftigten miteinander, auch wenn sich die Unternehmensstrukturen und der Aufenthaltsort der einzelnen Teammitglieder laufend ändern. Sie schaffen also insofern Ordnung, als es egal ist, wo sich die jeweilige Person gerade befindet. Natürlich reicht das alleine nicht. Und so lautet die andere Antwort:

Nun, wir suchen gerade nach einer.

Unternehmen, Berater und Technikfirmen haben in der vergangenen Dekade fieberhaft nach neuen Wegen gefahndet, viele unterschiedliche Projektbeteiligte miteinander kommunizieren zu lassen, ohne dass sie in der Datenflut ertrinken. Blogs waren eine frühe Antwort: Webseiten einzelner Experten, Mitarbeiter, Partner oder Berater, auf denen sich die Kollegen darüber informieren konnten, was anderen Kollegen so in den Sinn kam. Wikis waren eine andere Antwort: Webseiten innerhalb von Konzernen oder für die große Öffentlichkeit, gleichzeitig gestaltet und ständig aktualisiert von einer ganzen Gruppe relevanter Leute, zum Zweck der gegenseitigen Informierung. Amerikanische Konzerne probierten sogar Systeme aus, die automatisch die Festplatten der Beschäftigten auf nützliche Informationen durchforsteten und ebenso automatisch nach geeigneten Empfängern für diese Infos im Konzern suchten – das allerdings ist in Europa aus Datenschutzgründen verboten. Der große Durchbruch war all das noch nicht.

Einige Firmen bieten inzwischen sogenannte »Business-Rule-Management-Systeme« an: eine Art computerbewachter Organisationsstruktur, die in den neuartigen, zersplitterten Unternehmungen dieser Tage die richtigen Leute über die richtigen Dinge zu informieren versucht. Der Computer im Hintergrund kann darüber wachen, dass die Mitarbeiter in der einen Unternehmensabteilung auch Kundendaten aus einem völlig anderen Unternehmensbereich bekommen, wenn diese plötzlich für ihre Arbeit relevant werden. Der Computer weiß auch, dass beim Handel mit bestimmten Wertpapieren im Unternehmen bestimmte Gesetze eingehalten werden müssen und warnt die frisch dazugestoßenen Mitarbeiter oder Partner weit draußen im Unternehmensverbund, wenn sie dagegen zu verstoßen drohen. Der Computer im Hintergrund sortiert Terminkalender, Leistungsziele für einzelne Mitarbeiter und Hotelbuchungen um, wenn plötzlich ein harscher Wintereinbruch kommt und am Flughafen eines wichtigen Standortes keine Flugzeuge mehr abheben können.

Das ist immerhin eine Idee: Der Computer übernimmt die Kontrolle über die Datenflut – und darüber, was die einzelnen Mitarbeiter bitteschön machen sollen. Kürzlich hat der Computerriese IBM die französische ILOG-Gruppe übernommen, einen Pionier für »Business-Rule-Management-Systeme«. Der ILOG-Gründer Pierre Haren hat mehrfach erklärt, dass seine Erfindung »das Äquivalent der industriellen Revolution für Büroarbeiter« sei. Mal sehen.

Was auf jeden Fall schon eingetreten ist, ist eine andere,

sehr viel weniger wünschenswerte Veränderung: Weil neuerdings alle mit ihren neuartigen Geräten mit neu kennengelernten Businesspartnern reden, schwappt eine gewaltige Datenflug durch die Welt der Wirtschaft, mitsamt Geschäftsgeheimnissen, Kreditkarteninfos, persönlichen Daten, Blaupausen und Nachrichten.

Durchs Internet. Mit wenig ausgereifter Technik. Über Firmengrenzen hinweg, weil das ja neuerdings so gewollt ist. Ziemlich offen und ziemlich ungeschützt.

In den besten Händen? Die Jagd auf heiße Daten

Es gibt Leute, die legen überdurchschnittlich viel Wert auf Datenschutz. Sie wollen ihre Daten auf Computern und im Internet vor fremden Spähern schützen, koste es, was es wolle. Wenn man sich in der Szene der Hacker und Krypto-Experten danach umhört, wie man so etwas am besten schafft, fällt nach einiger Zeit ein Name: Venkat. Das ist nur ein Vorname. Ein Nachname ist nicht zu erfahren, und wer weiß schon, ob »Venkat« der richtige Name ist.

Venkat unterhält eine Webseite, auf der merkwürdige Dinge stehen: »Wenn Sie uns als Vertreter einer Strafvollzugsbehörde kontaktieren sollten, geben Sie uns bitte Ihren vollen Namen, Ihren von der Regierung ausgestellten Ausweis, Ihre Polizeimarke, Kontaktinformationen über Sie selber und Ihre Abteilung und eine notariell beglaubigte beeidigte Erklärung darüber, dass Sie die vollen Kosten für eventuelle geschäftsschädigende Folgen Ihres Auskunftsersuchens tragen, sowie Beweise für jedwede Beschuldigung, die Sie erheben.«

Vor allem aber stehen auf dieser Webseite lauter Angebote für Leute, die es richtig ernst damit meinen, dass sie ihre Daten geheim halten wollen. »Als Unternehmer brauchen Sie sichere Kommunikationswege für sich selber und für Ihre Belegschaft, die Flexibilität, von irgendwo auf der Welt zu arbeiten, ... sichere Anrufe zu Ihren Mitarbeitern und sicheren Text-Chat, ... ein sicheres internes Firmennetzwerk, um Ihre

Daten und Ihre Webseite zu schützen und eine Methode, Ihr Firmenkapital in Gold zu sichern. Sie brauchen das – und wir liefern das.«

Die Dienstleistungen im Einzelnen: Telefone zum verschlüsselten Telefonieren, wobei angeblich nicht einmal die Geheimdienste der Welt mitlauschen können. Computerserver draußen im Netz, auf denen man seine Daten verschlüsselt ablegen kann, und die angeblich sogar massiven Angriffen organisierter osteuropäischer Banden standhalten können. Ein von Venkat und seinen Leuten maßgefertigtes Laptop, das »Crypto Toughbook«, das sicher ist vor Regen, Eis, Pfefferspray, Stürzen und Gewehrschüssen, und das außerdem sämtliche Daten ganz extrem verschlüsselt. Allein das Softwarepaket für dieses Ding kostet über 3000 Euro. Venkat wirbt damit, dass die Rechner auch »uniformierten Schlägertypen« standhalten, was böswillige Leser als eine unfreundliche Umschreibung für Polizisten verstehen könnten.

Beim Besuch dieser Webseite und im Gespräch mit dem wortkargen Venkat – der eine Geschäftsadresse in der Schweiz angibt, Wurzeln in New York hat, aber über eine Telefonnummer in Panama erreichbar ist – bekommt man keinen ganz klaren Eindruck: Entweder blickt man da in das Hirn eines paranoiden Wahnsinnigen, der zu viel Zeit vor einem Rechner verbracht hat – oder Venkat beliefert irgendwelche James-Bond-Typen oder internationale Verbrecher. Eine Kundenschar, die eine ganze Menge zu verbergen hat.

In der normalen Geschäftswelt ist so etwas natürlich keine Praxis. Das ist ja auch nicht nötig, oder?

Man muss in diesem Fall zugeben: Leser der *Wirtschaftswoche* wissen mehr. Seit 2007. Das Wirtschaftsmagazin aus Düsseldorf machte sich damals einen (bitteren) Spaß daraus, den Computersicherheitsexperten Nils Magnus in den ICE von Köln nach Frankfurt zu setzen, in die Business-Lounge am Frankfurter Flughafen, in das Foyer des Berliner Hotels Adlon und so weiter. Magnus ist auf Datenjagd, und seine Opfer sind unbedarfte deutsche Manager.

Bewaffnet mit einem Laptop und einem Satz öffentlich

zugänglicher Spionageprogramme, die jeder gute Hacker bei sich führt, drang Magnus damals publikumswirksam und beunruhigend in die Rechner, Handys und Blackberrys reisender Geschäftsleute ein. Er stieß auf die unterschriftsreifen Verträge des Vorstands eines Maschinenbau-Unternehmens. Die Privatfotos und den E-Mail-Verkehr eines deutschen Topmanagers aus der Mobilfunkbranche. Und so weiter. »Der technische Aufwand ist gering«, hat der gemietete Hacker damals den Journalisten erzählt. Jedenfalls erscheint Venkat plötzlich gar nicht mehr verrückt. Die Daten, von denen das Wohlergehen von Unternehmen und der ganzen Wirtschaft zunehmend abhängt, können offenbar ziemlich leicht abhanden kommen.

Behörden wie das Bundesamt für Verfassungsschutz in Köln und das Bundesamt für Sicherheit in der Informationstechnik in Bonn, Selbsthilfeorganisationen wie die Arbeitsgemeinschaft für Sicherheit der Wirtschaft und private Sicherheitsfirmen mahnen von Jahr zu Jahr: Deutsche sichern ihre Computer nicht genug. Sie veranstalten Erweckungsseminare zur Sicherheitstechnik, die zum Beispiel »IT-Grundschutztag« heißen, die sich um die »Abwehr von Cyberrisiken für Unternehmen« drehen oder »Schlüsseltechnologien vor Spionage schützen«.

Dummerweise gibt es quasi keine verlässlichen Zahlen darüber, in welchem Umfang deutsche Unternehmen von solchen Hackern ausgespäht werden. Wenn so etwas passiert und es auch noch jemand bemerkt, dann meldet man es selten der Polizei und erst recht nicht dem Statistischen Bundesamt.

Also muss man sich auf das große Raunen verlassen: Auf die Leute aus der Sicherheitsindustrie, die natürlich ihre Sicherheits-Lösungen zu verkaufen haben; auf Background-Briefings beim Bundesverfassungsschutz, wo man allerdings als Journalist vor dem Eintritt unterschreibt, dass man nichts darüber berichten werde; auf anekdotische Leidensgeschichten bestohlener Unternehmer und Triumphmeldungen von Hackern aus dem Untergrund. Umfragen, wenn anonym erhoben, sind ebenfalls interessant: So meldete das unabhängig forschende Ponemon Institute im amerikanischen Michigan, dass 83 Prozent aller befragten multinationalen Unternehmen »in den vergangenen zwölf Monaten« Opfer einer Cyberattacke geworden seien.

Trotzdem ergibt sich ein ungefähres Bild. Alex Gostev, der Chefsicherheitsexperte bei der russischen Antivirenfirma Kaspersky, fasst es ganz gut zusammen: »Insgesamt wenden sich Attacken immer häufiger gegen Unternehmen anstatt gegen Privatpersonen«, sagt er im Gespräch. »Die Onlinekriminellen sind sich zunehmend des Werts sensibler Informationen bewusst, und die Summen, die potenziell am Diebstahl solcher Daten zu verdienen sind, machen das Ganze nur noch attraktiver.« Zugleich sind viele Unternehmen – in Deutschland und auf der Welt – inzwischen aufgewacht und sichern ihre Computersysteme sowie die tragbaren Geräte ihrer Mitarbeiter besser denn je. »Unternehmen stehen vor einer hartnäckigen, technisch hochstehenden Bedrohung«, sagt Mark Goudie, ein Sicherheitsbeauftragter beim amerikanischen Telekom-Konzern Verizon, der Anfang 2011 gemeinsam mit dem amerikanischen Secret Service die wohl größte Auswertung von Hacker-Attacken auf Unternehmen durchgeführt hat. Hunderte solcher Angriffe hat sein Team untersucht. Ergebnis: Die Zahl der Angriffsversuche steigt, die Zahl der erfolgreichen Angriffe ist aber gesunken – was dafür sprechen könnte, dass etliche Unternehmen bessere Sicherheitsvorkehrungen treffen. Oder aber, dass sie die Einbrüche gar nicht mehr bemerken.

Das Innovationstempo ist schnell. Ein schon 2009 in den USA erschienenes Buch namens »Hacking«, das eigentlich zur Aufklärung von drei ausgewiesenen Sicherheitsexperten geschrieben wurde, liest sich wie eine Schritt-für-Schritt-Anleitung zum Eindringen in Unternehmen – und das Erschreckende ist, wie leicht man das nachmachen könnte. Die beliebtesten Tricks: Unternehmen hacken, indem man die Laptops von Mitarbeitern unter Kontrolle bringt, die gerade zum Kaffeetrinken in einem Starbucks sitzen und über WLAN im Internet surfen. Oder abends im Hotel über das Hotelnetzwerk.

Das Ausspähen sozialer Netzwerke, etwa privater Facebook-Einträge, um sich das Vertrauen von Schlüsselpersonen in Betrieben zu erschleichen oder um ganz gezielte, aber mit Viren infizierte E-Mails zu schicken.

Und auch hier ist das Problem ein Vertrautes: Ein wirklich Hacker-sicheres System hat noch niemand entwickelt. Es gibt auch keinen ernst zu nehmenden Experten, der behauptet, man könne das Katz-und-Maus-Rennen jemals mit technischen Mitteln beenden. Zumindest nicht, solange man es mit dem Internet zu tun hat.

Wird schon klappen! Oder: Die größte Wette der Welt

Und lange Zeit konnte man mit gewissem Recht einwenden: Na und? Die Schäden durch Datenklau und Datenverluste waren in aller Regel überschaubar.

Doch das ändert sich in einer Wirtschaftswelt, die immer mehr auf Daten und Computer setzt. Es ist eine Überlebensfrage für Unternehmen, bei denen der Inhalt bestimmter Festplatten das größte oder einzige Kapital darstellt. Sie sind längst da: Die Fälle, in denen Unternehmen schließen mussten, weil jemand sie übers Internet hereingelegt hatte.

Der Sicherheitsberater Götz Schartner aus Neustadt berichtet von einem ehemaligen Kunden, einem deutschen Steuerberater. Der hätte eines Tages eine Drohung, verbunden mit einer gewaltigen Geldforderung, in einer E-Mail gefunden: Wenn er nicht zahle, würden die Steuerdaten aller seiner Kunden im World Wide Web veröffentlicht, sichtbar für die ganze Welt. Der Mann hat gezahlt. Vorher, so berichtet es Schartner, hätte er die offenbar argentinischen Hacker noch gefragt: Wer garantiert mir, dass ihr nicht weiter hackt, wenn ich zahle? »Daraufhin bekam er dann eine Liste anderer gehackter Steuerberater zugeschickt«, sagt Schartner. »Referenzen sozusagen, bei denen er sich über die Verlässlichkeit seiner Erpresser hätte informieren können.«

Im Mai 2011 wurde ein britische Hacker namens »Colonel

Root« zu 400 Stunden Sozialarbeit verurteilt, was manchen Beobachtern als eine ziemlich milde Strafe erschien: Er hatte nämlich ein Unternehmen in den Ruin getrieben. 2009 stürmten Polizisten die Wohnung des 19-Jährigen im englischen Brighton. Sie wiesen nach, dass er hinter dem selbstgewählten Onlinehandel »Colonel Root« steckte, der sich ganz willkürlich 2009 eine Internetdienstleistungsfirma namens »Punkyhosting« herausgegriffen hatte, um sie zu drangsalieren. So wurden Besucher der Webseiten von Kirchen – Kunden jener Dienstleistungsfirma – automatisch auf pornografische Angebote umgelenkt, und es gab derlei Jugendspäße mehr – an denen die Firma schließlich zerbrach. Die Polizei fand damals auch Hinweise auf tausende gestohlene Kreditkartendaten bei dem jungen Mann und seinem mitverhafteten 18-jährigen Kollegen.

In den Polizeistatistiken gibt es hunderte solcher Ereignisse, und das BKA vermutet, dass die Dunkelziffer riesengroß sei. Existenzgefährdende Hackerangriffe sind auch nicht auf kleine Unternehmen beschränkt. Im April 2011 wurde ein Netzwerk der Firma Sony gehackt, das die »Playstation«-Spielecomputer der Firma übers Internet miteinander verband und wo auch Kundendaten, einschließlich der Kreditkarteninformationen von mehr als 100 Millionen Sony-Kunden, abgelegt waren. Ein »technisch extrem gut vorbereiteter Angriff« sei das gewesen, erklärte Sony, wohingegen man in Hackerkreisen über das »Unterlassen ganz grundlegender Sicherheitsvorkehrungen« bei Sony lästerte.

Jedenfalls blieb das Playstation-Network in der Folge wochenlang abgeschaltet, etliche Sony-Spiele waren damit unbenutzbar, und Banken rieten ihren Kunden: Wenn sie ihre Kreditkarteninformationen jemals in diesem Netzwerk eingegeben hätten, sollten sie wohl sicherheitshalber neue Karten anfordern. Sony-Chef Howard Stringer musste sich öffentlich entschuldigen, und er erklärte gegenüber dem *Wall Street Journal*, vielleicht sei im Internet sowieso niemand »zu 100 Prozent sicher«. Der Reputationsschaden war gewaltig. Es könnte Sammelklagen auf Schadenersatz geben.

Das öffentliche Interesse an solchen Fällen ist erwacht. Die Schlagzeilen und damit die Reputationsschäden werden größer. Besonders in den USA, wo gigantische Schadenersatzklagen üblich sind, steigt die Zahl der Prozesse gegen Firmen, die Kundendaten verloren haben. 2010 musste der Zahlungsabwickler Heartland, der 2008 etwa 130 Millionen Kredit- und Bankkartendaten verloren hatte, die sagenhafte Summe von 140 Millionen Dollar zahlen. Die Firma überlebte trotzdem. Im März 2011 traf es den Konzern Epsilon, der offenbar Millionen von Kundendaten verlor, die er im Auftrag einer ganzen Serie wohlbekannter amerikanischer Konzerne verwaltete: der Hotelkette Hilton und der Großbanken Citi und JP Morgan Chase, des Filmaufzeichnungsdienstes TiVo und des Unterhaltungskonzerns Disney, der Drogeriekette Walgreens, des TV-Verkaufskanals Home Shopping Network und vieler mehr. Ob Epsilon den Datenskandal überlebt? Zum Redaktionsschluss war es unklar.

Nachtrag

Im April 2011 ging nichts mehr im großen Datenhafen von Amazon. Ein großer Teil der Dienste von AWS fiel aus – fast vier Tage lang. Zu den betroffenen Unternehmen, bei denen in dieser Zeit alles stillstand, gehörten einige der großen Namen der amerikanischen Wirtschaft. Und auch Regierungs-Webseiten wie beispielsweise die des Energieministeriums konnten nicht erreicht werden.

Amazon erklärt, dass wenigstens die Kundendaten in einer überwältigenden Mehrheit der Fälle nicht verloren gegangen seien. Der amerikanische Internetexperte Henry Blodget zitierte aber aus einer E-Mail, die AWS nach seinen Angaben einem großen Kunden hatte zukommen lassen: »Es tut uns leid, aber am Ende waren unsere Bemühungen, Ihre Daten manuell wiederherzustellen, nicht erfolgreich. ... Wir entschuldigen uns für diesen Datenverlust und für jedwede Beeinträchtigung Ihrer Geschäfte.«

7. Krieger mit der Maus – Das Militär rückt in den Cyberspace vor

Die versehentliche Invasion von Costa Rica begann im Oktober 2010, und sie war zum Redaktionsschluss dieses Buches noch in vollem Gang. Zum Glück ist bisher nicht viel Schlimmes passiert. Eine Militäreinheit aus Nicaragua überschritt die gemeinsame Grenze in der Nähe der Mündung des San-Juan-Flusses, nahm eine costa-ricanische Nationalflagge ab, ersetzte sie durch eine eigene und errichtete ein Camp auf dem Inselchen Calero. Ferner, so berichtete es die costa-ricanische Tageszeitung *La Nacion,* haben die Soldaten im Fluss gebaggert.

Schüsse fielen keine, was schon alleine daran lag, dass man in Costa Rica kein Militär hat. Seither hängt der diplomatische Haussegen zwischen beiden Ländern schief, es gab schon Demonstrationen vor den Botschaften, Resolutionen der Nachbarstaaten, Schlichtungsbemühungen, einen Urteilsspruch des Internationalen Gerichtshofs zugunsten Costa Ricas, den Besuch internationaler Beobachter im Invasionsgebiet und so weiter. Nicaragua stellte sich stur und beließ die Soldaten zunächst am Fluss.

Beobachter einigten sich schnell: Das war kaum mehr als eine der üblichen Possen in der zentralamerikanischen Provinz. Ihren Nachbarschaftsstreit pflegen Nicaragua und Costa Rica schon seit Ewigkeiten, und oft geht es um die Flussmündung des San Juan.

Es gab bei dieser Invasion aber ein paar besondere Umstände: Die nicaraguanischen Truppen beriefen sich nämlich auf den kalifornischen Internetkonzern Google. Der Kommandeur der Truppe, so hieß es aus Managua, habe sich bei seiner Einsatzplanung am Onlinekartendienst Google Maps orientiert. Dort war die Grenze zum Zeitpunkt des Einmarsches aber falsch gezogen, zu Gunsten Nicaraguas und zu Ungunsten Costa Ricas, was man bei Google auf Anfrage gleich zugab. Das Ursprungsmaterial dieser Karten sei vom US-Außenministerium geliefert worden, ließ der Konzern erklären, jedenfalls sei es alt.

Ein wenig merkwürdig klingt das immer noch: Die Grenzziehung zwischen Nicaragua und Costa Rica ist bereits im Jahr 1858 ausgehandelt worden, sogar Amerikas Diplomaten haben sie seinerzeit ausdrücklich anerkannt, und Google-Konkurrenzprodukte wie der Microsoft-Kartendienst Bing boten schon immer richtige Karten an.

Auf jeden Fall fiel reichlich Spott auf die Latino-Invasoren wider Willen: Was soll ein Kommandante schon machen, wenn Google irrt?

Nur ein paar internationale Militärbeobachter horchten auf, denn für sie steckten größere Fragen dahinter. War diese lateinamerikanische Posse ein Vorbote? Werden Schlachten der Zukunft so geschlagen, dass Kommandanten sich bei all ihren Entscheidungen ganz und gar auf Computer verlassen, auf Datendienste im Internet, auf Google gar?

Werden wir ein Zeitalter versehentlicher Invasionen, Bombardements und Raketenangriffe erleben – jedesmal, wenn ein Computer einen Fehler macht?

Befehl aus dem Netz

Eine gute halbe Stunde nördlich von Kansas City liegt das intellektuelle Zentrum der amerikanischen Armee. So nennt man sich hier selbstbewusst, im Combined Arms Center, das auf dem weitläufigen Militärstützpunkt von Fort Leavenworth untergebracht ist.

Fort Leavenworth ist einer der traditionsreichsten Militärstützpunkte der USA. Er wurde vor hundertsiebzig Jahren gegründet, um den Verkehr von Planwagen zu sichern und um »den Frieden unter den umgesiedelten Indianerstämmen« zu fördern. Auf dem Weg zum Haupteingang fährt man durch adrett gepflegte Alleen und korrekt gestutzte Hecken, vorbei an historischen Bauten wie dem markanten Uhrenturm und am Exerzierplatz. Die Häuser der Generäle und hohen Offiziere haben hier Verandas im Stil der Südstaaten. An vielen Ecken finden sich Andenken an große Krieger, die außergewöhnliche Opfer und Kriegsleistungen für ihr Vaterland erbracht haben. Ihre Büsten wurden in Bronze gegossen. Oder in Öl gemalt.

Die ganze Altehrwürdigkeit passt aber nicht recht zu dem, was das »intellektuelle Zentrum« der Armee gerade treibt. Kürzlich gab es im Fort Leavenworth eine Vorführung, bei der es um technische Lösungen für eine »kleinere, flexiblere Kampftruppe« ging. Vorgeführt wurde zum Beispiel die niedliche Roboterraupe »SUGV« (Small Unmanned Ground Vehicle), die ein wenig an die Fahrzeuge erinnert, mit denen die NASA auf dem Mars Krater erkundet. SUGV ist aber eine Kooperation zwischen der Militärdivision von Boeing und der Firma iRobot, die sich mit dem Staubsauger-Roboter Roomba einen Namen gemacht hat. SUGV, erklärt Sergeant Stephan Faddis in Fort Leavenworth, soll »an Orte gehen, wo Sie eigentlich keinen Menschen hinschicken möchten, wo irgendetwas sein könnte, das dem menschlichen Leben abträglich ist. Sie können dann den Roboter vorschicken«.

Tatsächlich: Der kleine SUGV kann eine Reihe von Aufgaben erledigen, für die Soldaten bisher Gliedmaßen oder ihr Leben lassen mussten. Er kann unter Autos kriechen und Bomben suchen. Er kann in Gebäude eindringen und den Soldaten draußen ein paar Bilder schicken, wie es drinnen aussieht – auf eine Art tragbaren Spezialcomputer für Feldgebrauch und Häuserkampf. SUGV kann Treppen steigen und mit zehn Stundenkilometern durch die Straßen sausen. Er kann sogar, darauf sind seine Entwickler stolz, die Luft aus Autoreifen lassen.

SUGV ist nur ein kleines Beispiel für die radikale Umgestaltung moderner Streitkräfte, die vor allem in den USA seit Jahren vorangetrieben wird. In Fort Leavenworth sind auch alle möglichen anderen Geräte oder Konzepte für Geräte zu sehen, die fliegen, springen, in Gebäude eindringen oder einfach in der Luft hängen und Informationen sammeln. Denn darum geht es eigentlich: Informationen zu sammeln. Daten.

»Alle Information wird über ein Netzwerk bereitgestellt«, heißt es dazu im intellektuellen Zentrum der Armee, und das kann dann den Soldaten bei ihrem Kampfeinsatz helfen oder smarten Raketensystemen beim Zielen. »Das sind komplexe Geräte, die der Infanterie bei der Arbeit helfen«, erklärte ein Major namens Bill Venable. »Aber den Soldaten können sie nicht ersetzen.«

Stimmt. Bloß wird der Soldat als solcher ebenfalls gerade an jenes Netz angeschlossen, an dem bereits die Roboter und Raketen, Satelliten und computergesteuerte Waffensysteme hängen. Bomben werden von GPS-Satelliten und aus dem Internet gelenkt, Drohnen werden per Netzwerk von Piloten auf völlig anderen Kontinenten gesteuert, Kampfflugzeuge und Kriegsschiffe sind mobile EDV-Zentren der modernsten Art. Die amerikanische Armee nimmt gerade einen erneuten Anlauf auf ein Programm namens »Nett Warrior« (sic!), das Soldaten auf dem Schlachtfeld mit vernetzten Computern ausstattet, einer Art Laptop für den Feldeinsatz und Häuserkampf, das durch Spracheingaben bedient werden kann. Die Hände braucht ein Soldat ja noch für das Gewehr. Statt eines Bildschirmes bekommt er eine Einblendung über eine Art Brillenklappe, bedient wird das Ganze über Mikrofone und Kopfhörer, die Verkabelung ist in einer schusssicheren Weste versteckt. Informationen über den Verlauf der Schlacht, Positionen der Gegner, die jüngsten Befehle: All das soll dem Soldaten helfen, »akkuratere Entscheidungen im taktischen Kampf« zu treffen. »Netzwerkzentrierte Kriegsführung«, dieses Schlagwort war in den vergangenen zehn Jahren äußerst häufig zu hören, wenn man mit Leuten aus dem Pentagon, auf Militärstützpunkten oder in den militärischen Denkfabriken Washingtons sprach.

Die US-Armee hat schon mehrfach Anläufe unternommen, um diese Idee Wirklichkeit werden zu lassen. Vor zwanzig Jahren zum Beispiel begann sie ein Projekt namens »Land Warrior«, das aber schließlich 2007 eingestellt wurde, weil es in Afghanistan und anderswo nicht recht funktionierte. Die Soldaten beschwerten sich, dass das Gerät zu schwer zu tragen sei. Doch die Computertechnik hat sich ja weiterentwickelt. Drei Rüstungsunternehmen werben gerade mit brandneuen Prototypen um den Zuschlag für »Nett Warrior«. In ein bis zwei Jahren sollen die Offiziere verdrahtet sein und in spätestens fünfzehn Jahren jeder einzelne Soldat der US-Armee. Bis dahin wollen die Firmen noch praktische Dinge wie automatische Übersetzungsdienste einbauen, damit man sich in feindlichen Ländern besser unterhalten kann. Oder die automatische Gesichtserkennung von Terroristen.

Und im Pentagon, so die Vorstellung der Planer, soll man künftig dank der verdrahteten Soldaten stets in Echtzeit sehen können, wie die Schlacht so läuft. Oder im Weißen Haus. Oder in der CIA-Zentrale in Langley. »Jeder Soldat ist ein Sensor«, lautet das neue Motto bei der US Army. Und jedes Bataillon ein Computernetz.

Andere Waffengattungen sind schon weiter als die Bodentruppen. Die US Air Force zum Beispiel lockt gezielt junge Leute an, die sich neben dem abenteuerlichen Leben eines Kampfpiloten auch für High-Tech interessieren. Schon seit Jahren schaltet sie in amerikanischen Kinos, im Internet und im Fernsehen Werbespots (»der beste Job der Welt«), und früher erinnerte das alles ein wenig an *Top Gun*. Heute aber, wenn junge Piloten und andere Air-Force-Mitarbeiter in den Spots auftauchen, sind sie angeschlossen an Computer und Sensoren und eingetaucht in eine hybride Wirklichkeit aus realer Welt und Computersimulation. Halb Soldat, halb Cyborg. »Das ist kein Science Fiction. Das ist, was wir jeden Tag tun«, sagt der Sprecher in einem der Filmchen.

So ist das amerikanische Militär nicht nur die größte und mächtigste Streitkraft der Welt – sondern auch diejenige mit den meisten Computern. Das Problem ist, dass die Militärs sich in ihrer großen Technikbegeisterung womöglich angreifbarer gemacht haben als je zuvor.

Wie führt man einen Cyberkrieg?

Am 20. März 2003 heulten in Bagdad die Sirenen. George W. Bush hatte den Befehl zum Kriegsbeginn erteilt. Im Fernsehen war zu sehen, wie Bomben fielen, und bald darauf marschierten amerikanische Soldaten durch die Wüste.

Völlig unsichtbar war allerdings geblieben, dass amerikanische Militärs schon längst vor der Invasion im Irak aktiv gewesen waren: als virtuelle Krieger. Militär-Hacker hatten ganz offensichtlich das »sichere« Kommunikationsnetzwerk der irakischen Armee unterwandert. So erhielten tausende irakische Militäroffiziere kurz vor der Invasion eine E-Mail, die von den Amerikanern kam, die aber über das Computersystem des irakischen Verteidigungsministeriums verschickt worden war. Der exakte Text der E-Mail ist nie veröffentlicht worden. Aber die Nachricht war klar, selbst wenn in den E-Mails überhaupt nichts gestanden hätte: Wir haben doch im Irak schon längst alles unter Kontrolle! Wir haben sogar das Verteidigungsministerium gehackt! Gebt auf!

Die Amerikaner sind vermutlich längst nicht mehr die Einzigen, die so etwas können. Da ist zum Beispiel diese merkwürdige Geschichte aus dem September 2007. Israelische F-15- und F-16-Flieger bombardierten damals eine mutmaßliche Nuklearwaffenanlage in Syrien. Die Flugzeuge stammten aus den siebziger Jahren und mussten eigentlich auf jedem Radarsystem wie Silvesterraketen aufleuchten. Die Syrer besaßen außerdem nicht irgendein Radarsystem, sondern eines der modernsten der Welt. Dicht bestückt mit modernen Sensoren und gesteuert von leistungsfähiger Computertechnik. Gefertigt von den Russen. Der Angriff hätte auffallen müssen, tat es aber nicht.

Hat ein Cyberangriff die Radaranlagen ausgeschaltet? Richtig geklärt oder gar offiziell bestätigt ist das bis heute nicht. Doch ein Militärexperte nach dem nächsten hat seither erklärt, dass das die einzige plausible Erklärung wäre. Zumal die syrischen Systeme nach dem Angriff gleich wieder funktioniert haben sollen.

Am 8. August 2008 kamen dann die Russen. Sie marschierten nach Georgien ein, während die ganze Welt auf die Olympischen Spiele in Peking schaute, und wiesen die aufsässige Provinz mit grober Waffengewalt in ihre Schranken. So stand es in den Zeitungen, und so wird es wohl in den Geschichtsbüchern stehen.

Interessanterweise gibt es aber in der Internetszene einige Leute, die behaupten: Die Invasion begann schon viel früher. Sie datieren den Kriegsbeginn auf den 20. Juli und verorten den Ausbruch der Kampfhandlungen – im Cyberspace. Sicherheitsfirmen wie Arbor Networks in Lexington und selbsternannte Internetwächter wie die Gruppe Shadowserver vermerkten, dass an diesem Tag eine unerklärliche Flut von Datenpaketen auf die Webseiten georgischer Regierungsabteilungen einprasselte. Da stand überall das Gleiche drin: »win+love+in+Rusia«, inklusive des Rechtschreibfehlers. Ganz offensichtlich ging es darum, die georgischen Regierungscomputer mit der Datenflut zu überlasten und auszuschalten. Die Webseite des georgischen Präsidenten Mikheil Saakashvili zum Beispiel war 24 Stunden lang nicht zu erreichen.

Und das war nur die Generalprobe. Als die Invasion der Soldaten anlief, wurde der georgische Cyberspace noch viel aggressiver mit Datenmüll beworfen. Die Spekulationen blühten: Steckten russische Cybertruppen dahinter? Das glaubten Beobachter im Westen. Oder schlugen da patriotisch gesonnene russische Hacker auf eigene Initiative zu? So erklärten es die Russen. Aber ganz klar war die Unterscheidung ohnehin nicht. Beobachter stießen bald auf eine kurz zuvor eingerichtete Webseite namens StopGeorgia.ru, auf der am Tag der Angriffe die knappe Nachricht zu lesen war: »Liste der ersten Angriffsziele ist hier veröffentlicht. Alle, die helfen können – sind hiermit rekrutiert.«

Jeffrey Carr, ein Cyberkriegsexperte und Regierungsberater bei der Washingtoner Firma GreyLogic, hatte damals einen Déjà-vu-Effekt. Er wurde damals »sehr neugierig auf das Muster, das sich hier abzeichnete. Es hatte seit 2002 mindestens vier weitere Beispiele von Cyberattacken gegeben, die zeitlich mit Aktionen des russischen Militärs koordiniert waren«.

Zum Beispiel, als 2007 fast die ganze Infrastruktur des kleinen russischen Nachbarn Estland unter den bis dahin größten Cyberangriff der Geschichte geriet. Er legte Banken lahm, Telefone, die Dienste der Regierung. Estland ist ein sehr kleiner Nachbar von Russland, aber immer schon dafür bekannt gewesen, dass Regierung und Wirtschaft auf hochmoderne Internetlösungen Wert legten. War das also reiner Zufall? Carr glaubt das nicht. Interessanterweise berichtete die *Prawda* über die ganze Angelegenheit in einem Artikel mit dem Titel »Russland gegen Georgien: Krieg im Netz – Tag 1«. Der Autor, ein gewisser Maxim Zharow, hat auch ein Buch mit dem Titel *Chronik des Informationskrieges* verfasst.

»Die Ziele in einem Kriegsfall sind zweierlei«, sagt Richard A. Clarke, zieht hörbar die Luft ein, atmet wieder aus und richtet sich ganz offensichtlich auf einen etwas längeren Vortrag ein. Es ist ein Samstagvormittag im Winter des Jahres 2010, aber der ehemalige Top-Sicherheitsberater der Präsidenten Bill Clinton und George W. Bush nimmt sich im Augenblick keine Wochenenden frei. Er gibt Telefoninterviews. Er ist auf einer Mission.

Richard A. Clarke ist der Mann, der George W. Bush vor Osama Bin Laden und seinen Anschlagplänen warnte und damit kein Gehör fand – damals. Heute zieht Clarke mit einer neuen aufrüttelnden Prognose um die Welt: Er glaubt, dass ein katastrophaler Zusammenbruch der weltweiten Computersysteme binnen fünfzehn Minuten möglich sei. Die Flugsicherung könne kollabieren und Züge entgleisen. Finanzdaten an der Wall Street könnten sich in ein einziges Durcheinander verwandeln, Satelliten für immer in den Tiefen des Alls verschwinden. Alles ausgelöst von Soldaten einer neuen Generation: von Hackern. Der Westen – ganz besonders der Westen! – schwebe in ernster Gefahr.

»Erstens«, doziert Clarke durchs Telefon, »können militärische Ziele ins Schussfeld geraten und zweitens Einrichtungen der zivilen Infrastruktur. Auf der militärischen Seite gehört dazu ganz sicher das Ausschalten feindlicher Abwehrsysteme, zum Beispiel der Flugabwehr, sowie der Kommando- und Kontrollsysteme. Möglicherweise werden sogar Waffen ausgeschaltet, zum Beispiel moderne Kampfflugzeuge. Diese Flieger sind heute so hochgradig abhängig von Software, und sie enthalten so viele verschiedene Systeme, die auf kommerziell erhältlichen Chips mit kommerziell erhältlicher Software laufen! Man kann sich eine Situation vorstellen, in der ein älteres Flugzeug einen dieser modernen Flieger besiegt. Einfach weil es ein Signal an das andere Flugzeug senden konnte, einen Ping, und durch eine Hintertür in die Computer des teureren Systems eingedrungen ist.«

Es ist schon interessant, welches paradoxe Szenario Clarke und andere Mahner da heraufbeschwören: Sie behaupten, dass ausgerechnet die hochtechnisierten Gesellschaften des Westens, ihre Militärs und ihre zivile Infrastruktur für neuartige Angriffe besonders anfällig seien. Eben deshalb, weil sie so viel Elektronik verwenden, Computer und Netzwerke und das Internet. Und ein Ausfall des Internet? Der wäre auch für das amerikanische Militär katastrophal, glaubt Clarke. »Das amerikanische Militär kann auch nicht besser ohne Internet auskommen als Amazon.com«, glaubt er. »Logistik, Kommando und Kontrolle, Flottenpositionierung, alles bis hin zum richtigen Zielen ist von Software und anderen Technologien im Zusammenhang mit dem Internet abhängig.«

Die Soldaten sind in den Cyberspace einmarschiert – und jetzt stellen sie fest, dass auf diesem Schlachtfeld unwägbare Gefahren lauern. Sie sorgen sich um den Schutz ihrer Kommunikations- und Steuerungsanlagen. Sie suchen händeringend nach Leuten, die sich mit so etwas auskennen.

Die amerikanische Air Force zum Beispiel hat sich 2010 wieder einmal einen neuen Rekrutierungs-Werbespot ausgedacht: Er ist *Cyberspace* betitelt, und Flugzeuge sieht man da gar keine. Unter anderem tritt ein junger Captain Scott Hinck auf, der auf der Barksdale Air Force Base stationiert ist und den Zuschauern erklärt: »Jeder mit einem 200-Dollar-

Laptop« könne zum Gegner im Cyberspace werden. Von der Wasserversorgung bis zum Atomkraftwerk hinge heute alles vom Internet ab.»In der Zukunft wird das der hauptsächliche Kriegsschauplatz sein.«

Captain Hinck sitzt im Camouflage-Anzug zwischen gigantischen farbenfrohen Monitoren, Radaranzeigen, simulierten Landkarten und Computerdisplays und lockt junge Amerikaner in diese ganz andere Welt voller Abenteuer. »Ich bin Captain Scott Hinck, und ich bin ein Air-Force-Cyberkrieger.« Militärberater in Washington sprechen von einer Personalkrise: Man brauche Zehntausende Captain Scott Hincks, aber man habe höchstens ein paar tausend. Die Militärs wollen Surfer in Camouflage anheuern. Krieger mit der Maus.

Hinck hat auch recht: Der Hacker mit dem 200-Dollar-Laptop ist tatsächlich eine Bedrohung. Obwohl Militärberater in der Regel daran festhalten, dass für wirkliche Angriffe auf Amerika und Co. schon die technischen und finanziellen Möglichkeiten eines Nationalstaates dahinterstehen müssten.

Und wie schützt man sich davor? Manchen Militärs wird heute ganz unheimlich, weil Computer und Chips und Software global produziert werden, und weil sie quasi überall stecken – in China illegal nachgebaute Cisco-Internet-Router fanden sich nach Informationen des FBI unter anderem bei den US-Marines, bei der Luftwaffe und bei etlichen Vertragspartnern des Pentagon. Könnte da eine fremde Macht in aller Stille militärisches oder sonst wie kriegsentscheidendes Gerät mit Hintertürchen für die Sabotage ausstatten? Daten manipulieren, sodass die mächtige amerikanische Armee Freund und Feind nicht mehr unterscheiden kann? Manche Militärstrategen merken auch an, dass ihre große Abhängigkeit von Netzwerken und Computern sie sogar für Low-Tech-Angriffe anfällig macht: Eine Kommission des US-Kongresses warnte zum Beispiel 2004 vor elektromagnetischen Wellen, mit denen Gegner ihre sämtlichen Geräte auf einem Schlachtfeld außer Kraft setzen könnten. Andere haben seither erklärt, ein paar Kilotonnen Sprengstoff auf wichtige Rechenzentren und Internetknotenpunkte täten es auch.

Das GPS-System zur globalen Positionsermittlung via Satellit, das vielen Benutzern moderner Handys und Navigationsgeräte ein Begriff ist, ist eigentlich eine militärische Einrichtung. Anders als die kommerziellen Anwendungen ist die GPS-Positionsbestimmung für Militärs zwar verschlüsselt (und im übrigen sehr viel genauer als die kommerziell übliche), doch gab es inzwischen etliche Berichte, nach denen auch diese Funktionen bereits gehackt worden seien. Die Chinesen haben nach Angaben des Informatikforschers Gaycken »eine eigene Anti-GPS-Einheit aufgebaut, die mit elektronischen und Cybermaßnahmen GPS-Signale jammen und spoofen kann«. Das ist Technikersprache für: Man kann sie stören. Im Kommando der amerikanischen Pazifikflotte sind schon Zweifel daran aufgetaucht, ob in einer Auseinandersetzung mit den Chinesen überhaupt die Navigationsfähigkeit der eigenen Schiffe sichergestellt wäre.

Richard A. Clarke, was sagen Sie als langjähriger Sicherheitsberater amerikanischer Präsidenten dazu? Hat sich die westliche Welt da selber in den Fuß geschossen? Technisch rückständigere Länder gewinnen den nächsten Krieg, weil die fortschrittlicheren Länder im großen Stil auf eine viel zu wacklige Technik gesetzt haben?

»Ich weiß natürlich nicht, wer gewinnt. Wir haben ja noch nicht mal den Kampf begonnen.« *Clarke lacht.* »Es gibt aber etwa zwanzig bis fünfundzwanzig Nationalstaaten, die ernsthaft angefangen haben, Cyberkriegseinheiten aufzubauen. Einige Länder wie die USA, vermutlich auch Russland und Israel, sind recht fortgeschritten. Andere Beteiligte wie Nordkorea sind noch auf einem primitiven Stand. Im Lauf der Jahre werden Cyberkriegseinheiten immer mehr zu einem normalen Teil des Militärs gehören. Jede Nation wird eine haben.«

Und Supermächte wie die USA können eines Tages von Ländern wie Nordkorea in die Knie gezwungen werden?

»Vermutlich nicht. Aber eines muss man wissen: Jeder, der einen offensiven Cyberkrieg betreibt, zwingt den Verteidiger dazu, eine Menge Geld auszugeben. Der Angriff ist viel billiger als die Verteidigung.«

Man muss jetzt nicht erst die Feinheiten der Washingtoner Lobbyistenszene kennen, um zwischen den Zeilen herauszuhören: Es geht auch ums Geld. Es geht um massive neue Militärbudgets, um den Anlass für ein neues Wettrüsten. Das Magazin *New Yorker* schätzte kürzlich, dass allein die US-Bundesregierung 12 bis 14 Milliarden Dollar jährlich für Cybersicherheit ausgebe, aber das ist nur ein Anfang. Die Clark'sche Botschaft ist angekommen. John Michael McConnell, ein früherer Chef des technischen Geheimdienstes NSA und nationaler Sicherheitsberater von George W. Bush, verglich die Gefahren eines digitalen Krieges kürzlich mit denen von Nuklearattacken und schrieb in der *Washington Post*: »Wir verlieren ihn.« Der Director of National Intelligence Dennis Blair warnte den Kongress: »Eine Reihe von Ländern, darunter Russland und China, kann Elemente der amerikanischen Informations-Infrastruktur stören.«

Die Militärs in Washington bekamen ihre Budgetwünsche jedenfalls erfüllt. Zeitweise stritten sich die Waffengattungen Armee, Navy und Luftwaffe erbittert darum, wer vordringlich für die Verteidigung des amerikanischen Cyberspace zuständig sein sollte – bis der technische Geheimdienst NSA den Zuschlag des Präsidenten bekam, als lachender Vierter sozusagen. »Es ist ganz klar, dass diese neue Cyberagentur der Verteidigung wie auch dem Angriff dient«, sagt James Bamford, ein Sachbuchautor und Kenner der amerikanischen Geheimdienstszene. In Fort Meade bei Washington ist seit Halloween 2010 das »US Cyberkommando« »voll einsatzfähig«. »Das Pentagon hat formell den Cyberspace als eine neue Waffengattung anerkannt«, erklärte William J. Lynn III, Vize-Verteidigungsminister, im Magazin *Foreign Affairs*.

Sicherheitshalber haben die Vertreter der einzelnen Waffengattungen zusätzlich ihre eigenen »Cyberkommandos« eröffnet. Die Luftwaffe unterhält ein »Cyber Control System«, das die Computernetze des gesamten amerikanischen Militärapparats sichern soll – also die Rechner und Netzwerke von schätzungsweise 11 Millionen Internetnutzern (das Pentagon ist nicht nur der Erfinder, es gilt auch als der größte Internetnutzer des Planeten). Die Armee hat 21.000 Soldaten für ihre eigene Operation Army Forces Cyber Command abgestellt, die Navy mehr als 40.000 Soldaten für ihr eigenes Kommando (»die 10. Flotte«). Am Naval War College auf Rhode Island, wo amerikanische Militärs regelmäßig Kriegsszenarien der Zukunft durchspielen, haben sie im vergangenen Herbst (2010) einen Workshop mit dem Titel »Von Cybersicherheit bis Cyberkrieg« abgehalten. In Washington veranstalten Experten der CIA und Entsandte von Rüstungs- und Sicherheitsfirmen jährlich die »Cyber ShockWave«-Simulation: Eine simulierte Hackerattacke auf die Vereinigten Staaten, eine Art Feuerschutzprobe im Cyberspace, die Verletzlichkeiten aufzeigen und vor allen Dingen eine Menge Wind machen soll.

Und das sind nur die USA. Nach Informationen der CIA sind gut zwanzig Nationen auf der Welt dabei, ernst zu nehmende Cyberkriegs-Operationen aufzubauen, und zwar für den Angriff wie für die Verteidigung. Die kalifornische Sicherheitsfirma McAfee spricht sogar von hundertzwanzig Ländern. Auch der britische technische Geheimdienst GCHQ unterhält nach Informationen des *Economist* inzwischen ein »Operationszentrum« für den Cyberkrieg. Als besonders fortgeschritten gelten Russland, Israel – und Amerikas Angstgegner China.

In chinesischen Militärjournalen ist die Rede davon, dass ein »Feindesland einen vernichtenden Schlag durch das Internet« erhalten kann, und dass »eine überlegene Streitkraft, die ihre Informationsdominanz verliert, geschlagen werden kann«. »Informationsdominanz« – das ist ein Wort, das sowohl der amerikanische Verteidigungsminister Robert Gates wie auch der Chefstratege der chinesischen Militärakademie General Wang Pufeng gerne in den Mund nehmen. In Europa veranstaltete die European Network and Information Security Agency (ENISA) im vergangenen November erstmals Attacken auf Internetanschlüsse und Server großer europäischer Organisationen, um zu prüfen, wie sicher sie sind. In Estland wurde im Mai 2008 die »Cooperative Cyber Defence Center of Excellence« eröffnet, was in der Kurzform CCDCOE heißt und »den NATO-Staaten helfen soll, mit den stetig wachsenden Cyberbedrohungen klarzukommen«. Ein Austauschforum für NATO-Militärs.

Eine wachsende Zahl von Ländern im reichen Westen wie in Schwellenländern erklärt den Schutz vor Cyberangriffen zu einem Teil der nationalen Sicherheits- und Militärstrategien. Im Oktober 2010 berichtete die *Süddeutsche Zeitung* über ein Dokument von NATO-Generalsekretär Anders Fogh Rasmussen, in dem überlegt wurde, ob Cyberattacken auf Mitgliedsstaaten den NATO-Bündnisfall auslösen könnten.

Auch Deutschland rüstet jetzt auf – ein bisschen. Zumindest schult die Bundeswehr, streng abgeschottet von der Öffentlichkeit in Rheinbach bei Bonn, um die hundert Mann in den neuesten Methoden. Sie sollen in fremde Netzwerke eindringen, diese auskundschaften und manipulieren können. Offiziell nimmt das Verteidigungsministerium »zu Fragen der Offensivverteidigung« keine Stellung, aber zur Passivverteidigung schon, und Bundeswehrvertreter wie der Brigadegeneral Karl H. Schreiner erklären neuerdings der Öffentlichkeit: »Der Cyberspace ist neben den klassischen Operationsräumen Land, Luft, See und Weltraum zum fünften Operationsraum geworden.«

So rüstet die Welt für digitale Kriege – und es gibt nur noch ganz wenige Stimmen, die das alles für eine mächtig übertriebene Modedebatte halten. Zu ihnen gehört aber ausgerechnet einer der größten Cyberkriegsexperten der Welt: Jeffrey Carr, ein Sicherheitsberater aus Washington, der im Jahr 2010 sein Buch *Cyber Warfare* veröffentlichte. Carr hat inzwischen erklärt, dass er den Titel seines Buches überhaupt nicht möge. Zu reißerisch für seinen Geschmack. »Ich mag keinen Hype«, sagt Carr, »aber Hype verkauft sich gut.« Auch der viel zitierte Washingtoner Sicherheitsexperte Bruce Schneier wiegelt in Fragen des Cyberkrieges eher ab. Er glaubt zwar daran, dass es so etwas geben kann – aber bisher nicht mit den apokalyptischen Folgen, wie sie der ehemalige Bush-Berater Clarke heraufbeschwört. »Das ist Stoff für Filme«, glaubt Schneier. Sogar der Internetsicherheitsbeauftragte des Präsidenten,

Howard Schmidt, nimmt den Begriff »Cyberwar« nur ungern in den Mund. »Es gibt jetzt aber Leute, die es als einen ungewöhnlichen Karrierepfad entdeckt haben«, sagte er in einem Interview.

Wenn damit mal nicht Richard A. Clarke gemeint ist.

Herr Clarke, wo sind denn nun die Beweise für diesen unmittelbar bevorstehenden Cyberkrieg?

»Einen Cyberkrieg werden wir natürlich erst erleben, wenn es einen Krieg gibt. Keine Nation stellt sich hin und sagt: Ich habe hier eine blitzende neue Cyberwaffe in der Hand, und jetzt renne ich mal los und attackiere damit Deutschland! Wir werden die explodierenden Generatoren, Pipelines und entgleisenden Züge erst sehen, wenn es einen Krieg gibt!«

Okay, aber damit diese schlimmen Szenarien wirklich eintreffen, müssen die Cyberwaffen zuvor in Stellung gebracht werden. Man muss – zum Beispiel – in die Stromnetze oder die Eisenbahn-Schaltzentralen des Westens eindringen und Hintertürchen für Hacker aufsperren.

»Das geschieht, ja.«

Haben Sie dafür Beweise?

»Ich glaube, es gibt eine Menge Beweise dafür, dass trotz Firewalls und Antivirussoftware bisher noch jeder in jede große Organisation eingedrungen ist, die ihn interessiert. Üblicherweise geschieht das so, dass keiner etwas bemerkt. Und ja, es sind Hintertürchen hinterlassen worden.«

Und dabei stützen Sie sich auf ...?

Clarke lacht. »Huh? Sie wollen wissen, wo meine Quellen sind?«

Ja bitte.

(Etwas genervt:) »Ich habe Quellen in den amerikanischen Geheimdiensten, bei den amerikanischen Strafvollzugsbehörden, privaten Unternehmen, ich habe Quellen bei vielen Sicherheitsexperten, die jeden Tag in diesem Feld arbeiten. Und das Urteil fällt bei all diesen Leuten ziemlich ähnlich aus. Es gibt einen Konsens: Die meisten großen Unternehmen und Regierungsorganisationen sind erfolgreich von Hackern penetriert worden.«

Das Problem ist ja bloß, dass Spione unter sich hin und wieder gerne zur kollektiven Paranoia neigen. Sie sind zuversichtlich, dass das hier nicht der Fall ist?

»Auf jeden Fall. Ich besorge mir meine Informationen nicht von Leuten, die Geld damit verdienen, dass sie so reden. Sie haben ja auch recht: Wenn man zum Beispiel einen Report von Cybersicherheitsfirmen liest, dann sollte man da in der Tat etwas vorsichtig sein. Aber meine Quellen sind bisweilen sogar etwas zögerlich zu reden. Die geben diesen hohen Grad an Verletzlichkeit ungern zu. Allein schon, weil sie da nicht so gut bei aussehen.«

Digitale Gummisohlen: Warum man Spione nicht mehr fängt

Man merkt es schon: Es ist ziemlich schwer, herauszufinden, wie groß die Gefahr eines heraufziehenden Internetkrieges wirklich ist. Dass die Militärs in vielen Ländern augenblicklich so aufgescheucht sind, dass Präsident Obama und Regierungschefs in vielen Ländern plötzlich so viel Geld für einen Science-Fiction-Krieg lockermachen – das liegt daran, dass sich die Faktenlage binnen weniger Jahre radikal gewandelt hat. Da sind eine Reihe Dinge passiert, die Militärs wie Politiker in den westlichen Informationsgesellschaften einfach tief erschrecken mussten.

Hackerangriffe auf die Computer von Firmen und Regierungen, ein Katz-und-Maus-Spiel zwischen anarchistischen Computerfreaks in den Jugendzimmern der Welt und nervösen Sicherheitstypen in den EDV-Zentralen – das gibt es so lange, wie es Computer gibt. Die Öffentlichkeit hat sich selten dafür interessiert, und wohl zu Recht. Doch inzwischen läuft da etwas ganz anderes ab.

Als Vorbote eines neuen Generalangriffs auf westlichen Wohlstand und Demokratie gilt eine mehrjährige Angriffswelle, der amerikanische Sicherheitsexperten den Codenamen *Titan Rain* gaben. Unbekannte Hacker nahmen Anfang des Jahrzehnts systematisch Rüstungs- und Industrieziele in den USA aufs Korn, darunter den Flugzeugbauer Lockheed Martin und Elektrizitätswerke. Sie hätten Baupläne und Geschäftsinformationen im großen Stil entwendet, heißt es in Sicherheitskreisen. 2006 gelang es Hackern, die vermutlich aus China kamen, gleich dreimal binnen fünf Monaten in Computer des Verteidigungsministeriums einzudringen, und kurz darauf musste auch das US Navy War College wegen solcher Angriffe sein Computernetzwerk schließen.

Seither sind die Abstände zwischen den Großangriffen kleiner geworden. Es traf Computersysteme in Nordamerika, Europa, Asien. Es traf Militärs, Militärzulieferer, strategische Branchen wie die Ölwirtschaft.

Anfang 2009 stahlen Hacker Baupläne des neuen US-Kampfflugzeugs Joint Strike Fighter, auch bekannt als F-35 Lightning II. Es geht um das teuerste Waffenprogramm aller Zeiten. Im April des gleichen Jahres infiltrierten Unbekannte das Stromnetz der USA und hinterließen Programme, die den Betrieb massiv hätten stören können. Im Sommer 2009 wurden hundert kalifornische Hightechunternehmen übers Internet bestohlen.

Und dann kam der Tag, an dem Google zugab: Auch wir sind gehackt worden! Nicht einmal der Konzern, der sich für die größte Versammlung von Computergenies auf dem Planeten hält, hatte sich schützen können. Auch nicht die anderen zwei Dutzend Konzerne, die es im Januar 2010 bei der gleichen Attacke erwischte: Die betroffenen Konzerne geben sich weitgehend zugeknöpft, aber die *Washington Post* hat das Onlineportal Yahoo! genannt, die Softwarehersteller Symantec und Adobe sowie den Rüstungskonzern Northrop Grumman. Auch Banken sollen betroffen sein. Die Attacke »war gut organisiert«, sagte Google-Vorstand David Drummond. Kurze Zeit später gab Google bekannt, dass man sich nicht zutraue, alleine gegen die unbekannten Angreifer vorzugehen. Man habe um Hilfe gebeten – beim technischen US-Geheimdienst NSA.

Was Ermittler seither über die Google-Angriffe zutage gefördert haben, ist eigentlich eine Blamage für den Weltkonzern. »Nach unseren Untersuchungen waren es etwa fünf Leute, nicht viel mehr, die Google und die anderen Firmen angegriffen haben«, sagte damals Eli Jellenc, der Leiter der iDefense Research Laboratories, der Wochenzeitung DIE ZEIT. Seine Einheit gehört zu einem weltweit führenden Anbieter von Sicherheitssoftware.

»Wir haben Teile des Programmcodes, mit dem die Firmen angegriffen wurden, in chinesischen Hackerkreisen wiederentdeckt«, erzählt Jellenc. Durch einen Informationsaustausch innerhalb der Sicherheitsszene sei zudem herausgekommen, dass diese Hacker »in den sechs Monaten zuvor vergleichbare, wenn auch kleinere Angriffe unternommen haben«. Hacker haben Gewohnheiten. Sie schleichen sich auf Wegen an, die ihnen schon vertraut sind.

So war es auch im Google-Fall. Ein Indiz ist der Computer, von dem aus die Angriffe gesteuert wurden. Er steht in Taiwan. Es gebe, so Jellenc, eine Verbindung mit früheren Attacken, die von Hackern verübt wurden, die entweder Agenten des chinesischen Staates waren oder seine freischaffenden Zuarbeiter. Genau weiß das aber niemand – bis heute. Auch Jellenc nicht.

Was man weiß, sind zwei Dinge. Die Angreifer hatten es unter anderem auf Geschäftsgeheimnisse abgesehen: Bloß verrät keines der Opfer, wie viel sie wirklich mitgehen ließen. Und man kann inzwischen grob rekonstruieren, wie die Angreifer eindrangen. Sie zeigten dabei große Könnerschaft. Um ihr böses Spiel zu beginnen und eine trickreich versteckte Schadsoftware an die Empfänger zu bringen, verschickten die Hacker freundliche E-Mails, die ganz persönlich auf die jeweiligen Empfänger abgestimmt waren und deshalb vielerorts Vertrauen erweckten. Dies zeuge, so iDefense-Leiter Jellenc, »von hoher sozialer Intelligenz«.

Aber mal ganz ehrlich: Eine kleine Truppe von vielleicht nur fünf Meisterhackern, die eine ganze Riege von Weltkonzernen aus der Technologiebranche überlistet? Ein fast unglaublicher Vorgang, der die Frage aufwirft, welches auf einem Computer gespeicherte Geschäftsgeheimnis in der westlichen Hemisphäre noch sicher ist.

Das war der Grund, aus dem die Regierung der Vereinigten Staaten im vergangenen Jahr plötzlich so aktiv wurde. Sie erhob die Hackerangriffe zu einem politischen Streitfall erstens Ranges mit China. Denn Hackerangriffe gehen zwar von vielen Ländern aus, von Russland, Brasilien, Taiwan, Israel und sogar von Deutschland – doch Sicherheitsexperten sind davon überzeugt, dass die ganz große Mehrzahl in China ihren Ursprung hat. Da gibt es eine offenbar noch laufende Serie von Attacken auf große Firmen und Militäreinrichtungen, die in Militärkreisen den Titel *Night Dragon* erhalten hat. Da passieren eigenartige Dinge wie am 8. April 2010: Aus einem Bericht für den amerikanischen Kongress geht hervor, dass an jenem Tag offenbar für etwa achtzehn Minuten 15 Prozent des weltweiten Internetverkehrs über die Server eines chinesischen Telekommunikationskonzerns geleitet wurden. Was war da los? War es ein technischer Defekt, ein Unfall? Testete China da eine neue Cyberwaffe? Ging es darum, bestimmte E-Mails amerikanischer Konzerne oder Militärs abzufangen? Antworten auf diese Frage hatte auch die Kommission nicht. Aber ihre Sprecherin Carolyn Bartholomew merkte vage an, dass chinesische Cyberattacken »heutzutage raffinierter geworden sind als die Techniken, die in der Vergangenheit benutzt wurden«.

Erst meldete sich der stellvertretende Außenminister Kurt Campbell. »Präsident Obama schätzt die Sicherheit im Cyberspace als vordringliches nationales Interesse ein«, erklärte er. Dann sandte Washington eine formelle Protestnote nach Peking, und Hillary Clinton hielt eine alarmierende Rede über Internetsicherheit. »Unsere Fähigkeit, digitale Bankgeschäfte und Onlinehandel zu betreiben, geistiges Eigentum im Wert von Abermilliarden Dollar zu schützen, das alles steht auf dem Spiel, wenn wir uns nicht auf die Sicherheit unserer Informationsnetze verlassen können.« Schließlich war der Präsident persönlich an der Reihe und wies in einer ernsten Rede auf die großen neuen Bedrohungen der Informationswirtschaft hin. Am gleichen Tag kaperten Hacker die Internetseiten von neunundvierzig Kongressabgeordneten. Sie hinterließen eine Botschaft: »Fuck Obama!! Red Eye Crew!!!«

Die Suche nach dem Geisternetz

Es ist Montagabend in Toronto, draußen ist es dunkel geworden, und Nart Villeneuve wird gleich seine kleine Tochter ins Bett bringen. Aber mit seinen Gedanken ist er bei drei interessanten Computern, die er im Internet entdeckt hat. Der Meisterhacker hat Kommandoserver entdeckt, die es Hackern ermöglichen, »Zombie-Netzwerke« im Internet zu kontrollieren. Digital verseuchte Rechner, irgendwo da draußen, die ohne das Wissen ihrer Besitzer den Befehlen fremder Hacker gehorchen. Villeneuve will herausfinden, welche Befehle genau das sind. »Wenn man so etwas gefunden hat, muss man dranbleiben«, sagt er. »Man weiß ja nie, wie lange dieses Schlupfloch noch offen ist.«

Nart Villeneuve. 36 Jahre alt. Ein großer, kräftiger Typ, der bequeme Gebrauchskleidung in Khaki trägt und einen abwaschbaren Anorak darüber. Ungeduldig stapft er vom linken auf den rechten auf den linken Fuß, die kräftigen Finger vor dem Bauch verschränkt, während der Drucker einige Seiten mit technischen Detailangaben produziert. Er wirkt ungeduldig. Es geht ihm häufig alles zu langsam, hier draußen in der richtigen Welt.

Wenn Villeneuve in den Cyberspace eintaucht, wenn er einen seiner vielen Codenamen wie »MC« annimmt und durch ferne Datennetze streift – dann zeigt sich die wahre Qualität des Meisterhackers. Er hat die Geduld eines Jägers. Er kann warten und verharren und dann plötzlich ganz schnell zuschlagen. Aus kleinsten Datenspuren liest er ab, wie die Guten ihre Sicherheitsprogramme konfigurieren und wohin die Bösen ihre Schadprogramme schicken. Er notiert Internetadressen, E-Mails, die eitlen Künstlernamen anderer Hacker. Er schaut nach, ob sie schon einmal früher benutzt worden sind und ob man Orte, Namen, gar Telefonnummern mit ihnen verbinden kann.

»Früher oder später machen Leute einen Fehler«, sagt er. »Dann kann ich ganz genau sehen, was sie treiben.« Als er kürzlich einen ausführlichen Bericht über ein großes Spionagenetzwerk verfasst hatte, stellten er und andere kanadische Forscher fest, dass die Leute dahinter offenbar die Flucht ergriffen – und dass sie eigene Internetadressen wie www.assam2008.net aufgegeben hatten. Also gaben die kanadischen Forscher um Nart Villeneuve nun erst recht keine Ruhe, kauften selber die Rechte an dieser Internetdomäne – und schauten fortan zu, wer alles mit ihnen Kontakt aufnahm. »Sinkhole«, heißt diese Technik, Loch im Boden. Es ist eine Falle, in die früher oder später ein Bösewicht tappt.

Villeneuve will auf der Seite der Guten stehen. Er möchte ergründen, wer hinter den Attacken auf Bürgerrechtler, Firmen oder Staaten steckt. Mal arbeitet er für die Universität Toronto als Internetforscher, mal als Cheftechniker einer kleinen Firma, die Zensursperren im Internet knackt, dann wieder wirkt er als Vordenker an aufsehenerregenden Studien der »OpenNet Initiative« mit, die staatliche Internetzensoren in einundsiebzig Ländern überwacht.

Nart Villeneuve hatte maßgeblich seine Finger im Spiel, als Ende 2008 das GhostNet enttarnt wurde. Der Fall machte damals Schlagzeilen in aller Welt: Unbekannte Hacker hatten es geschafft, mindestens 1295 Computer in hundertdrei Ländern zu einem Verbund zusammenzuschalten und einem gemeinsamen Ziel unterzuordnen – Spionage im ganz großen Stil.

Der Dalai Lama, ausgerechnet der Dalai Lama, hatte eine Gruppe von Computerfreaks aus dem Umfeld der Universität Toronto um Hilfe gebeten. Die tibetische Exilregierung sorgte sich um die Sicherheit ihrer Computer im Hauptquartier im indischen Dharamsala sowie in London, Brüssel und New York. Ein Kollege Villeneuves fuhr hin und merkte schnell: Auf den Computern waren einige wohlbekannte Schädlinge versteckt, zu denen das chinesische Spionageprogramm »Gh0st Rat« gehörte. Die Geisterratte. Noch während die Kanadier die Computer näher untersuchten, merkten sie, dass wirklich jemand aus der Ferne am Werk war. Dokumente wurden vor ihren Augen kopiert und an einen unbekannten Ort im Internet verbracht. Und als das Team um Nart Villeneuve die

Schadprogramme einem Virustest unterzog, fanden nur elf von vierunddreißig Antivirusprogrammen überhaupt etwas Beanstandenswertes. »Eine Menge von diesem Zeug rauscht an den Schutzprogrammen einfach vorbei«, sagt der Meister.

Villeneuve gelang es am Ende, selbst die Kontrolle über jene Computer zu übernehmen, die offenbar die Tibeter überwachen sollten. »Die hatten das nicht vernünftig gesichert«, sagt er. Zwei Wochen lang war er der Herr über das Schattennetz. Er hätte den Marsch der Geisterratten befehligen können. Doch er sah nur zu, zu welchen Missionen sie von anderen geschickt wurden.

Und siehe da: Der Dalai Lama war offenbar nur eine Nebenfigur. Das GhostNet reichte in mehrere Außenministerien hinein, in Botschaften, Verbände, Banken, Nachrichtenagenturen, Wirtschaftsprüfungsgesellschaften und Handelsfirmen. »Völlig zweifelsfrei konnten wir nie nachweisen, wer hinter diesen Angriffen steckt«, sagt Villeneuve. Er fand heraus, dass die Rechner der Hacker irgendwo auf der chinesischen Insel Hainan standen. Und dass sie offiziell nicht zu einer militärischen oder staatlichen Einrichtung gehörten.

Einzelne Hacker oder ganze Staaten? Mit dieser Frage ist Villeneuve oft konfrontiert, und er sagt, dass sie unheimlich schwer zu beantworten sei. Er hat schon kleine Hackergruppen und sogar Einzeltäter – einen Studenten in Moskau, ein einsames Computergenie in Birma – überführt, die so geschickt im Internet betrogen oder randalierten, dass alle eine gewaltige Organisation dahinter vermuteten.

Villeneuve sagt aber auch, dass es genau umgekehrt sein kann.

Hacker der Nation: Die Roten mit den schwarzen Hüten

Xiao Wang schlägt als Ort für ein Treffen das Village vor, das modernste Ausgehviertel von Peking. Es wurde zu den Olympischen Spielen eröffnet. Die Glasfassaden hat ein japanischer Architekt entworfen und so verwinkelt aufstellen lassen, dass ein Labyrinth aus Gassen, Übergängen und Tunneln entstanden ist.

Der Mann kennt in Peking viele Hacker persönlich, er hat ihre Gesichter gesehen und nicht nur ihre Codes auf einem Bildschirm. Xiao Wang, das ist sein Tarnname, bestellt einen Thunfisch und trinkt einen Waldbeerensaft. Im Restaurant Element Fresh mischen sie gern chinesische und westliche Rezepte. Xiao Wang sagt, dass »die Hackerszene in Peking ähnlich heterogen wie die Musikerszene« sei. Immerhin, einen Unterschied gebe es. Während Musiker und ihre Fans wenigstens zu Konzerten zusammenkommen, sind die Hacker hauptsächlich übers Web verbunden. Sie hausen in irgendwelchen Plattenbauten, mieten die Wohnungen für ein paar Monate, stellen ihre Computer auf Spanplattentische, nebendran eine Klappliege, und los geht's. Wenn es sein muss, haben sie ihre Sachen in dreißig Minuten gepackt.

Es ist ein Paradox, das mitten in China – in einem Staat, der Polizisten in Internetcafés aufpassen lässt und das Netz streng kontrolliert – schon Mitte der neunziger Jahre eine Kultur von Hackern entstand. Manche sind politisch motiviert: nationalistisch gesinnte junge Leute, die sich zu Gruppen wie der »Roten Hackerallianz« zusammengefunden haben, um ihren Nationalstolz an ausländischen Webseiten auszuleben. Einzelgänger geben sich Künstlernamen wie »Guter Wille« oder »Einsamer Schwertkämpfer«. Die chinesischen Hacker gehören jedenfalls zu den besten der Welt.

Aber was wollen sie eigentlich?

Die Antwort auf diese Frage führt weg von Peking – und ausgerechnet wieder nach Fort Leavenworth, in die amerikanische Stadt mit dem traditionsreichen Militärstützpunkt, wo sie gerade so angestrengt über den Einsatz von Soldatenrobotern und Robotersoldaten nachdenken. Scott Henderson, ein frühpensionierter Mitarbeiter der Armee, der heute Anfang Fünfzig ist, hat nämlich eine ganze Menge über die Chinesen ans Tageslicht befördert. In seiner Zeit als Soldat und später als privater Forscher. »The Dark Visitor« heißt sein Weblog und ein gleichnamiges Buch aus seiner Feder. Das klingt ziemlich düster. So ähnlich wie Spion gegen Spion. Aber Henderson ist kein Spion. Er ist Sprachwissenschaftler.

Henderson verfügt über ein seltenes Talent in Militärkreisen: Er spricht fließend Mandarin, er hat eine Ehefrau aus Taiwan, und er versteht etwas von Computern. In Fort Leavenworth beauftragte man den Linguisten deshalb einige Zeit lang, Informationen über diese unheimlichen neuen Feinde zusammenzutragen: chinesische Hacker. Und nach dem Austritt aus dem Militär hat Henderson nicht mehr damit aufgehört. Anfangs, erzählt Henderson, habe er die Mission für nahezu unmöglich gehalten, aber das war sie gar nicht. Im Gegenteil. Erstaunt stellte er fest, dass Chinas Hacker in hellem Tageslicht operieren. Sie waren eitel: Sie stellten nicht nur ihre Erfolge auf Webseiten zur Schau, sondern auch noch ihre Fotos und manchmal ihre Handynummern.

»Das Problem war gar nicht, überhaupt an Informationen zu kommen«, sagt Henderson. »Das Problem war, aus diesem riesigen Berg an Informationen etwas herauszufiltern.« Henderson malte Organigramme. Gab gefundene Informationen in Datenbanken ein, um Muster und typische Verhaltensweisen zu identifizieren. Er versuchte, wichtige Hacker von unwichtigen zu unterscheiden, sie den unterschiedlichen Gruppen und Banden zuzuordnen, einzelne Hackerkarrieren genauer zu verfolgen. Er kam am Ende auf die unwahrscheinliche Zahl von 380.000 verschiedenen Hacker-Identitäten. Eine Gruppe, erinnert er sich, hatte sogar eine Art Hacker-Hymne ins Netz gestellt, zum Mitsingen. »Wenn das hier eine geheime Regierungsorganisation war«, spottet Henderson, »dann war das das undisziplinierteste geheime Regierungsorganisation auf der Welt.«

Ein paar Dinge, stellte Henderson fest, hatten die Hackergruppen aber gemeinsam. Sie waren Patrioten.

Spätestens Ende der neunziger Jahre hatten sich in China mehrere »patriotische« Hackergruppen gebildet, die mit koordinierten Angriffen auf ausländische Webseiten oder Computer politische Statements verbanden. 1998 zum Beispiel traf es Indonesien, wo gerade anti-chinesische Krawalle stattfan-

den. 1999 traf es amerikanische Regierungs-Webseiten, nachdem ein NATO-Bomber die chinesische Botschaft in Belgrad
getroffen hatte. 2001 traf es wieder die Amerikaner, nachdem
ein chinesisches und ein amerikanisches Kampfflugzeug zu-
sammengestoßen waren: Sogar die Homepage des Weißen
Hauses war lahmgelegt, und etliche Regierungswebseiten
enthielten plötzlich Sprüche wie »Schlagt den Amerikanischen Imperialismus nieder!« oder »China Hack!«. Die *New
York Times* sprach vom »Ersten World-Wide-Web-Krieg«.

Es dauerte aber nicht lange, da spielten bei vielen chinesischen Hackern auch kriminelle Motive eine Rolle. Sie schauten
sich einiges ab bei den russischen Hackerbanden, die Kreditkartendaten übers Internet stahlen, Firmen erpressten und im
Netz alle möglichen Verbrechen koordinierten. »Die verkaufen Hintertüren in Onlinespielen«, wusste Henderson zu berichten, »sie veräußern Viren, Trojaner und Hackertricks, das
alles hat eine sehr geschäftsmäßige Seite bekommen.« Vom
Hacken konnte man gut leben in China. Wer eine bislang un-
entdeckte Sicherheitslücke in Microsoft Windows oder einem
beliebten Programm oder einem Computerbauteil entdeckte,
konnte dafür zehntausende Dollar von interessierten kriminellen Kreisen verlangen.

Doch Henderson trug ebenso penibel Informationen über
einen anderen Trend zusammen, der ihn beunruhigte: Ganz
offensichtlich gab es auch Kooperationen mit dem Staat. Das
Militär zahle gut, wenn eine freie Hackerbude in seinem Auftrag ein Problem löse.

In Hackerkreisen machen sie keinen Hehl daraus, dass die
Volksarmee unter ihnen ist. Hohe Offiziere reisten durchs
Land und veranstalteten Hackerwettbewerbe, berichten einschlägige Foren im Internet. Auf mindestens zwei Hackerwebseiten hat das Forschungsinstitut der Staatssicherheit
Jobanzeigen veröffentlicht. Die Regierung hat Universitäts-
programme eingerichtet, die in der Kunst des Cyberkampfes
unterrichten.

»Die staatlichen chinesischen Hackerangriffe« – davon
spricht der Hackerkenner Xiao Wang in Peking ganz offen –

»haben einen bestimmten Stil. Da wird nicht wild herumge-
stöbert, sondern gezielt ausgeräumt.« Chinesische Armeeha-
cker forschten in größeren Gruppen an neuen Techniken, an
Schwachstellen in den Computern, Programmen und Netz-
bauteilen des Westens. Sie führten komplexe Angriffe aus, die
einzelne Hacker gar nicht koordinieren könnten. Großangrif-
fe mit militärischer Präzision. Und doch kommen die Staats-
spione gelegentlich später ans Ziel als die freien, wilden, patri-
otischen Hacker. »Manchmal haben sie«, grinst der Informant
Xiao Wang, »schon Nachrichten in US-Unternehmen vorge-
funden, nach dem Motto: Ätsch, wir waren schon drin.«

China-Beobachter wie Henderson stellen neuerdings aber
noch etwas anderes fest: Bei aller Nützlichkeit der Hacker, die
chinesische Regierung ist bemüht, das private Cybertreiben
in geordnetere Bahnen zu lenken. 2002 erklärte das Regime
die Hackerangriffe für illegal, im Februar 2009 wurden strenge
neue Gesetze dagegen erlassen, und ab und zu wird unter großem Gelärme eine bekannte Hackerseite geschlossen und die
Verantwortlichen werden inhaftiert. Aus Angst kooperieren
manche Hacker nun häufiger mit dem Staat, glauben China-
Experten. Mitmachen oder Strafe, das sei die Wahl.

Angespannte Kooperationen dieser Art, die Zusammenarbeit zwischen braven Militärs und szenigen Hackertypen,
sind inzwischen keine chinesische Besonderheit mehr. Es ist
bekannt, dass sich israelische und palästinensische Hacker
regelmäßig Gefechte liefern, dass sie um die Wette in Computer eindringen, Webseiten verunstalten, Computer sabotie-
ren. Es ist unklar, in welchem Maße offizielle Stellen in diese
Scharmützel eingeschaltet sind. In Russland sind die Zusammenhänge ebenfalls nicht sonnenklar, aber der amerikanische
Cyberkriegsexperte Jeffrey Carr ist jetzt schon seit Jahren
bemüht, die gelegentlichen Verbindungen nachzuzeichnen.
Welche Verbindung gibt es zwischen jugendbewegten Ha-
ckerorganisationen, den offiziellen Jugendorganisationen des
Kreml und bestimmten Cyberabteilungen des russischen
Militärs? Welche Kontakte bestehen zwischen den Militärs,
bestimmten Politikern und Organisationen des Cyberverbre-

chens? Carr ist zum Beispiel seit ein, zwei Jahren fest davon überzeugt: »Die russische Regierung sponsert und bezahlt Anführer von russischen Jugendorganisationen, damit sie Informations-Operationen bis hin zum Hacken ausführen, um Oppositionsgruppen zum Schweigen zu bringen oder zu unterdrücken.« Und er sagt: »Viele der Hacker, die an den Cyberattacken auf Georgien oder im Gazastreifen teilnahmen, sind auch in Cyberverbrechen involviert. Das ist sozusagen ihr Tagesgeschäft.«

Der kanadische »Information Warfare Monitor« und die amerikanische »Shadowserver Foundation« – zwei akademisch orientierte Freiwilligenorganisationen zur Überwachung des Internet – warnten im April 2010 in einem gemeinsamen Bericht: Im Web sei ein »zunehmend gefährliches Ökosystem aus Verbrechen und Spionage« entstanden. Und: Die Forscher halten ausgerechnet das »rapide Wettrennen um die Militarisierung des Cyberspace« für gefährlich. Dabei entstünden vermutlich Waffen und Strukturen, die erst recht für Verbrechen und Spionage missbraucht werden könnten.

Oder umgekehrt. Nart Villeneuve, der kanadische Meisterhacker, hat sich schon seit einigen Jahren sehr genau mit der ZeuS-Software befasst. Das ist das Schadprogramm, das nur schlecht von Antivirenprogrammen erkannt wird (siehe Kapitel 2), und das die New Yorker Unternehmerin Karen McCarthy beinahe in den Ruin getrieben hätte.

Villeneuve ist sich sicher: ZeuS ist das Produkt von Betrügern, die es auf Kreditkarten und dergleichen abgesehen haben – aber im Lauf der Zeit hat das Programm noch ein paar geheime Zusatzfunktionen erhalten. Als vor einiger Zeit eine ganze Welle ZeuS-verseuchter E-Mails auf Computer in Regierungen und Militärs einprasselte, enthielten diese ZeuS-Versionen ein Extramodul, das auf infizierten Computern nach allen möglichen hochsensiblen Dokumenten stöberte. »Wir befanden, dass mindestens einundachtzig kompromittierte Computer insgesamt 1533 Dokumente entwendet hatten«, so Villeneuve. »Wir fanden sensible Verträge zwischen Rüstungsherstellern und dem amerikanischen Militär, in denen es unter anderem um die Funktion der Computernetzwerke ging, um elektronische Kriegsführung oder die Verteidigung gegen biologischen und chemischen Terrorismus. Wir fanden den Sicherheitsplan eines amerikanischen Flughafens oder Dokumente aus einer ausländischen Botschaft oder einer großen mit der UN verbandelten Organisation.«

Nun ist Spionage zwar noch nicht das Gleiche wie ein Cyberkrieg – aber richtig trennen kann man es nicht in diesem Metier.

Wenn es stimmt, dass China, Russland und andere Länder ihre militärischen Aktivitäten von computerisierten Jugendbanden und organisierten Verbrechern unterstützen lassen – dann ist das ein zweifelhafter, aber effektiver Weg, das Personalproblem in Sachen Cyberkrieg zu lösen. Dann versuchen diese Länder gar nicht erst, ihre Soldaten zu Cyberkriegern umzuschulen – sondern sie holen sich die Leute einfach, wenn sie sie brauchen. Und im Cyberkrieg hat das noch einen weiteren Vorteil: Hacker und Gauner sind Meister darin, ihre wahre Identität zu verschlüsseln oder falsche Indizien zu säen, die auf ganz andere Täter als sie selber hindeuten. Als 2007 der gewaltige Angriff auf Estland lief, der mehrere Wochen dauerte, war die Herkunft der Attacken mit technischen Mitteln gar nicht festzustellen: »Die wurden von einer Million Computern aus fünfundsiebzig Ländern angegriffen«, erzählte später der amerikanische General William T. Lord, »und die meisten davon standen in den USA. Aber die USA und Estland sind große Freunde.« Cyberkrieger und Cybersaboteure halten es da genauso wie bösartige Hacker, die ihr Handwerk verstehen: Für Angriffe benutzen sie nicht ihre eigenen Computer. Sie benutzen die Computer von irgendjemand anderem.

Matthew Sklerov findet, dass in all dem eine gewaltige Gefahr für den Westen steckt – und dass sie so gewaltig ist, dass westliche Staaten darüber nachdenken sollten, an welchem Punkt sie besser einen Krieg erklären. Der Mann arbeitet im Verteidigungsministerium, hat den Rang eines Lieutenant Commander und kümmert sich von Amts wegen um die Vorbereitung auf Cyberkriege. Er fordert, Staaten sollten notfalls mit Waffengewalt für Hackerangriffe verantwortlich gemacht werden, die von ihrem Boden ausgehen. Sklerovs Thesen finden seit einigen Jahren viel Gehör in Washington. Erst im Juni 2011 wurde ein neuer Report des Pentagon bekannt, in dem es um die »Cyberkriegs-Doktrin« des Landes ging. Kurzfassung: Wenn ein Cyberangriff Tod, Schaden, Zerstörung oder schwere Störungen hervorruft, die auch bei einer traditionellen Militärattacke zu erwarten wären, dann könne man darauf auch bitteschön militärisch antworten.

Ronald Deibert, ein Internetexperte an der Universität Toronto, sieht ebenfalls die Staaten in der Pflicht. Er bekommt es allerdings mit der Angst zu tun, wenn sich Militärs so schrecklich aufregen. »Das ist hier genauso wie bei Atomwaffen«, sagt Deibert. »Die richtige Antwort auf eine Rüstungsspirale ist ein Abkommen zur Waffenkontrolle.«

Nur: Danach sieht es nicht aus. Die Rüstungsspirale läuft. Die Pentagon-Unterorganisation DARPA hat kürzlich einen Auftrag an ein Konsortium rings um Lockheed Martin und Microsoft vergeben: Sie sollen etwas Sichereres entwickeln als das Internet. Eine neue Art Netzwerkprotokoll, ein Military Networking Protocol (MNP), das Freund und Feind sicherer unterscheiden kann und vor allen Dingen Hackern keinen Zutritt erlaubt. Das ausschließlich für die Militärs da ist.

8. Adressat unbekannt – Der Kontrollverlust der Politik

Johannes Caspar ist Staatsrechtler, Staatsphilosoph und Verwaltungsjurist, doch seine wichtigste Waffe ist die List. Als er im Mai 2009 zum obersten Datenschützer der Stadt Hamburg bestellt wird, weiß Caspar genau: Es beginnt eine Zeit der ungleichen Kämpfe. Datenschützer haben allenfalls Büroklammern zur Hand, um sich gegen Riesen zu wehren.

Das sieht man schon von draußen. Die Hamburger Datenschutzbehörde ist im vermutlich schäbigsten Behördenbau der Stadt untergebracht. Der Büroklotz ist dunkelmausgrau, liegt in einem Hinterhof der Innenstadt, im Niemandsland nahe dem Bahnhof, weit weg von der City mit ihren schicken Einkaufspassagen, von der historischen Speicherstadt und Hamburgs lebendiger Kunstmeile. Die Knöpfe im Fahrstuhl sind so abgenutzt, dass die Zahlen darauf unleserlich geworden sind; die Laufwege der Angestellten haben sich in den Linoleumfußboden gerieben, und der lange Flur der Datenschützer sieht so aus, als sei er zuletzt in den achtziger Jahren erneuert worden.

Von diesem Ort aus soll Caspar nun zwei führende Hightech-Konzerne dieser Welt beaufsichtigen: Google und Facebook. Beide haben ihre Deutschland-Zentrale in Hamburg aufgeschlagen, und weil die Aufsicht eine Sache der Länder ist, fällt die Sache Caspar zu.

Aber was heißt hier beaufsichtigen?

Grundlage jeder modernen Demokratie ist das Versprechen, die Bürger gegen Gefahren von außen und innen zu schützen, Recht im Sinne der Verfassung zu schaffen und durchzusetzen, und dem Einzelnen dabei möglichst viel Freiheit zu gewähren. Während Freiheit je nach Kultur und Zeitgeist sehr unterschiedlich interpretiert wird, gilt das erste Versprechen universell, das zweite in jeder westlichen Demokratie.

Doch im digitalen Zeitalter gelingt es Staaten bislang nicht, diese Versprechen in der Weise einzulösen, wie sie es in den vergangenen zweihundert Jahren getan haben. Das Internet verändert das Verhältnis aller Stakeholder zueinander, von Bürger zu Staat, Unternehmen zu Konsument, Staat zu Staat und Unternehmen zum Staat. »Es gibt Anzeichen dafür, dass bisher staatliche Verantwortlichkeiten internationalisiert, privatisiert oder, wo beide Prozesse verwoben sind, trans-nationalisiert werden«, schreiben Jeanette Hofmann von der London School of Economics und Ralf Bendrath von der Frei-en Universität Berlin in einem Sammelband über die Zukunft des Staatswesens im digitalen Zeitalter. Nur ein Beispiel: Der private und wirtschaftliche Alltag spielt sich zunehmend über nationale Grenzen hinweg ab – beziehungsweise in der merk-würdig flüchtigen Welt des Internets, in der nicht immer klar ist, was eigentlich wo passiert. Und der Arm der deutschen Ermittlungsbehörden reicht oft nicht bis dorthin, wo die Cy-ber-Kriminellen sitzen. In Bottrop könnte die Polizei einen Verbrecher problemlos festnehmen, in Ulan Bator, Peking oder Lagos nicht.

Wirklich neu sind diese Probleme im Jahr 2011 nicht. Der Staat hätte sich längst anpassen müssen. Er könnte seine Legi-timität und seine Schutzfunktion unter den veränderten Be-dingungen neu begründen. Warum tut er sich so schwer?

Der machtlose Beamte

Johannes Caspar macht eine seiner typischen Gesprächs-pausen. Dann sagt er: »Ich weiß gar nicht genau, für wie viele Betriebe wir in Hamburg zuständig sind.« Es seien jedenfalls Zehntausende. »Feste Stellen haben wir 16,5. Damit sollen wir alle privaten Firmen, die öffentlichen Behörden und dazu noch die Einhaltung des Informationsfreiheitsgesetzes über-wachen.«

Caspar ist ein Mann, der seine Worte sorgfältig wählt, selbst während des Redens wägt er noch und zieht einzelne Silben in die Länge, um Zeit zu gewinnen. Oder um ihnen mehr Bedeutung zu verleihen. Man kann sich durchaus vorstellen, wie diese schlanke Gestalt durch einen norddeutschen Sturm stapft, nur begleitet von einem Hund, und wie sie gelegentlich die eckige Designerbrille in dem kantigen Gesicht zurechtrückt, und wie der früh ergraute Lockenkopf weht, während Caspar über das Wesen des Rechts nachdenkt – oder über das nächste Treffen mit Google und Co.

Das Amt des Datenschützers ist in den 1970er-Jahren entstanden, als die Informationstechnik in Unternehmen und Behörden Einzug hielt, und spätestens als in den 1990er-Jahren das Internet seinen Siegszug antrat, hätte die große Stunde der Datenschützer kommen müssen – doch irgendwie kam sie nie. Die Ämter sind unterbesetzt wie eh und je, nicht nur in Hamburg, und so müssen sich die Angestellten darauf beschränken, Stichproben zu machen und zu reagieren, wenn ihnen etwas zugetragen wird. Das Bundesdatenschutzgesetz gibt ihnen die Regeln für die private Wirtschaft vor, eigene Landesdatenschutzgesetze regeln den Umgang mit Daten in Behörden und öffentlichen Unternehmen der Länder und Gemeinden, während die Landesdatenschützer in diesem Spiel die ausführenden Stellen sind, die in ihrem Bundesland autonom handeln.

Was geschützt werden soll, hat das Bundesverfassungsgericht im Jahr 1983 einmal genauer untersucht und geurteilt: In Deutschland müssten die Leute ein Recht auf »informationelle Selbstbestimmung« haben. Die Richter leiten es aus der Menschenwürde und dem allgemeinen Persönlichkeitsrecht ab. Im Original des BVG-Urteils steht genau, was »informationelle Selbstbestimmung« sein soll: »Unter den Bedingungen der modernen Datenverarbeitung wird der Schutz des Einzelnen gegen unbegrenzte Erhebung, Speicherung, Verwendung und Weitergabe seiner persönlichen Daten von dem allgemeinen Persönlichkeitsrecht des Artikel 2 Absatz 1 Grundgesetz in Verbindung mit Artikel 1 Absatz 1 Grundgesetz (Menschenwürde) umfasst. Das Grundrecht gewährleistet insoweit die Befugnis des Einzelnen, grundsätzlich selbst über die Preisgabe und Verwendung seiner persönlichen Daten zu bestimmen. Einschränkungen dieses Rechts auf ›informationelle

Selbstbestimmung‹ sind nur im überwiegenden Allgemeininteresse zulässig.«

Aus dem Juristendeutsch übersetzt: Die Bürger müssen wissen, wer ihre Daten speichert, wer sie weitergibt und warum – und sie müssen das verhindern können oder eine einmal gegebene Einwilligung zurückziehen können. Sonst lebt ein solcher Bürger nicht mehr in vollem Umfang selbstbestimmt. Das gilt heute wie vor achtundzwanzig Jahren – ist aber in der Praxis unendlich viel schwerer geworden.

Daten sind schützenswert, weil Wissen Macht ist. Der Mensch wäre von Staaten, Unternehmen und Dritten, die in den Besitz seiner Daten kommen, unter Umständen erpressbar oder manipulierbar. Auf einer ganz nachvollziehbaren Ebene geschieht das längst. Google, Facebook und Co. filtern, was sie den Nutzern zeigen, nach bestimmten Kriterien, um aus der schieren Menge an Suchergebnissen oder Facebook-Mitgliedern oder Werbeanzeigen eine handhabbare Auswahl zu machen. Je mehr Daten gesammelt werden, desto größer ist außerdem die Gefahr, dass sie mal abhanden kommen – durch technische Fehler, kriminelles Handeln und menschliches Versagen.

Caspar soll nun darauf achten, dass Google und Facebook dieses deutsche Grundrecht auf informationelle Selbstbestimmung achten. Theoretisch hat er sogar eine scharfe Waffe, um sich durchzusetzen: Im Fall der Fälle kann Caspar ein Strafverfahren einleiten; nämlich dann, wenn eine Firma persönliche Daten mit Absicht und aus Profitgier unrechtmäßig verarbeitet. Höchststrafe sind zwei Jahre Gefängnis für die Verantwortlichen. Aber das kommt praktisch nie vor. Eher verhängen Datenschützer ein Bußgeld von ein paar tausend Euro. Aber über eine amerikanische Internetfirma? Noch nie.

Wenn er so über seine rechtlichen Möglichkeiten nachdenkt, werden die Aussagen von Caspar schärfer, aber nur in der Sache, nie im Ton, der bleibt bedächtig wie zuvor. Einen Bußgeldbescheid in den USA zustellen, das könne er sich noch vorstellen. Aber vollstrecken? »Wenn Sie in Honduras zu schnell fahren, dann werden die honduranischen Behörden ja auch nicht nach Deutschland kommen und das dann durchsetzen.«

Was meint er damit? »Ein wirksames Völkervertragsrecht in Datenschutzfragen zwischen den USA und Deutschland existiert nicht.« Zwar gebe es das sogenannte Safe-Harbour-Abkommen, aber das lege nur allgemeine Grundsätze beim Datenschutz fest, und man müsse sich darauf verlassen, dass Mitarbeiter der amerikanischen Wettbewerbsbehörde FTC oder des Handelsministeriums eingreifen, wenn sie erfahren, dass US-Firmen mit deutschen schludrig umgehen. Caspar kennt keinen Fall, in dem das geschehen ist.

Caspar kriegt sowieso eine Menge nicht mit. Er selbst kann nicht einmal auf die Daten von Google und Facebook zugreifen, um ihnen beispielsweise Fehlverhalten nachzuweisen. Andere Aufseher haben es da leichter, zum Beispiel Caspars Kollege in Berlin bei der Deutschen Bahn: Als dort die Datenschützer und die Staatsanwaltschaft 2009 eine Affäre um das Ausspähen von Mitarbeitern bei der Bahn untersuchten, konnten sie alle betreffenden Akten und Daten in einem Raum unterbringen. Die Daten, die Google über seine Kunden sammelt, verteilt der Konzern hingegen auf Rechenzentren in verschiedenen Ländern.

Der Alltag des Amtsleiters Johannes Caspar aus Hamburg spiegelt also ganz gut wider, wie ordentlich oder eben schlecht der deutsche Staat im grenzüberschreitenden Internet derzeit seine Aufgaben erfüllt.

Die Schwächen sind offenkundig: Internetfirmen müssen Caspar beispielsweise nicht darüber informieren, wenn sie einen neuen Dienst einführen, der personenbezogene Daten deutscher Bürger verarbeitet und außer Landes schafft. Das war im Hamburger Datenschutzgesetz einfach nicht vorgesehen, weil es genauso wenig wie das Bundesdatenschutzgesetz an die heutige Zeit angepasst worden ist. In Paragraph 8 heißt es nur lapidar: Wenn ein Unternehmen feststelle, dass durch die Art, wie es persönliche Daten verarbeiten will, »eine besondere Gefährdung für die Rechte der Betroffenen ausgeht, ist das vor der Einführung dem behördlichen Datenschutz-beauftragten zur Stellungnahme zuzuleiten«. Also nur, wenn Unternehmer der Ansicht sind, sie bewegten sich am Rand der Legalität, sind sie aufgefordert, den Datenschutzbeauf-tragten der Stadt zu informieren.

Um möglichst jede Debatte mit Caspar und seiner Beam-tentruppe zu vermeiden, müssen sich Google, Facebook und Co. nur ein bisschen schlau anstellen: Die Verantwortung für international strittige Fragen übertragen die Internetfirmen oft bewusst an Manager und Unternehmenseinheiten in den USA. Mitarbeiter der deutschen Tochtergesellschaften von Google und Facebook können also immer wieder darauf ver-weisen: Sie seien nur eine Vertriebsmannschaft für Anzeigen und für mehr nicht verantwortlich, also schon gar nicht für den Entwurf und Betrieb datenschutzrechtlich problemati-scher Dienste. Eine Grauzone ist entstanden. Ob Google in diesen Fragen trotzdem deutschen Gesetzen unterliegt?

In der Praxis hat sich gezeigt: Das ist Verhandlungssache zwischen Amtsleiter und Internetkonzern.

Also greift Caspar zur List. Er selbst würde das nicht so nennen – die Gegenseite schon. Im Sommer 2010 jedenfalls wird Caspar zu dem Mann, der Google Street View zum größten Datenschutzskandal in Deutschland seit Jahrzehnten macht.

Es ging gleich im Mai 2010 los. Caspar ist kaum im Amt, als Google Street View eingeführt werden soll: Wer die Seiten des Internetriesen besucht und eine ganz bestimmte Adresse in einer deutschen Stadt angibt, bekommt in Zukunft ein rich-tiges Foto von dieser Anschrift zu sehen, samt Straßenszene und manchmal auch Menschen darauf. Als Caspar ins Amt kam, fuhren schon Autos mit Kameras auf dem Dach durch die größten zwanzig Städte in Deutschland und machten Fo-tos von jedem Haus, die später zu einem dreidimensionalen Stadtplan zusammengesetzt wurden. Die Bilder sind aber noch nicht alle im Kasten, und darin sieht Caspar seine Chance.

Caspar kommt den Kaliforniern erstmal sehr amtlich. Er droht mit einer Untersagungsverfügung. Er werde die Autos aufspüren und zwangsparken, wenn Google ein paar lockere mündliche Zusagen zum Datenschutz nicht in eine schriftliche verwandle und zusätzliche Zugeständnisse mache. Eine leere Drohung? Hätte Caspar die Autos überhaupt gefunden? Keiner weiß es. Außerdem hätte er das nur im Hamburger Stadtgebiet gedurft. In anderen Bundesländern hätten es die dortigen Datenschutzbeauftragten erledigen müssen.

Aber Caspar ist ja noch nicht fertig. Als nächstes macht er den Streit öffentlich. Er zieht Google, wie er es nennt, »in eine Diskussion«. »Ich bin ein Öffentlichkeitsarbeiter«, sagt er. Und tatsächlich entbrennt eine breite gesellschaftliche Debatte um den Umgang mit Daten im Internet, die Caspar mit Dutzenden von Interviews und Fernsehauftritten nährt. In den darauf folgenden Monaten wird der öffentliche Druck auf Google und Facebook zu Caspars schärfster Waffe: Google macht die geforderten Zugeständnisse. Löscht alle Häuser, deren Bewohner oder Besitzer das wünschen. Verpflichtet sich, die Daten der Widersprecher nicht weiter zu nutzen. Und bringt den Dienst erst heraus, nachdem alle Widersprüche bearbeitet waren. »Internetunternehmen müssen immer ein Gleichgewicht finden zwischen dem Speichern von Daten, das dazu beitragen soll, einen Dienst zu verbessern, und dem Wunsch mancher Nutzer, Daten wieder zu löschen«, sagt der oberste Datenschutzbeauftragte bei Google, Peter Fleischer, nach dem wochenlangen Ringen diplomatisch.

Caspar ist ein Held der Datenschützer-Szene. In seinem Rechenschaftsbericht beschwert er sich ein halbes Jahr später trotzdem: »Die Generalklauseln des Bundesdatenschutzgesetzes (haben sich) für die Beurteilung von Projekten zur Erhebung von Geodaten als wenig taugliche Regulierungsgrundlage erwiesen.« Mit den üblichen Mitteln seines Amtes wäre er dem Internetkonzern nicht beigekommen. Das Recht, das auf seiner Seite stand, hätte ihm nicht geholfen.

Wieso tut sich ein Mann wie Caspar so etwas an? Immerhin hat er als Jurist schon erreicht, wovon andere kaum zu träumen wagen. Caspar hat, als er noch an der Universität arbeitete, dazu beigetragen, das Grundgesetz zu verändern; damals war es sein Anliegen gewesen, den Tierschutz zum Staatsziel zu machen. Seit 2002 lautet Artikel 20a: »Der Staat schützt auch in Verantwortung für die künftigen Generationen die natürlichen Lebensgrundlagen *und die Tiere* im Rahmen der verfassungsmäßigen Ordnung durch die Gesetzgebung und nach Maßgabe von Gesetz und Recht durch die vollziehende Gewalt und die Rechtsprechung«, und den Anstoß dazu hat Caspar mit einer grundlegenden Abhandlung zu diesem Thema gegeben.

Warum also? Amtsleiter in Hamburg zu werden, war sicher eine Frage der Gelegenheit. Caspar kam nach seiner Habilitation viel herum, arbeitete als Anwalt, war Gastprofessor in Marburg, wurde stellvertretender Leiter des wissenschaftlichen Dienstes im Landtag von Schleswig-Holstein und Honorarprofessor an der Universität Hamburg. Das Amt des Datenschützers ist, wenn man so will, sein Sprung auf den Chefsessel.

Aber zugleich hatte Caspar schon in seiner Zeit in Schleswig-Holstein erkannt, dass Datenschutz vom Rand der politischen Debatte in ihr Zentrum rücken würde. »Ich wusste seither um die Brisanz«, sagt er. Die Kontrolle über seine Daten im digitalen Zeitalter zu verlieren, bedeutet ein Stück seiner Autonomie als Bürger zu verlieren.

Datenschützer ticken so, im Allgemeinen. Der oberste deutsche Datenschützer, der in Bonn, weitab von der Berliner Regierung, untergebrachte Bundesdatenschutzbeauftragte Peter Schaar zieht aus seiner jahrelangen, oft frustrierenden Arbeit klare Schlüsse. In einem Buch zur Lage des Datenschutzes – mit *Das Ende der Privatsphäre* betitelt – schreibt er: »Die noch heute gültigen Regelungsansätze mögen in den Achtzigerjahren angemessen gewesen sein; für die heutige Welt der allgegenwärtigen Datenverarbeitung reichen sie nicht mehr aus.« Sie hinkten »seit Jahren der gesellschaftlichen und technologischen Entwicklung hinterher«.

Doch damit nicht genug, schreibt Schaar, es gebe auch noch ein »täglich wachsendes Vollzugsdefizit des Datenschutzes«. Anzeigen von Bürgern und gegängelten Mitarbeitern

»sind meist fruchtlos [...], die Tatbestände, die als Ordnungswidrigkeiten verfolgt werden können, nur lückenhaft und inkonsistent erfasst«. Käme es tatsächlich einmal dazu, dass ein Datenschutzbeauftragter ein Bußgeld verhängen könne und wolle, handelte es sich um vergleichsweise so geringe Summen (maximal 250.000 Euro bei schweren materiellen Verstößen), die »bei Großunternehmen nur ein mildes Lächeln« auslösten.

Deutsche Internetpolitik: Versagen durch Unterlassen

Die Datenschutzgesetze sind also an vielen Stellen löchrig, unklar, in technischen Fragen nicht auf der Höhe der Zeit und damit in Teilen nicht praktikabel. Der Staat wird seiner selbst gesetzten Aufgabe nicht gerecht. Und was für den Datenschutz gilt, trifft leider auf viele Gesetze zu, die das Internet regulieren sollen. Eine wiederkehrende Erklärung in Berliner Kreisen dafür lautet, dass nationale Politik wenig ausrichten könne.

»National zu regulieren, damit der Bürger sich sicher fühlt, dieser Anspruch läuft gerade im Internet oft ins Leere«, sagt Bundesjustizministerin Sabine Leutheusser-Schnarrenberger.

»Die Grenzen zwischen früherer Innen- und früherer Außenpolitik verschwimmen«, sagt der frühere Bundesinnenminister Thomas de Maizière.

»Nationale Alleingänge sind bei diesem globalen Medium zum Scheitern verurteilt«, sagt der stellvertretende Vorsitzende der CDU-Bundestagsfraktion Michael Kretschmer (CDU).

Dabei bestimmt in der Digitalpolitik wie in allen anderen politischen Fragen auch der Einzelfall, ob sich Probleme national regeln lassen oder nicht.

Da ist die Internetpolitik nicht anders als beispielsweise die Umweltpolitik, und tatsächlich hilft ein Vergleich mit 1980, dem Gründungsjahr der Partei »Die Grünen«. Damals, als die Kosten der Industrialisierung, der Raubbau an der Natur nicht mehr zu übersehen waren, wuchs die Überzeugung: Wir brauchen eine Umweltpolitik. Die Industrie wird es alleine nicht schaffen, ihren Rohstoffhunger und ihre zerstörerischen Nebenwirkungen von sich aus zu verringern. Gab es Vorbilder für so eine Politik? Fertige Lösungen? Konnten Politiker abschätzen, was einzelne Regeln und Grenzwerte und Verbote für Folgen für Wirtschaft, Natur und Gesellschaft haben würden? Nein, das konnte niemand. Seither pflastern Versuch und Irrtum den Weg der Umweltpolitik, in der es endgültige Lösungen nie gegeben hat, nur das ständige Streben nach politischen Rahmenbedingungen, die die Schäden am Ökosystem Erde begrenzen.

Wo nationales Recht nichts oder zu wenig ausrichten kann, hat sich über die Jahre tatsächlich ein überwölbendes Völkervertragsrecht entwickelt, das mal harte Regeln setzt und mal den Charakter von Absprachen besitzt. Solche Abkommen regeln etwa die Haftung bei Atomtransporten, für Weltraumschrott, für einige Fälle von internationaler Umweltverschmutzung – und in der EU viele Umweltauflagen. Das ändert aber nichts daran, dass nationale Umweltpolitik eigene Aufgaben zu lösen hat – und dass Regierungskunst darin besteht, das eine vom anderen zu unterscheiden.

Eine vergleichbare Internetpolitik ist erst in Ansätzen erkennbar. Und je länger die Liste der unerledigten Themen wird, desto drängender werden die Fragen: Warum ist das so? Muss es so sein? Wer oder was ist dafür verantwortlich?

Datenschutz: Im Verlauf des Buches wurden einige Möglichkeiten nationaler Gesetzgebung erwähnt, die den Datenschutz erleichtern könnten: eine Meldepflicht für neue Dienste populärer Internetunternehmen – oder eine Regionalisierung von Rechenzentren (Kapitel 3). Darüber hinaus gehört zu einem wirkungsvollen Datenschutz ein robustes Völkervertragsrecht, um etwa ein »Recht auf Vergessen« durchzusetzen (Kapitel 4).

Urheberrecht: Die Bundesregierung hat im Koalitionsvertrag angekündigt, sie wolle alles dafür tun, das Urheberrecht im Internet durchzusetzen. In einer Grundsatzrede hat die Bundesjustizministerin dann im vergangenen Sommer gesagt:

»Bei allen Überlegungen muss der Werkschöpfer im Mittelpunkt stehen. Niemand sonst gehört in den Mittelpunkt, kein Dritter; weder der Verwerter, der mit der Vermarktung des Werkes Geld verdient, noch der User, der mit der Gratis-Nutzung Geld sparen will.« Es klang, als würde sie sich aufmachen, um ein neues Gleichgewicht im digitalen Zeitalter herzustellen. Doch bis zum Redaktionsschluss des Buches ist nichts geschehen.

Presserecht: Sowohl die FDP als auch die Oppositionspartei Die Grünen wollten eigentlich das Presserecht ändern, um Journalisten besser zu schützen, die von Informanten relevante Dokumente erhalten. Auch die Arbeit von Enthüllungsplattformen wie Wikileaks oder Openleaks würde dadurch erleichtert und rechtlich abgesichert. Im Koalitionsvertrag hieß es: »Dazu werden wir insbesondere im Strafgesetzbuch sicherstellen, dass sich Journalisten künftig nicht mehr der Beihilfe zur Verletzung eines Dienstgeheimnisses strafbar machen, wenn sie ihnen vertraulich zugeleitetes Material veröffentlichen.« Das würde auch die Zuträger besser abschirmen, da Journalisten nicht mehr durch eine Strafandrohung unter Druck gesetzt werden könnten, Quellen preiszugeben. Passiert ist nichts.

Jugendmedienschutz: Einen ersten Entwurf für einen neuen Staatsvertrag haben die Bundesländer im Jahr 2010 zurückgezogen, weil er sich als nicht tauglich erwies.

Cyberwar: Wie will die Bundesregierung einen möglichen Angriff auf Infrastrukturen und Staatsgeheimnisse durch staatlich gelenkte Hacker aus anderen Nationen abwehren? Das Bundesamt für Sicherheit in der Informationstechnik (BSI), eine Unterbehörde des Bundesinnenministeriums, zählte in den ersten neun Monaten des Jahres 2010 rund 1600 Angriffe aus dem Cyberspace auf deutsche Behörden und öffentliche Institutionen. Die meisten davon kamen aus China. In Bundeswehr, Bundesinnenministerium und Verfassungsschutz arbeiten zwar seit Längerem kleine Einheiten, Gruppen und Stäbe an einer Strategie, sich gegen Angriffe aus dem Cyberspace zu schützen. Aber die Bundesregierung hat es stets vermieden, darüber viel nach außen dringen zu lassen. Erst im Jahr 2011 sollen Mitarbeiter des Verfassungsschutzes und des Bundesamtes für Sicherheit in der Informationstechnik offiziell ein Cyberabwehrzentrum in Bonn-Mehlem aufbauen – Bundesinnenminister Hans-Peter Friedrich hat es im Juni offiziell eröffnet. Kritiker spotten, dass die zehn bis zwanzig aktiv mit der Cyberabwehr beschäftigten Mitarbeiter, aus den unterschiedlichsten Behörden zusammengewürfelt, den wahren Gefahren im Internet kaum etwas entgegenzusetzen hätten.

Das politische Grundmuster könnte man als »Versagen durch Unterlassen« beschreiben. Verantwortlich dafür sind im Wesentlichen vier Ministerien: Bundeswirtschaftsministerium, Bundesinnenministerium, Bundesjustizministerium und mit einigem Abstand das Bundesverbraucherschutzministerium. Aus Sicht der einzelnen Minister ist diese Haltung sogar rational, denn über Internetthemen können sie bisher nicht stürzen. Der Bundesinnenminister blieb folgenlos untätig. Der frühere Verteidigungsminister zu Guttenberg stolperte über seinen erschlichenen Doktortitel, aber ob er den Cyberspace militärisch sichern ließ, danach ist er selten gefragt worden.

Der Stellenwert der Internetpolitik lässt sich auch am Umgang der Bundesregierung mit dem Sozialen Netzwerk Facebook im Jahr 2010 erkennen. Zuständig wären der damalige Bundeswirtschaftsminister Rainer Brüderle und der damalige Bundesinnenminister Thomas de Maizière gewesen, aber wer legte sich mit Facebook an, als ein Datenleck dem nächsten folgte und Datenschützer warnten, dass Facebook die Adressdaten von Millionen Menschen sammelte, die nicht Mitglied bei Facebook waren? Ilse Aigner war es. Die Bundesverbraucherministerin wetterte, trat öffentlichkeitswirksam aus dem Sozialen Netzwerk aus, aber mit den Mitteln des Rechtsstaats und des Apparats konnte sie nicht drohen. Sie hatte nichts in der Hand. »Federführend«, wie sie sagt, waren andere.

Aigner organisiert und finanziert so viel sie kann: Aufklärungskampagnen wie den »Safer Internet Day« und »Watch Your Web«. Die Ministerin reiste in die USA, um mit Beamten der FTC über ein überholtes Datenschutzabkommen zu sprechen, dass zwischen den USA und Europa existiert.

Aber worauf ihr Apparat wirklich ausgerichtet ist, zeigt ein Besuch in ihrem Ministerium: Es ist ein klassizistischer Bau in der Wilhelmstraße, nahe dem Hintereingang des Hotels Adlon. Aigners Büro liegt im ersten Stock, und im Treppenaufgang dorthin hängt ein mehr als vier Quadratmeter großes Bild mit Riesenkirschen. Auf dem Weg zum Klo: liegende Bauernknaben gerahmt. Auf dem Weg zur Pressestelle: das Porträt einer glücklichen Kuh. Mit Bauern und Essen, damit kennen sich die Beamten im Bundesministerium für Verbraucherschutz, Ernährung und Landwirtschaft aus. Dagegen verwaltet bloß das kümmerliche Referat 212 »Neue Technologien«, während sich jeweils ganze Referate mit »Milch« und »Gartenbau« oder mit dem weiten Feld der Jagd – und der Waldpolitik – befassen.

Ton, Scheine, Scherben. Raubkopierer werden hart verfolgt

So brach also weite Landstriche in der Internetpolitik liegen, so intensiv düngen Wirtschafts- und Justizministerium eine spezielle Wiese: den E-Commerce. Internetpolitik als Wirtschaftsförderung ist eine deutsche Konstante, egal ob Rot-Grün, Rot-Schwarz oder Schwarz-Gelb regiert, und bei allen ragt der Schutz geistigen Eigentums heraus.

Dies könnte ein Paradebeispiel für modernes Markt-Design sein. Ökonomen wie der Kölner Professor Axel Ockenfels haben die Überzeugung entwickelt, dass Märkte nicht perfekt sind. Politiker haben in ihren Augen die Aufgabe, durch Analyse, die Einbeziehung von Fachleuten von außen – und am Ende durch Versuch und Irrtum – die optimale und zugleich minimale Regulierung für einzelne Märkte zu entwickeln. Es ist, wenn man so will, die Wiedergeburt der alten ordoliberalen Ideen aus der Gründungszeit der Bundesrepublik in neuer Gestalt: Die Freiburger Schule war überzeugt davon, dass die Politik nur den Rahmen setzen soll – und nicht über einzelne

Geschäftsmodelle oder Unternehmen ihre schützende Hand hält. Die Markt-Designer von heute vertreten die Auffassung, dass Grundsätze gut sind, aber die Politik dem Wettbewerb am meisten hilft, wenn sie mit spezifischen Regeln verhindert, dass einzelne Akteure den Wettbewerb verzerren und den Markt dominieren. Diese Aufgabe ist umso größer, je radikaler ein technischer Wandel einen Markt verändert.

Doch in der Gesetzgebung zum Urheberrecht wird deutlich, wie schwer sich deutsche und andere Regierungen mit dieser Sichtweise tun.

Raubkopierer werden in Deutschland, in der EU und in den USA hartnäckig verfolgt. Dieses Vergehen scheint manchen ein marginales, ein unbedeutendes zu sein. Andere finden, Raubkopieren sei das größte Verbrechen im digitalen Zeitalter überhaupt: Nationen, die sich wahlweise als Wissensökonomie oder als Wissensgesellschaft bezeichnen, verhandeln anhand der Musik den Wert, die Verwertungsdauer und den Schutz geistigen Eigentums. Es geht ihnen um den Rohstoff, aus dem ein wachsender Teil ihres Wohlstands entsteht; schließlich berührt das, was für die Musik gilt, auch wissenschaftliche Aufsätze, Baupläne, Verfahren und Designvorlagen, Software und alle anderen Kulturgüter, von Büchern über Filme, Fernsehen, Zeitungen und Zeitschriften bis hin zu Computerspielen.

Geknackte Computerspiele und raubkopierte Hollywood-Filme sind derzeit angesagter; aber weil die Musik vor zehn Jahren vom technischen Wandel als Erste erfasst wurde, verhandeln die USA und Europa eben anhand der Musik.

Die Vorgeschichte: Bis Ende der 1990er-Jahre war Musik an ein physisches Trägermedium gebunden. Erst an die Schellackplatte, dann an die Vinylschallplatte, an Kassetten, CD und DVD. Doch auf den letzten beiden Scheiben war Musik schon digital gespeichert, und als sich das Internet verbreitete und die heimischen Computer leistungsstark genug waren, löste sich die Musik von ihrem Trägermedium. Seither lässt sie sich ohne Qualitätsverlust unendlich oft kopieren und rund um die Welt verbreiten.

In der Zeit davor haben Privatleute ebenfalls Musik kopiert. Einmal fürs Autoradio vielleicht und einmal für einen guten Freund. Kopieren war aufwändig, und außerdem war der Klang einer Kassettenkopie immer deutlich schlechter als der des Originals. Diese Privatkopie war streng gesehen auch eine Urheberrechtsverletzung, aber niemand störte sich daran, nicht die Musikindustrie und nicht der Gesetzgeber, doch diese eingespielte Balance ist im digitalen Zeitalter verloren gegangen.

Es sind vor allem die Plattenfirmen, die leiden. Sie haben seit den späten Neunzigern rund die Hälfte ihres Umsatzes verloren – während beispielsweise Konzertveranstalter und die Musiker selber weiterhin ganz gut leben. Die Plattenfirmen wollen die neuen Gesetze. Den meisten Druck haben sie in den USA entfaltet, wo drei der vier größten Musikkonzerne ihren Sitz haben.

Bis 1997 war das Kopieren von Musik und Filmen in den USA nur illegal, wenn man damit Geld verdienen wollte. Mit dem »No Electronic Theft Act« (NET) beendete die US-Regierung diese Tradition. Stattdessen sollte von da an jede Urheberrechtsverletzung, die – in Ladenpreisen berechnet – 1000 Dollar überschreitet, bestraft werden, egal ob wirtschaftliche Motive dahinter stecken oder nicht. Wer verurteilt wurde, musste mit bis zu fünf Jahren Gefängnis und 250.000 Dollar Strafe rechnen. 1999 legte die US-Regierung auf Betreiben der Branchenverbände nach und setzte den Digital Theft Deterrence and Copyright Damages Improvement Act in Kraft, der jede einzelne Urheberrechtsverletzung mit Strafen zwischen 750 Dollar und 30.000 Dollar ahndet.

Parallel ging der Plattenindustrie-Branchenverband RIAA gegen die Tauschbörsen im Internet vor. Napster musste seine erste Version der Tauschbörse schließen: Ein Gericht urteilte, der Softwareanbieter sei an den Urheberrechtsverletzungen aktiv beteiligt. Bei Napster entschied jeder Nutzer damals per Klick, ob er Musik, die auf seiner privaten Festplatte lag, anderen zum Kopieren zur Verfügung stellen wollte. Napster konsolidierte all diese Angebote zu einer riesigen Liste im Internet. Damit, so die Richter, machte sich Napster schuldig. Der ursprüngliche Tauschdienst musste schließen.

Wie bedeutsam dieses Detail ist, zeigen später die Prozesse gegen drei Nachfolger von Napster, die Tauschbörsen Grokster, KaZaa und Morpheus. Anders als Napster hatten die drei nachfolgenden Softwareunternehmen kein zentrales Register angelegt, in dem stand, wo ein Lied, ein Buch oder ein Film zu finden war. Stattdessen teilten sich das die Nutzer untereinander mit. Die Software war so konstruiert, dass alle Daten im Netz der Nutzer verteilt waren, und deshalb argumentierten die Anwälte von Grokster, KaZaa und Morpheus: Wenn sie verantwortlich sein sollten, dann seien es auch der Internetzugangsanbieter, der Softwareanbieter Microsoft, auf dessen Betriebssystem Windows die Software von Kazaa überhaupt erst lief, und vielleicht auch der Computerhersteller Cisco, dessen leistungsstarke Computer als Knotenpunkte für den Internetverkehr eingesetzt werden. Außerdem sei es den Tauschbörsen in erster Linie darum gegangen, urheberrechtlich nicht geschütztes Material zu verbreiten und so zum Wohle aller beizutragen: damit Juristen besonders interessante Fälle austauschen können, Wissenschaftler ihre Aufsätze, Journalisten ihre Rechercheergebnisse. Die Betreiber der Tauschbörsen bekamen auf ganzer Linie Recht.

Diese Entscheidung hat weitreichende Folgen über die Kulturindustrie hinaus. Denn sie besagt, dass Internetzugangsanbieter und auch andere technische Dienstleister im Internetgeschäft nicht für die Daten verantwortlich gemacht werden können, die sie verteilen oder speichern, solange sie sich da nicht einmischen.

Diese Rechtsauffassung hat sich in den USA und in Europa durchgesetzt. Solange ein technischer Dienstleister nicht weiß, was er weiterleitet, speichert oder ermöglicht, kann er nicht belangt werden. Und digitale Daten sind aus seiner Sicht nur ein Strom aus »Einsen und Nullen«, auch wenn sie in Wahrheit Bilder oder Musik oder Filme beinhalten. Spezielle Spionageprogramme, sogenannte *Deep Packet Inspection*-Technologien könnten trotzdem analysieren und herausfinden, was in den Datenpaketen steckt. Aber genau das dürfen Internetzugangsanbieter nicht tun. Sie müssen das Fernmeldegeheimnis achten. Sie unterliegen in Deutschland dem Telekommunikationsgesetz (TKG) und in anderen Demokratien vergleichbaren Regelwerken, dürfen also nicht einfach in den Datenstrom »hineinhören« und versuchen, den Inhalt zu entschlüsseln.

Im Prinzip folgen die europäische und die deutsche Gesetzgebung den gleichen Prinzipien wie die amerikanische. Wer Musik widerrechtlich anbietet, wird verfolgt, die Internetzugangsanbieter lässt man in Frieden. Belegen Anwälte der Industrie gegenüber t-online und Co., dass von einem bestimmten Computer aus widerrechtlich Musik angeboten wird, dann muss t-online den Namen und die Adresse des Kunden herausgeben. »Diese Verfolgung hat deutlich zugenommen«, sagt Fachanwalt Alexander Wachs aus Hamburg. Im vergangenen Jahr sind allein beim Landgericht in Köln rund tausend Anträge im Monat eingegangen. Hiesige Amtsgerichte setzen dann wie in den USA einen (allerdings sehr viel geringeren) Streitwert fest, sie wägen ab, wie lange das raubkopierte Werk bereits verkauft wurde, ob der Beschuldigte ein paar Mal oder in großem Maßstab urheberrechtlich geschützte Werke verbreitet hat – und fällen ihr Urteil. Eine Mutter sollte beispielsweise 3000 Euro zahlen, weil ihre minderjährige Tochter einige Dutzend Lieder angeboten hatte.

Hacker auf dem Marsch in die Institutionen

Netz-Aktivisten und eine Reihe von Juristen, Ökonomen und Philosophen meinen zu all dem: Das ist doch kein Diebstahl! Kulturgüter wie Musik und Filme gehörten nach einiger Zeit uns allen. Der Urheber soll gewürdigt werden, das schon, aber sein Recht zur ausschließlichen Verwertung sollte enge Grenzen haben. Je weiter kommerzielle Verwertungsrechte reichen, desto ärmer werde die Kultur insgesamt, und desto mehr Menschen würden kriminalisiert.

Vor allem eine nicht-kommerzielle Nutzung sollte sehr großzügig erlaubt werden. Viele Raubkopierer wären in diesem Sinne keine Verbrecher, denn sie kopieren nicht, um damit ein Geschäft zu machen. Diese Position hat der amerikanische Jurist Lawrence Lessig von der Universität Harvard immer wieder vehement vertreten. Und so sehen sie das auch in den Hackergruppen der Welt.

»Teilen ist gut!«, ruft Jeremie Zimmermann in den Saal des Kongresszentrums am Berliner Alexanderplatz.

»Kultur existiert nur durchs Teilen!«, setzt er nach.

»Teilen, herrgottnochmal, das ist es, was wir tun und der Weg, auf dem wir voranschreiten müssen!«

Er ist an einem der letzten Dezembertage des Jahres 2010 nach Berlin gekommen, um auf Deutschlands größtem Hacker-Kongress, dem 27c3 des Chaos Computer Clubs zu sprechen. Er hat die große Bühne für sich. Seine Thesen prangen meterhoch an der Rückwand des Saales, der aussieht wie das Raumschiff Orion von innen.

Zimmermann hat einen schwarzen, runden Lockenkopf, Hornbrille, Vollbart, und sein kugeliger Körper steckt in einer Jeans und einem hellgrauen, engen Rollkragenpullover, über dem er eine offene graue Sweatjacke trägt. Er akklamiert. Er kennt seine Gemeinde. Schließlich ist er selbst ein Hacker, dazu aber auch ein politischer Kopf, und so ist er über die Jahre zum Netzaktivisten geworden und hat eine Lobbyorganisation im Zentrum der Europäischen Union, in Brüssel, aufgebaut. Sie heißt La Quadrature du Net und kämpft gegen Musikkonzerne, gegen Hollywood und gegen EU-Richtlinien, durch die Zimmermann und seine Mitstreiter ihre Freiheiten und die des Internet insgesamt bedroht sehen: »Diese protektionistische Politik schränkt meine Möglichkeiten, kreativ zu sein, ein und verletzt mein Grundrecht auf freie Meinungsäußerung.«

Und die Künstler?

»Ich sehe, dass es ein Problem damit gibt, kreative Arbeit in der digitalen Welt zu finanzieren, aber dann sollten wir lieber darüber nachdenken, wie wir sie finanzieren oder subventionieren können. Die französische Filmkultur ist auch nur deshalb so lebendig, weil sie von der Allgemeinheit mitfinanziert wird.«

Leute wie Zimmermann leiten ihre Haltung aus ihrem Wissen um die technischen Möglichkeiten von Computersystemen und ihrer Erfahrung ab: Software entsteht immer nur in der Gemeinschaft. Niemand ist heutzutage mehr in der Lage, komplexe Programme allein aus dem Genie seines eigenen Geistes zu entwickeln. Jeder Programmierer baut auf der geistigen Arbeit anderer auf, er kopiert die besten Code-Stücke und setzt sie, mit seinen eigenen Ideen kombiniert, zu etwas Neuem zusammen.

Gewachsen ist diese Idee, seit vor fünfzig Jahren an Universitäten wie dem amerikanischen Massachusetts Institute of Technology bei Boston die ersten Großrechner standen. Diese Computer waren unfassbar teuer, die Zeit an der Steuerkonsole dementsprechend kostbar und tagsüber hochdekorierten Wissenschaftlern vorbehalten, die mithilfe der Rechner ihre Studien auswerten wollten. Nur nachts und an den Wochenenden konnten sich junge Studenten versuchen, die etwas ganz anderes im Sinn hatten. Durch Versuch und Irrtum brachten sie der Maschine immer neue Fertigkeiten bei, sie erkundeten die technischen Möglichkeiten.

Wenn man so will, waren sie die Pioniere der heutigen Softwareindustrie, auch wenn ihre Namen nur noch wenigen etwas sagen: Peter Samson, Slug Russel, Alan Kotok. Sie gehörten zu den ersten Hackern, schrieben Programme und entwickelten unter anderem sogenannte Assemblersprachen. Diese erleichterten das Programmieren enorm, weil man nicht mehr direkt einen binären Code eingeben musste, sondern Befehle, die der Computer in seinen Code übersetzte. Weil die Zeit so knapp und das Terrain so unbekannt war, teilten diese ersten Hacker alles. Es war ein gemeinsames Abenteuer, und so ließen sie am MIT ihre damals noch auf Lochpapier geschriebenen Programme in einer Schublade liegen. Jeder konnte sie nutzen. Jeder durfte sie weiterentwickeln. Es war ihre Art, ohne kommerzielle Hintergedanken zu forschen, und diese Haltung hat sich aus den Universitäten bis heute in Hacker-Kreise fortgepflanzt.

Wer es schafft, dem Computer etwas Neues zu entlocken oder ein fertiges Programm zu verbessern, dem wird Hochachtung zuteil. Nicht Alter, kein akademischer Grad, sondern ausschließlich die Fähigkeit, einen Rechner zu beherrschen und zu programmieren, entscheidet über den Status in der Gruppe. Woran sie glaubten, fassten die ersten Hacker irgendwann in fünf Sätzen zusammen:

1. Alle Information sollte frei sein.
2. Misstraue Autoritäten – unterstütze Dezentralisierung!
3. Hacker sollten nach ihren Fähigkeiten beurteilt werden und nicht nach Kriterien wie Diplom, Alter, ethnischer Zugehörigkeit oder beruflicher Karriere.
4. Programmieren kann eine Kunst sein – und wahre Schönheit hervorbringen.
5. Computer können das Leben aller verbessern.

Sicher, von den klobigen Maschinen von damals, dem TX-O (einem Eigenbau des MIT) und später dem PDP-1 von der Digital Equipment Corporation ist es ein weiter Weg zu den heutigen Computern und zum Internet. Doch die Hacker-Ethik, die sich damals herausbildete, ist bis heute geistiger Bezugspunkt.

Jeder Stuhl im Berliner Congress Zentrum ist besetzt. Zimmermann spricht zur deutschen Hacker-Gemeinde. Bleiche Jungs in der Pubertät sitzen neben jungen Männern, die ein Informatik-Studium schon hinter sich haben und bei einem großen deutschen Unternehmen arbeiten. Einige zeigen ganz bewusst, dass sie einer Hacker-Subkultur angehören. Sie tragen T-Shirts mit Botschaften wie »Stasi 2.0« (darüber ein Bild von Wolfgang Schäuble) oder »code.google.soc«. Andere haben sich extravagante Frisuren zugelegt: Es gibt Hunnenzöpfe, halb rasierte Irokesen, akkurate Rastalocken und viele wehende Mähnen. Androgyne Männer betonen ihre feminine Seite.

Draußen im Foyer sitzen die Hardware-Hacker beisammen. Ein halbes Dutzend von ihnen schraubt kleine Hubschrauber zusammen, die von mehreren Rotoren stabil in der Luft gehalten werden und die von oben herab mit einer kleinen Kamera Filmaufnahmen machen. Einst als Hacker-Idee entstanden, ist inzwischen ein kleines Unternehmen daraus gewachsen. Bei Amazon gibt es die fliegenden Kameras für 299 Euro, und man kann noch die spielerische Idee erkennen, mit der alles einmal angefangen hat.

Eine Etage darunter, im Erdgeschoss, hat in einer kleinen Ecke ein Buchladen seinen Tisch aufgebaut und verkauft Bücher wie »Nazis on Speed. Drogen im 3. Reich«, »Entschwörungstheorie. Keiner regiert die Welt«, »Operation Erleuchtung. 60 Jahre LSD Erfahrung« und wahlweise »Psychoaktive Kakteen« oder »Psychoaktive Pilze«. Es gibt kein Gedränge um die Bücher und den Stand, aber allein, dass er dort steht, ist ein weiteres kleines Symbol für die Freude am Nonkonformismus – und ein großer Spaß, glaubt man der Reaktion jener Besucher, die eines der Bücher in die Hand nehmen.

Jeremie Zimmermann hat oben im Saal ein ernstes Anliegen. Grundsätzlich streitet er für ein offenes Internet, gegen Netzsperren, gegen die umfassenden Verwertungsansprüche der Industrie bei geistigem Eigentum. Letzteres hat ihn auch nach Berlin geführt. Er befürchtet, ein geplantes internationales Abkommen namens ACTA würde dazu führen, dass Betreiber und Nutzer von Tauschbörsen künftig noch intensiver verfolgt würden. Außerdem, und das betont er wieder und wieder, glaubt er: Die Unterzeichnerstaaten würden sich mit ACTA die Möglichkeit schaffen, die Gerichte auszuschalten, weil es im Entwurf sehr schwammig heißt, Internetzugangsanbieter seien »zur Kooperation« verpflichtet, und wer Urheberrechtsverletzungen unterstütze oder ihnen Vorschub leiste, werde ebenfalls bestraft. Zimmermann befürchtet, dass sich Internetzugangsanbieter künftig genötigt sähen, Daten über ihre Nutzer ohne eine gerichtliche Anordnung zu sammeln und herauszugeben. Auch Äußerungen des deutschen Staatsministers für Kultur im Bundeskanzleramt, Bernd Neumann, lassen sich so interpretieren: Er wolle die »Möglichkeiten der Selbstregulierung unter Beteiligung von Rechteinhabern und Internetserviceprovidern fördern«.

Aber die Umsatzverluste der Industrie!

»Wie viel Tauschbörsen dem Geschäft schaden, ist unbewiesen. Studien deuten eher auf das Gegenteil. Dass die maximale Verbreitung vor allem kleinen und unbekannten Künstlern hilft.«

Meint er das ernst?

»Es gibt viele Faktoren, die Einfluss haben. Die Plattenfirmen haben ihr Marketing-Budget in den vergangenen Jahren auf wenige, große Künstler konzentriert, die Menschen haben mehr Geld für Live-Konzerte ausgegeben. Es gibt viele Faktoren, die eine Rolle spielen. Wir sollten darüber diskutieren und nicht einfach die Zahlen der Industrie übernehmen.«

Zweifel säen will er. Das zentrale Argument von Musikindustrie und Gesetzgebern aus den vergangenen zehn Jahren erschüttern. Aber alleine kann er das nicht. Auch deshalb ist Zimmermann nach Berlin gekommen.

»Hier stehe ich und kann nicht anders. Ich bitte Euch: Macht Lärm im Netz, regt Euch, sprecht Eure Parlamentarier an, damit wir sie besiegen, diese Motherfucker.« Lachen und Klatschen schallt aus dem Saal zurück zur Bühne. »Ich nehme das einmal als Zusage«, frotzelt Zimmermann zurück ins Publikum. Manchmal ähnelt politische Arbeit eben der eines Teppichverkäufers. Und zum Abschied ruft er noch einmal. »Wir sollten uns nicht dafür schämen, dass wir teilen wollen.«

Wann Raubkopierer keine Verbrecher (mehr) sind

Wenn man den deutschen Hackern und Netzaktivisten, wenn man Männern wie Jeremie Zimmermann zuhört, könnte man auf die Idee kommen, sie wären Romantiker, so viel reden sie von Freiheit und Kollaboration. Aber das wäre in Teilen eine Fehleinschätzung. Nicht nur Netzaktivisten wie Zimmermann, sondern Forscher von den besten Universitäten und inzwischen auch deutsche Gerichte stellen die Argumentation der Musikindustrie und die Dogmatik des Urheberrechts in Frage.

Die amerikanischen Professoren Hal Abelson (Massachusetts Institute of Technology), Harry Lewis (Harvard) und der Computerunternehmer Ken Ledeen beispielsweise sind solche Keimzellen für neue Perspektiven auf Urheberrecht und Kopierschutz. Mit Blick auf die allgemeine technische Entwicklung argumentiert Abelson mit seinen beiden Co-Autoren in dem Buch *Blown to Bits,* man müsse überlegen, Rechte an geistigem Eigentum im digitalen Zeitalter so zu begrenzen, wie das Eigentum an Bächen und Flüssen geschützt ist, die ein Grundstück durchqueren. Diesen Vorschlag begründet er mit zwei Argumenten: Erstens schöpfe niemand ein Werk ganz aus dem Nichts. Er greife auf die Vorarbeiten anderer zurück, habe von ihnen gelernt, und lernen bedeutet auch immer: kopieren, das Vorhandene anwenden und dann abwandeln.

Das zweite Argument leitet er aus der Entwicklung des Flugverkehrs ab. In den Anfängen der zivilen Luftfahrt habe es juristische Auseinandersetzungen darüber gegeben, ob private Grundstücke ohne die Erlaubnis des Besitzers überflogen werden dürften. In die Erde reicht das Eigentumsrecht von Grundbesitzern auch heute noch. Deshalb mussten beispielsweise die Eigentümer im Verlauf des Kölner U-Bahn-Neubaus vor einigen Jahren entschädigt werden. Die Linie führte tief in der Erde durch ihr Eigentum. Abelson sagt nun: Wäre im Fall der Luftfahrt das Eigentumsrecht am Luftraum über einem Grundstück nicht begrenzt worden, hätte der Flugverkehr eine vielleicht entscheidende Innovationsblockade erlitten. Fliegen wäre heute kaum alltäglich. Und das führt ihn zu der Schlussbemerkung: »Was ist für digitale Güter die richtige Balance? Wie weit ›nach oben‹ in den Cyberspace sollten Besitzrechte reichen?« Und dann geht er noch eine gedankliche Ebene höher: »Was soll Eigentum an Bits überhaupt heißen?« Da man Bits kopieren kann, ohne einem dem anderen die Bits wegzunehmen.

Selbst hohe deutsche Richter stellen die Argumentation der Industrie und damit zugleich die des Gesetzgebers in Frage. Das Oberlandesgericht in Köln ist im Dezember 2010 durch die Analyse des technischen Wandels und der ökonomischen Details zu neuen Erkenntnissen darüber gelangt, wo eine Linie zwischen einer erheblichen Urheberrechtsverletzung und einer zulässigen Privatkopie im digitalen Zeitalter gezogen werden könnte. Es hat einen Maßstab entwickelt, wann ein schwerer Verstoß gegen das Urheberrecht bei Filmen und Musik vorliegt – und wann ein Verstoß nicht verfolgt werden sollte, weil er wirtschaftlich praktisch keinen Schaden mehr anrichtet. Die ihm untergeordneten Instanzen in Köln orientieren sich erfahrungsgemäß an dieser Entscheidung, und das ist für die deutsche Kulturindustrie von großer Bedeutung, weil nämlich t-online als Tochtergesellschaft der Deutschen Telekom und größter Anbieter von Internetzugängen in Köln seinen Sitz hat und dort die IP-Adressen an seine Kunden vergibt. Alle Klagen gegen t-online-Kunden gehen daher in Köln ein.

Die Richter schreiben in ihrem Urteil (Aktenzeichen: 6 W 155/10), sie gingen davon aus, sechs Monate nach dem Erscheinen eines Films auf DVD und sechs Monate nach der Erstveröffentlichung eines Musiktitels habe eine illegale Kopie keinen gewerblichen Charakter mehr. Deshalb werde der Verantwortliche in so einem Fall nicht mehr verfolgt. Ganz pragmatisch leiten die Richter ihre Grenze aus der Erfahrung ab, dass die Verkaufszahlen der urheberrechtlich geschützten Werke nach sechs Monaten so klein sind, dass der geringe wirtschaftliche Schaden der Musik- und Filmindustrie gegenüber dem Grundrecht auf Wahrung des Fernmeldegeheimnisses (GG Art. 10) zurückstehen müsse.

Es ist allerdings nicht so, als hätten die Richter gar kein Herz für die Musikindustrie.

Gehört ein Musikstück oder ein Album auch nach sechs Monaten noch zu den fünfzig meistverkauften Werken, dann verlängert sich die Frist. Bis die Verkäufe verschwindend gering sind.

Hacker-Romantik und Machtpolitik

Wir durchleben einen uralten Konflikt erneut. Die Staatsphilosophen der französischen Revolution wie Charles de Montesquieu wollten ihn durch einen Gesellschaftsvertrag lösen: Die Freiheiten des Einzelnen und die Ansprüche aller Beteiligten sollten gegeneinander abgewogen und geregelt werden. Ein Rechtsstaat soll diesen Gesellschaftsvertrag durchsetzen und schützen. Das ist seine Aufgabe, seine Funktion, seine Legitimation.

Im Internet schien es vor zwanzig Jahren so, als könne man diesen Gesellschaftsvertrag aussetzen, weil er sich von selbst erfüllt. Ein digitales Utopia sei entstanden, ein Ort wirklicher Freiheit, Gleichheit – und, ja, Brüderlichkeit: Die ersten Netzbewohner gingen freundlich miteinander um, sie kooperierten, und wem etwas nicht passte, der suchte sich Gleichgesinnte. So entstand eine schier unbegrenzte Zahl an sozialen und technologischen Experimenten – die friedlich koexistierten. Vor allem aber: Jeder Internetnutzer hatte Zugang zu mehr Informationen als jemals zuvor ein Mensch in der Geschichte. Genau das bezeichnet der langjährige Google-Chef Eric Schmidt als die größte Errungenschaft durch das Internet: »Es ermächtigt die Menschen, weil sie mehr wissen denn je. Es ist keine Technologie, die nur einer Elite zur Verfügung steht, sondern allen.« Transparenz. Gleicher Informationsstand. Gleiche Rechte. Sollte so nicht die ideale Demokratie aussehen, eine egalitäre Gesellschaft?

Heute erinnert die digitale allerdings sehr an die reale Welt. Sie ist eben kein eigener Ort mehr, kein Utopia für Realitätsflüchtlinge in einem digitalen Paralleluniversum, sondern untrennbar mit unserem Alltag verbunden. Seither geraten die Freiheiten des einen wieder mit den Wünschen des anderen in Konflikt, und aufgrund des enormen technischen Wandels werden tausend Details des Gesellschaftsvertrags neu verhandelt: das Urheberrecht, der Datenschutz, die Vertraulichkeit der Kommunikation, die polizeilichen Methoden, die Verteidigung – und Grenzkontrollen. Das ist der Konflikt unserer Tage.

In Politik, Behörden und bei den Gerichten haben viele Menschen nämlich reichlich andere Vorstellungen als in den Foren und Chaträumen der Internetgemeinde. Sie begeistern sich eher an der Vorstellung, Computertechnologie und Internet könnten dem Staat die Möglichkeit geben, mehr Kontrolle auszuüben denn je. Das geht bei einigen so weit, dass Kritiker befürchten, der Staat könnte sich in seinem Verhältnis zum Bürger in vormoderne Zeiten zurückkatapultieren.

Große Entscheidungen stehen an. Was eine Regierung hier tut, entscheidet darüber, ob ein Staat im digitalen Zeitalter gestärkt wird, oder ob er schleichend seine Legitimität verliert. Bleibt die Regierung untätig, kann der Staat bald seine Schutzfunktion nicht mehr ausfüllen, rechtsstaatliche Verfahren nicht mehr garantieren. Überzieht sie, kriminalisiert die Bürger, drangsaliert sie, forscht sie aus und greift damit die Grundlagen einer bürgerlichen Gesellschaft an. In beiden Fällen büßt der Staat die Grundlage für das von den Bürgern übertragene Machtmonopol ein. Auch in Deutschland.

Denn so untätig deutsche Internetpolitiker in vielen Fragen sein mögen, ging es in den vergangenen Jahren darum, mehr Eingriffsrechte für Polizei, Staatsanwaltschaft und Geheimdienste durchzusetzen, war der politische Wille in der Regel groß: Dabei hat die Regierung mehrfach Grundrechte missachtet und konnte erst vom Bundesverfassungsgericht gestoppt werden.

Im Jahr 2005 fasst die Bundesregierung den Plan, Polizisten, Beamte des Bundeskriminalamtes (BKA) und Nachrichtendienstler sollen heimlich ein Programm auf dem Computer eines Verdächtigen installieren dürfen, damit die Ermittler auf die Festplatte des Verdächtigen zugreifen, seine E-Mails lesen und seine Chats verfolgen können. Diese Onlineuntersuchung unterscheidet sich in zwei wesentlichen Punkten von der normalen Hausdurchsuchung. Wenn Polizisten eine Wohnung durchsuchen, ist dies zeitlich begrenzt. Und es gibt immer Zeugen.

Der sogenannte »Bundestrojaner«, ein staatliches Spähprogramm, sollte den Zugriff auf die gesamte Festplatte des Verdächtigen erlauben, und der Gesetzgeber traf keine besonderen Vorkehrungen, hierbei den Kernbereich des Privatlebens zu schützen, ein Grundrecht, das auch mutmaßliche Kriminelle nicht verlieren. Ein erstes Gesetz dazu legte die Landesregierung von Nordrhein-Westfalen vor, und es wurde prompt vom Bundesverfassungsgericht für nichtig erklärt: »Die Vorschrift wahrt insbesondere nicht das Gebot der Verhältnismäßigkeit.« Einer Landesregierung wurden selten deutlicher die Leviten gelesen. »Angesichts der Schwere des Eingriffs ist die heimliche Infiltration eines informationstechnischen Systems, mittels derer die Nutzung des Systems überwacht und seine Speichermedien ausgelesen werden können, verfassungsrechtlich nur zulässig, wenn tatsächliche Anhaltspunkte einer konkreten Gefahr für ein überragend wichtiges Rechtsgut bestehen. Zudem ist der Eingriff grundsätzlich unter den Vorbehalt richterlicher Anordnung zu stellen. Diesen Anforderungen wird § 5 Abs. 2 Nr. 11 Satz 1 Alt. 2 VSG nicht gerecht. Darüber hinaus fehlt es auch an hinreichenden gesetzlichen Vorkehrungen, um Eingriffe in den absolut geschützten Kernbereich privater Lebensgestaltung zu vermeiden.«

Die Landesregierung hatte überzogen. Unterdessen erlaubte der Bundesinnenminister zunächst per geheimer Dienstanweisung seit 2005 Onlinedurchsuchungen im Kampf gegen den Terrorismus. Und inzwischen ist die Onlinedurchsuchung auch ins BKA-Gesetz aufgenommen. Gegen dieses Gesetz hat eine Bürgerin allerdings erneut eine Verfassungsbeschwerde angestrengt.

Als nächstes führte die Bundesregierung die Vorratsdatenspeicherung ein – mit dem gleichen Ergebnis. Die Verfassungsrichter hielten das konkrete Gesetz für grob überzogen und erklärten es für ungültig. Anbieter von Internetzugängen und Telefondiensten sollten die Verkehrsdaten aller ihrer Kunden grundsätzlich für sechs Monate speichern. Das konkrete Gesetz sei mit dem Fernmeldegeheimnis »schlechthin unvereinbar«. Es handele sich um einen »besonders schweren Eingriff mit einer Streubreite, wie sie die Rechtsordnung bisher nicht kennt. Auch wenn sich die Speicherung nicht auf die Kommunikationsinhalte erstreckt, lassen sich aus diesen Daten bis in die Intimsphäre hineinreichende inhaltliche Rückschlüsse ziehen«. Doch das Bundesverfassungsgericht stellt auch fest: Diese Daten zu speichern und für die Strafverfolgung auszuwerten, sei dann erlaubt, wenn die Sicherheit der Daten gewährleistet und die Hürden für den Zugriff so hoch seien, dass der Zugriff in der täglichen Polizeiarbeit eine Ausnahme bleibe – dass er also nur bei schweren Straftaten in Betracht komme. Vorbeugend auf die Daten dürften die Ermittler nur zugreifen, wenn Tatsachen hinreichend eine »konkrete Gefahr für Leib, Leben oder Freiheit einer Person, für den Bestand oder die Sicherheit des Bundes oder eines Landes« erkennen ließen. Diese Leitlinien in ein neues Gesetz aufzunehmen und es in Kraft zu setzen, ist der schwarz-gelben Koalition bis zum Herbst 2011 nicht gelungen.

Die Grundrechte wurden unabhängig davon verletzt, ob eine rot-grüne, große oder schwarz-gelbe Koalition regierte. All die Versäumnisse in der Datenschutzpolitik, die Halbherzigkeit in der Modernisierung des Staates im Umgang mit der neuen digitalen Welt – in dieser Sichtweise passen sie zu der anderen Seite deutscher Politik, das Fernmeldegeheimnis zu schwächen. Man könnte sagen: Es sind zwei Seiten der gleichen Politik. Von Bundesinnenminister Otto Schily über Wolfgang Schäuble zu Thomas de Maizière und bisher auch zu Hans-Peter Friedrich ist es eine gerade Linie.

Doch die Gegenbewegung hat sich inzwischen formiert. Hacker prallen auf Beamte, Bürgerrechtler auf Strafverfolger, Netzaktivsten auf Parteien, Wähler auf die Regierung. Mehr als einmal haben jene, denen Freiheit im Internet viel bedeutet – auch wenn sie sehr unterschiedliche Dinge darunter verstehen –, eine kritische Masse erreicht.

Das netzpolitische Erweckungserlebnis in Deutschland war eine Onlinepetition gegen die von der Bundesregierung geplanten Netzsperren. Innerhalb weniger Tage hatten 134.000 Bürger die Petition im Internet unterschrieben. Ein Internetfilter sollte kinderpornografische Internetseiten bundesweit unterdrücken, und nicht das Ziel, sondern der Weg erregte viele Internetnutzer. Hinzu kam der Verdacht, dass die Bundesregierung die Kinderpornografie wählte, um Netzsperren mehrheitsfähig zu machen – weil ja niemand gegen den Kampf gegen Kinderpornografie sein kann.

Der Chaos Computer Club und andere zeigten aber, wie leicht solche Filter zu überwinden waren. Außerdem trug ein schnell gegründeter Arbeitskreis Zensur zusammen, wie Netzfilter in anderen Ländern dazu verführten, nicht nur eindeutig strafbare Handlungen, sondern auch politisch unbequeme Internetangebote zu unterdrücken. Franziska Heine, die Initiatorin der Onlinepetition, wurde zusammen mit dem deutschen Mitglied von Wikileaks, Daniel Domscheit, ins Bundesfamilienministerium zu Ursula von der Leyen eingeladen. Bis am Ende die FDP im Bundestagswahlkampf dafür eintrat, das Gesetz über Netzsperren aufzuheben und politischen Druck auf die Internetprovider und die Länder auszuüben, in denen kinderpornographisches Material gespeichert und angeboten wurde. Dies konnte aber nicht verhindern, dass die Piratenpartei mit ausschließlich netzpolitischen Themen bei der vergangenen Bundestagswahl zwei Prozent der Stimmen bekam.

Beide Seiten tun sich schwer, eine gemeinsame Sprache und mehr noch eine gemeinsame Politik zu entwickeln. Aber immerhin: Sie reden inzwischen miteinander.

Deutschland, sagt der französische Netzaktivist Jeremie Zimmermann, habe verglichen mit anderen Ländern in Europa die lebendigste Szene aus politischen Hackern, Netzaktivisten und netzpolitischen Organisationen. Und wie sehr sie inzwischen wahrgenommen werden, sieht man am besten am Chaos Computer Club, dessen Sprecherin Constanze Kurz von der Partei »Die Linke« in die Enquete-Kommission »Digitale Gesellschaft« des Deutschen Bundestags entsandt wurde. Kurz und ihr Sprecher-Kollege Frank Rieger suchen die breite Öffentlichkeit außerdem als Buchautoren – und Gastautoren in der *Frankfurter Allgemeine Zeitung*.

Als unabhängiger Sachverständiger wurde auch der Bielefelder Netzaktivst Padeluun vom Verein Foebud in die Enquete-

Kommission gebeten. Der Foebud brandmarkt seit Jahren die schlimmsten Daten-Sünder in Industrie und Verwaltung und organisiert regelmäßig Demonstrationen unter dem Motto »Freiheit statt Angst« in Berlin mit. Und seit diesem Frühjahr ist die Szene sogar noch reicher. Marcus Beckedahl, der den netzpolitischen Kongress re:publica in Berlin mit veranstaltet, welcher zuletzt mehrere tausend Menschen anzog, hat eine Organisation mit dem Namen »Digitale Gesellschaft« gegründet, in der er neben Informatikern auch Juristen und Soziologen um sich schart.

Staaten in Angst. Abschalten oder teilen?

Nicht alle Regierungen lassen sich wie die deutsche (zähneknirschend) auf eine Debatte ein – oder vom Bundesverfassungsgericht einfangen. Autokratische Regime und Diktaturen sehen ihre Herrschaft durch das Internet nicht nur in Frage gestellt, sondern bedroht, und reagieren darauf drastisch. Als der frühere Präsident der Vereinigten Staaten, George W. Bush, im Wahlkampf des Jahres 2004 von »Gerüchten in den, äh, Internets« sprach, haben ihn viele ausgelacht. Doch aus heutiger Sicht war Bush seiner Zeit um einige Jahre voraus. Heute gibt es *mehrere Internets*!

Ron Deibert überwacht an der Universität von Toronto, wie viele Staaten das Internet inzwischen zensieren. Ein Bericht der Open Net Initiative, die von Deibert in Toronto und Kollegen der US-amerikanischen Universität Harvard getragen wird, listet auf, wo autoritäre Regime ihre Bürger verfolgen, ob Behörden die gesamte Kommunikation aufzeichnen und Bürger aufgrund von Blog-Beiträgen und Mails einsperren.

Ron Deibert hat viel zu tun.

Die OpenNet Initiative legt Profile über 71 Ländern an. In diesen Ländern sind nicht mehr alle Information für jedermann zugänglich.

Syrien steht seit Langem weit oben auf der Liste der Staaten, die das Internet filtern, zensieren und ausspähen: Im Jahr

2009 setzte das »Komitee zum Schutz von Journalisten« das Land auf Platz vier jener Staaten, in denen es besonders gefährlich ist, ein Blogger zu sein. Laut Deibert drohen politisch Andersdenkenden, die im Netz ihre Spuren hinterlassen haben, Arrest und andere Drangsalierungen. Eine weitere Nicht-Regierungs-Organisation, »Reporter ohne Grenzen«, zählte Syrien vor einigen Jahren zu »den Feinden des Internet« und aktuell zu den »zehn repressivsten Staaten«.

Die Behörden selbst sagen ganz offen, dass sie Internetseiten sperren, deren Inhalt sie für »pro-israelisch und hyperislamistisch« halten. Es spricht sich auch besser niemand für die Unabhängigkeit der Kurden in Syrien aus.

Die Kontrolle des Internet gelingt Syrien, weil die staatliche Telekom-Gesellschaft das Kommunikationsnetz betreibt und kontrolliert. Deibert zufolge setzt die Regierung in diesem Netz die Software eines kanadischen Unternehmens namens Platinum ein, die es möglich macht, tief in Datenpakete hineinzuschauen, die ein Internetnutzer verschickt (*deep packet inspection* heißt das unter Informatikern, was auch in der Übersetzung ziemlich unheimlich klingt: »eingehende Inspektion« durch die Behörden). Damit nicht genug. Unabhängige Quellen geben an, dass in Syrien viele Internetangebote gesperrt sind. Internettelefonie ist in der Regel nicht möglich.

Weitere Beispiele wie das syrische ließen sich ausführen: über China, Iran, Kasachstan, Kirgisien, Armenien, die Vereinigten Arabischen Emirate, Saudi Arabien, Burma, Vietnam, Ägypten und Jemen. Sie alle werfen virtuelle Grenzwälle auf und suchen innerhalb der alten, nationalen Grenzen nach Datenspuren von Bürgern, die sich regimekritisch äußern, die einen mehr, die anderen weniger streng. Aber sie tun es mit Methoden, die hierzulande ein halbes Dutzend Grundrechte verletzen würden.

Das Netz zerfällt also längst in regionale, manchmal in nationale Enklaven, weil Regierungen versuchen – und aus ihrer Sicht auch versuchen müssen –, ihre Rechtsordnung auf einen Teil des Internet zu übertragen. »Ich denke, dass große Länder die Chance haben, das Internet in ihrem Herrschaftsbereich nach ihren Vorstellungen und auf Dauer zu formen«, sagt der langjährige Google-Chef Eric Schmidt. Europa zählt er dazu. »Der gesellschaftliche und ökonomische Wandel kam in den vergangenen Jahren aus dem Netz«, sagt Schmidt. Dinge veränderten sich in seinen Augen quasi automatisch und zwangsläufig, weil sich die Technologie entwickelte und ausbreitete. »Aber jetzt sind wir an einem Punkt angelangt, an dem es an uns Menschen liegt, wie sich die Entwicklung fortsetzt.«

Ob das Internet zu einer »Zeitbombe« wird – oder nicht.

9. Entschärft die Zeitbombe! – Wie das Internet nach dem Internet aussehen muss

Dem Internet entkommt niemand mehr. Kein Mensch kann es abschalten und dann erwarten, dass sein Leben einfach weiter geht. Kabelstränge, Systeme und Datenschaltkästen überziehen den Planeten, sie vernetzen Verkehrsleitsysteme, Handys, Stromzähler, Kriegsflugzeuge; sie verbinden Menschen im Büro, Soldaten im Kampfeinsatz und Teenager beim Flirt. Wir haben uns daran gewöhnt, überall auf Rechenhirne zu treffen. Wir verlassen uns darauf, dass sie immer da sind, immer antworten und wahlweise den freundlichen Helfer, die Inspirationsquelle, das Nachschlagewerk, den Nachrichtensprecher, den Botschafter oder das kollektive Gedächtnis geben. Wir bauen darauf, dass sie unseren Wohlstand mehren.

Doch das Internet steuert gerade auf die größte Krise seiner Geschichte zu. Schon technisch stößt es an seine Grenzen, es ächzt unter der Last von Abermilliarden zusätzlicher angeschlossener Geräte. Kriminelle, Spione und staatliche Aufseher aus diktatorischen Regimes gewinnen Kämpfe um die Freiräume im Cyberspace. Konzerne, die die Infrastruktur des Internet am Laufen halten, spielen nicht mehr ohne Weiteres mit: Sie sind nicht zufrieden mit ihren Profitmöglichkeiten. Manche wollen nicht mehr einfach so die Infrastruktur eines Netzes pflegen, das für Kunden und Nichtkunden gleichermaßen offen ist, sie wollen Mautgebühren für unterschiedliche Strecken der Datenautobahn. Wieder andere verabschieden sich vom Fairplay, binden ihre Kunden mit unlauteren Methoden an sich, etwa indem sie deren persönliche Daten nicht herausgeben, und versuchen, auf diese Weise ihre Netzprofite zu sichern.

Vor allem aber: Bei den Benutzern des Internet mehren sich Ängste, Gegenreaktionen und Abstoßungserscheinungen. Ja, die Nutzerzahlen steigen weiter und die Zeit, die die Menschen vor Computer- und Handybildschirmen verbringen, nimmt zu. Kaum jemand mag die Vorzüge des Netzes missen. Aber die Menschen verlangen zunehmend Dinge, die ihnen das Internet nicht bietet: Verlässlichkeit, Rechtsstaatlichkeit, den Schutz ihrer Daten – und zugleich Freiheit. Sie fürchten sich davor, dass ihr Leben in Zukunft durch das Netz kontrolliert wird, dass aber niemand kontrolliert, wer das Netz beherrscht. In Deutschland gibt es heute wieder Demos für den Datenschutz – so etwas hatte man zuletzt in den 1980er-Jahren gesehen, vor der damaligen Volkszählung. Die Formen des Protestes und des Widerstands sind vielfältig. Die einen sind die Minderheit. Menschen, die längst im Netz zuhause sind und sich nun sorgen, unterschreiben Onlinepetitionen gegen Netzsperren, sie wählen die Piratenpartei, oder sie nehmen das Gesetz selber in die Hand: Anfang 2011 attackieren selbsternannte Hacker-Bürgerrechtler große Unternehmen wie Amazon und Mastercard im Internet, und es erschien fast wie ein Volksport, so viele machten mit.

Die anderen sind die Mehrheit. Sie haben lange geschwiegen, das Netz als ein Problem anderer Leute hingenommen, es einfach als eine praktischere Reinkarnation von Reisebüro und Postamt akzeptiert und als eine Quelle wachsenden Wohlstands. Doch auch diese Mehrheit erregt sich nun. Kollektiv attackierte sie Google Street View und zwang den Konzern zu wesentlichen Änderungen. Begeistert folgt sie Intellektuellen, die warnen, das Netz deformiere den menschlichen Geist, es lasse das Denken verkümmern. Sie fordert Verbote und Gebote.

Die Technik versagt und die Gesellschaft rebelliert. Die Gefahr ist groß, dass aus dem zeitweisen Misstrauen eine dauerhafte Ablehnung wird. Dann vertraut man dem Netz nicht mehr so bereitwillig wie bisher seine Daten an, dann trifft es den elektronischen Kommerz und seine Businesspläne, dann zerbersten die optimistischen Erwartungen an künftige Wohlstandsgewinne. Dann wird das Internet von Politikern und Behörden überreguliert, der Raum der Freiheit wird zur voll überwachten Zone oder zu einem leblosen virtuellen Einkaufszentrum degradiert. Dann beschränken mehr Staaten den internationalen Datenverkehr.

Dem Internet droht entweder sein zweiter großer Zusammenbruch – oder es muss sich in etwas Neues verwandeln.

Technische Lösungen? Fehlanzeige

Es gibt eine Art von Internetinsidern – Ingenieure, Technikexperten, Systemadministratoren, Programmierer und Hacker –, die mit der großen Mehrheit der Internetbenutzer ziemlich unzufrieden sind. Sie sagen: Lasst uns doch in Ruhe! Wir haben dieses Netz geschaffen, und ihr versteht es nicht richtig. Ihr macht euch mit der Technik nicht ausreichend vertraut. Ihr zerstört dieses Netz am Ende noch durch eure Bedienungsfehler, eure Inkompetenz und eure hysterische Skepsis gegenüber jeglicher Neuerung. Diese Einstellung ist weit verbreitet. Im amerikanischen Technikverlag O'Reilly ist kürzlich ein Buch des Informatikexperten Terrence Ryan erschienen, das unter dem Titel *Den technischen Wandel vorantreiben* seitenweise die Dummheit von Computeranwendern beklagt. »Der Widerstand Ihrer Kollegen gegenüber neuen Technologien kann verblüffend sein«, schreibt Ryan. »Logische Argumente können da versagen.« Für Ryan teilen sich Unternehmensbelegschaften, die eine neue Technik aufgedrückt bekommen, in »die Uninformierten, die Herde, die Zyniker, die gebrannten Kinder, die Gehetzten, den Boss und die Irrationalen«. Alles lästige Leute, auf die ein Informatiker mit Engelszungen einreden muss. Aber die neue Technik ist gut und richtig. Am Ende setzt sie sich durch.

Auf solche Einstellungen trifft man auch, wenn es um die aktuellen Probleme des Internet geht. Sicherheitsprobleme wegen der vielen Hacker und Kriminellen? Es ist ein Ritual bei Konferenzen zur Internetsicherheit, dass irgendwann ein Systemadministrator oder Betreiber einer Internetzugangsfirma aufsteht und sich bitterlich über die naiven Nutzer beklagt, die keine vernünftigen Virenprogramme auf ihren Rechnern installierten oder unbekümmert auf verdächtige Links klickten.

Angst vor allmächtigen Datenkraken? Als einer der Autoren dieses Buches kürzlich einen kleinen Google-Test in der ZEIT veröffentlichte – er hatte sich selber im Netz gesucht und aufgeschrieben, wie erschreckend viel dabei herauskommt –, hagelte es belehrende Leserbriefe darüber, dass der Autor ja auch ganz schön dumm gewesen sei und mit technischen Kniffen die Schnüffelei hätte unterbinden können. Ihm geschehe es ganz recht, dass im Netz so viel über ihn steht!

Solche Gedanken stehen auch dahinter, wenn in diesen Tagen das sogenannte »Verursacherprinzip« als Lösung für alle möglichen Übel im Netz herangezogen wird. »Die gleichen Leute, die aus Respekt vor ihren Nachbarn niemals ihren Rasen verwildern lassen würden, schalten ihren heimischen PC ein, ohne eine starke Firewall zu installieren und ohne automatische Aktualisierungen ihres Betriebssystems und ihres Virenschutzes durchzuführen«, mokiert sich der amerikanische Technikjournalist Joseph Menn. Ähnlich hat es kürzlich Daniel E. Greer formuliert, ein Datensicherheitsexperte von In-Q-Tel, einem informationstechnischen Ableger der CIA. »Wenn es nicht in der Verantwortung des Endbenutzers liegt, zu verhindern, dass er ein ungewollter Komplize in einem laufenden Verbrechen ist – wessen Verantwortung soll es denn dann sein?«

So kommt man aber nicht weiter.

Es ist nicht einmal erwiesen, dass es überhaupt technische oder technik-nahe Lösungen für die vielen Probleme gäbe, die das Internet plagen. Das fängt mit der Frage an, wie man Hacker und Cyberkriminelle aus Computern und Handys fernhält. Dieses Buch hat gezeigt, dass weder Privatcomputer noch Konzernrechner noch Militärzentralen vor so etwas zu schützen sind.

Zweitens kann sich dem Netz ja niemand mehr so recht entziehen. Als das Benutzen von Computern und Netzdiensten noch eine Wahl waren, als es eher als Hobby von Technikbegeisterten durchging, konnte man vielleicht noch argumentieren: Diese Leute sollen aufpassen, was sie tun; und wenn es ihnen nicht passt, können sie ja offline bleiben. Das ist aber heute anders. Wie der oberste Verbrechensbekämpfer bei Microsoft, T.J. Campana, es in diesem Buch auf den Punkt bringt: »Wir müssen auch Oma schützen.«

Mehr und mehr Pioniere der Technikbranche sehen es inzwischen genauso. *Das Internet von morgen definieren* war der Titel einer Art Grundsatzerklärung im Internet, die 2009 aus der Feder von vier großen Interneteminenzen in den Vereinigten Staaten erschien. Wort- und Schriftführer: der Miterfinder des Internet, David D. Clark vom MIT in Cambridge, von dem zu Beginn dieses Buch schon die Rede war. Er sagt heute: »Die wichtigeren Antriebe für einen Wandel werden wahrscheinlich ökonomisch, sozial und kulturell sein.«

Es ist der gleiche Mann, der früher, in der Geburtszeit des Internet, einmal das großspurige Zitat geliefert hat, im Internet lehne man Könige, Präsidenten und Wahlen ab, und man glaube stattdessen an ungefähren Konsens und lauffähige Programme.

So etwas nennt man eine 180-Grad-Wendung.

Der Wille zum Regieren

Eins ist klar: Solche Debatten sind bei großen technischen Umbrüchen normal. In der Geschichte der Menschheit folgen auf große Schaffensperioden, auf große Kreativität und technische Innovation stets sehr viel längere Phasen, in denen die Menschen mit den Folgen ihres Schaffens kämpfen.

Um zu verstehen, an welchem Entwicklungspunkt die globale Vernetzung und Digitalisierung angelangt ist, hilft eine Analogie zur Umweltpolitik im Jahr 1980, dem Gründungsjahr der Partei »Die Grünen«. Als die Kosten der Industrialisierung und der allgemeine Raubbau an der Natur nicht mehr zu übersehen waren, wuchs die Überzeugung: Wir brauchen eine Umweltpolitik. Die Industrie wird es alleine nicht schaffen, ihren Rohstoffhunger zu zügeln, ihre Abwässer zu reinigen und auf Atomkraft zu verzichten. Gab es Vorbilder für eine solche Politik? Fertige Lösungen? Konnten Politiker abschätzen, welche Folgen einzelne Regeln, Grenzwerte und Verbote für Wirtschaft, Natur und Gesellschaft haben würden? Nein, das konnte niemand. Seither pflastern Versuch und Irrtum den Weg der Umweltpolitik. Endgültige Lösungen hat es nie gegeben und wird es nie geben, nur das ständige Streben nach politischen Rahmenbedingungen, die die Schäden am Ökosystem Erde begrenzen.

Ähnlich ambitioniert und zugleich realistisch muss auch die Digitalpolitik sein. Defätistische Äußerungen, das Netz sei global, die Probleme also national nicht zu lösen, hört man zwar schon seit Jahrzehnten – aber das ist im Fall des Internet ebenso falsch wie in der Umweltpolitik.

Möglichkeiten für Berliner Politiker, das Netz zu gestalten, gibt es erstaunlich viele. Am Willen, das auch zu tun, mangelt es erschreckend häufig.

Die Cyberkriminalität muss zurückgedrängt werden – international. Die Bundesrepublik kann und muss politischen Druck auf Länder ausüben, die Cybergangstern Unterschlupf gewähren. Sonst blüht und gedeiht die Kinderpornografie im Netz, sonst werden weiterhin die Internetbenutzer mit Spam überschwemmt, sonst kann man kein Geschäft ohne Angst vor dem Totalverlust betreiben – und die zu erwartenden Gegenreaktionen zerstören das Netz, das wir kennen.

Ein passendes Internationales Strafrecht steckt erst in den Anfängen, aber die Debatte ließe sich sicherlich beschleunigen – wenn die Bundesregierung das Thema laut und beharrlich auf die Tagesordnungen brächte. Was spricht zum Beispiel gegen eine internationale Schwarze Liste? Wahlweise könnte der Druck über Entwicklungspolitik, Handelspolitik oder Außenpolitik ausgeübt werden.

Wer im Internet unterwegs ist, auch grenzüberschreitend, sollte sich auf den Schutz seiner Regierung besser verlassen können. Es liegt durchaus in der Macht jeder Regierung, die Rechte der Bürger im grenzüberschreitenden Datenverkehr zu stärken. Im Kleinen könnte das bedeuten: Unternehmen, die eine erhebliche Größenordnung erreichen – Umsatz oder Nutzerzahlen –, müssten Datenschützern oder der Regulierungsbehörde für Post und Telekommunikation neue Dienste vorlegen und diese prüfen lassen. Das wäre normal. Autos, Medikamente, Bankdienstleistungen, Versicherungen kommen auch nicht einfach so auf den europäischen Markt.

Wider die Datenfettsucht

Eins ist klar: Wenn Daten erst einmal im Internet gelandet sind, dann bleiben sie dort – und mit einer gewissen Wahrscheinlichkeit fallen sie eines Tages in böse Hände. Absoluten technischen Schutz dagegen? Kann man vergessen.

Deshalb ist eines den Unternehmen und Behörden und Organisationen, die sich im Netz tummeln, schnellstens abzugewöhnen: ohne Sinn und Verstand so viele Daten zu sammeln, die peinlich werden, Schaden anrichten oder gefährlich missbraucht werden können. Das große Sammeln ist nicht überall nötig. Und die jetzige Praxis ist der schlichte Wahnsinn: Auf der einen Seite so viele persönliche Informationen wie möglich abgreifen – und auf der anderen Seite jeden Internetbesucher an möglichst vielen Stellen anhand dieser Daten persönlich identifizieren.

Sowohl die US-Regierung als auch die EU-Kommission bemühen sich seit Ende 2010 darum, dem einzelnen Netznutzer mehr Hoheit über seine Daten zurückzugeben. Man könnte es auch anders nennen: Sie versuchen, Unternehmen die Datenfettsucht abzugewöhnen.

Eine technische Antwort wäre es, eine Zentralstelle für Lizenzen im Umgang mit persönlichen Daten zu schaffen. Der Einzelne könnte dort Umfang und Reichweite der Lizenzen festlegen, zum Beispiel auch den Zeitraum, nach dem bestimmte Daten oder Fotos gelöscht werden müssen. Internethändler und andere Datensammler würden dazu verpflichtet, sich bei der Zentralstelle zu informieren und die Daten gemäß der Lizenzen zu behandeln. Aber auch andere Lösch-Tasten oder Mechanismen wären denkbar, um dem Netz das Verges-

240

sen beizubringen. Man muss vermutlich testen, was für den Alltag den größten Effekt hat.

Zum Recht auf »informationelle Selbstbestimmung« gehört auch, dass Kunden umgehend darüber informiert werden, wenn ihre Daten durch einen Unfall oder ein Verbrechen zerstört oder verändert werden, wenn sie in die Hände von Unbefugten geraten oder an die Öffentlichkeit. Die EU will das gesetzlich verankern. Um die Autonomie der Nutzer weiter zu stärken, bemühen sich Gesetzgeber in den USA darum, dass Kunden ihre Daten, Fotos und Adress- oder Kontaktlisten leichter von einem Anbieter zum nächsten mitnehmen können. Im Fall eines großen Datenskandals können sie dann einfach wechseln. Bei Banken ist das heute kein Problem. Bei Google, Apple und Co. schon.

Es gibt aber noch einen ganz anderen Weg gegen die Datenfettsucht: Man könnte – zum Beispiel – die Mobilfunktechnik so umgestalten, dass ein Handynutzer erreichbar wäre, ohne dass der Netzbetreiber oder Handyhersteller feststellen kann, wo genau sich der Nutzer befindet. Ein anderer praktischer Vorschlag lautet, dass Onlinehändler verpflichtet werden, mindestens ein Bezahlsystem zu akzeptieren, bei dem Prepaid-Karten zum Einsatz kommen, um auf diese simple Weise den Klau von Kreditkartennummern einzuschränken.

Datendiät könnte auch darin bestehen, dass die Anmeldung zu bestimmten Angeboten im Internet – bei einem Nachrichtensender oder in einem Musikkanal, bei der Abfrage von E-Mails oder sogar in einem Onlineshop – allein mit Zahlencodes funktioniert. Das schlägt die amerikanische IT-Sicherheitsforscherin Chenxi Wang vor. Man würde also nicht mehr eingeben:»Ich heiße Thomas Fischermann, ich wohne in der xxx-Straße und dies ist meine Kreditkartennummer.« Wozu auch?

Stattdessen würde man sich anonym authentifizieren – als die Nummer 2348623 mit dem Passwort 899845634, und dem Händler müsste nur eines glaubhaft übermittelt werden: dass dahinter eine Person steht, die gerade 11,50 Euro überwiesen hat und dafür im Gegenzug gerne die neue CD von Rihanna runterladen würde. Die Nummern und Passwörter können von einer einzigen Stelle vergeben werden, zum Beispiel von der eigenen Bank oder Kreditkartenstelle, und am nächsten Tag könnten sie gleich wieder anders lauten.

Und selbst wenn ein physisches Gut geliefert werden soll wie ein Buch oder ein neues Fahrrad – muss ein Onlinehändler wirklich wissen, wo der Kunde wohnt? Um mehr Sicherheit zu gewährleisten, ist es ohne Weiteres denkbar, dass er das Paket zur Post bringt und es an »Nummer 2348623« schickt; und erst bei der Post oder einem Zwischendienstleister werden die zuvor hinterlegten Adressdaten hinzugefügt.

Das würde die Zahl der Rechner und Datenbanken, wo persönliche Daten oder missbrauchsfähige Zahlungsinformationen hinterlegt werden, radikal verringern. Es würde bei einem Einbruch in die Kundendatenbank des Onlinehändlers verhindern, dass Kriminelle persönliche Daten finden, die sie später verwenden können, um im Namen Unschuldiger ihre Betrügereien zu verüben. Auch staatliche Stellen könnten dann nicht mehr so einfach nachschauen, welche Bücher der Kunde gelesen hat und ob er ein Fahrrad hat. Wenn er es unbedingt wissen will, muss er einen Richter bitten, einen guten alten Befehl zur Hausdurchsuchung auszustellen.

Kompliziert? Unrealistisch? Es könnte sein, dass eine solche Entwicklung zur Anonymisierung (oder Pseudonymisierung) im Internet als natürliche Entwicklung eintritt, getrieben von wirtschaftlichen Interessen. Die Zahl peinlicher Datenklau-Skandale nimmt zu, die betroffenen Unternehmen handeln sich dafür früher oder später Strafanzeigen, Massenklagen und die Wut von Politikern ein; die Ausgaben für Computersicherheit in Konzernen steigen und wirklich sichere technische Lösungen gegen Hacker funktionieren trotzdem nicht. »Datendiät« in diesem Sinne wird früher oder später zur vernünftigen wirtschaftlichen Entscheidung.

Es geht um etwas ganz Großes: um eine neue Balance zwischen Öffentlich und Privat im Netz. Eine ultimative Lösung gibt es nicht, aber viele Schritte, viele Details.

Die Zerlegung des Netzes

Das Internet ist global. Trotzdem hatten Daten bis vor wenigen Jahren einen Ort. Unternehmen, Behörden und Privatpersonen speicherten sie stets auf ihren eigenen Rechnern. Mit der neuen Ära des Cloud Computing, den Supercomputern und fußballfeldgroßen Speicherfarmen irgendwo auf der Welt, lösen sich die Daten zunehmend von denen, die sie erheben. Das macht es noch schwerer, nationales Recht durchzusetzen. Das muss aber nicht so sein.

Warum soll für große Datenbestände nicht per EU-Richtlinie folgendes Prinzip durchgesetzt werden? Daten müssen auf Supercomputern und Superspeichern lagern, die geografisch dort stehen, wo die Menschen leben, um deren Daten es geht. Also Daten über Europäer in Europa. Daten über Amerikaner in den USA. Dann kann dort jeweils eine nationale Gesetzgebung greifen, dann haben rechtsstaatliche Regulierung und Aufsicht durch die jeweiligen Nationalstaaten eine Chance.

Das heißt auch anzuerkennen, dass unterschiedliche nationale Rechtsauffassungen – wie es sie immer schon auf der Welt gegeben hat zwischen Ost und West, Nord und Süd, Diktaturen und Demokratien – in der Struktur des Netzes abgebildet werden. China und eine Handvoll anderer Diktaturen haben damit längst begonnen: Das freie Internet endet an ihren Staatsgrenzen, wo alle Daten erst einmal Inspektions-, Kontroll- und Zensurinstanzen im Dienste der nationalen Sicherheit durchlaufen.

Demokratische Nationen des Westens haben hingegen ein legitimes Interesse daran, eine gewisse Souveränität des Staates über das Datennetz in ihren nationalen Grenzen zu sichern: zum Zwecke des Jugendschutzes zum Beispiel und der Finanzaufsicht, des Verbraucherschutzes und des Schutzes gegen Kriminelle, der Besteuerung und der öffentlichen Sicherheit. Es liegt in der Natur des Internets, dass dies nicht komplett und perfekt zu lösen ist – vor allem dann nicht, wenn andere Länder nicht mitspielen. Doch die Politik ist nicht hilflos. Das Durchleiten von Daten in andere Länder mag eines Tages von internationalen Verträgen gesteuert sein: Nur wenn Französisch-Guyana damit anfängt, kriminelle Hacker auf seinem Grund und Boden zu verfolgen, dann erlauben wir den Austausch geschäftlicher E-Mails, eBay-Deals und Onlinehandel mit Leuten aus Französisch-Guyana. Unrealistisch? Von wegen: In anderen Bereichen der internationalen Zusammenarbeit – vom Waffenhandel über Schiffs- und Flugzeugzulassungen bis zum grenzüberschreitenden Bankverkehr – wird das seit Jahrzehnten so ähnlich gehandhabt.

Eine andere Fraktion von Internetreformern will das Netz noch auf eine weitere Weise in Einzelteile zerlegen – allerdings nicht geografisch. Sie wollen mehrere Netze für unterschiedliche Aufgaben daraus machen.

Das klassische Beispiel, das in solchen Fällen herangezogen wird, ist die Praxis beim technischen US-Geheimdienst NSA. Eine der wenigen Dinge, die über das Innenleben der NSA bekannt sind, ist: Es gibt dort zwei Computernetze, und auf vielen Arbeitsplätzen stehen dafür sogar zwei Computer mit zwei Bildschirmen. Einer mit rotem Rand und einer mit grünem Rand.

Die roten Computer sind an ein öffentliches Netz angeschlossen, das ungefähr dem Firmennetz in einem Konzern entspricht: Man kann damit Datenbanken aufrufen, mit Kollegen kommunizieren und im Internet surfen. Die grünen Computer bilden ein ausschließlich internes Netz, auf dem geheime Unterlagen und hochsensible Dokumente bearbeitet werden können. Auch viele Militäreinrichtungen unterhalten eine ähnliche Trennung. Solange das grüne Netz komplett von dem roten Netz getrennt bleibt, so lautet das Ziel, sind auch die Daten sicherer vor Spähern von außen, eingeschleusten Schadprogrammen und neugierigen, aber unbefugten Mitarbeitern.

Ein rotes Netz und ein grünes Netz – das könnte nach den Vorstellungen einiger Vordenker auch die Zukunft des Internet sein. Es ist ja kaum vorstellbar, dass Akademiker, Computerfreaks und die Entwickler neuer Dienste künftig komplett auf die offenen Strukturen, die weltweiten Kommunikationsmöglichkeiten, die Anonymität und das chaotisch-gefährliche Durcheinander des bisherigen Internets verzichten wollten. Dafür kann und soll es weiterhin ein »rotes« Internet geben.

Doch für viele andere Funktionen, für kommerzielle Nutzungen wie das Abonnement von Filmen und den Kauf von Musik, für sensible Aufgaben wie das Homebanking und die Fernsteuerung des Heizungsboilers, wäre ein streng abgeriegeltes paralleles Netz nützlicher. Eines, in dem drakonische Zugangskontrollen unbefugte Eindringlinge zurückhalten, in dem jeder Absender einer Nachricht sich eindeutig ausweisen muss und in dem überhaupt nur eine sehr reduzierte Zahl von Funktionen ausgeführt werden kann.

Unrealistisch? Reine Zukunftsmusik? Genau genommen findet diese Zweiteilung sogar schon statt – und sie wird von einigen der mächtigsten Player der Netzwirtschaft forciert.

Als die Firma Apple 2007 das iPhone einführte, das seither einen Siegeszug um die Welt antrat und jetzt von allen anderen Handyfirmen nachgemacht wird, war eine der wichtigsten Innovationen die Geschlossenheit des Systems. Das iPhone hatte eine Menge Rechnerleistung, es konnte sogar ins Internet gehen und es dort mit manchen großen Computern aufnehmen. Und doch war es kein Computer – weil man es nicht einfach so programmieren konnte, wie man es wollte.

Steve Jobs, der Apple-Chef, hat das gleich ziemlich ausdrücklich gesagt: »Wir definieren alles und jedes, was auf diesem Telefon ist«, so Jobs. »Keiner will, dass ein Mobiltelefon wie ein normaler Computer ist.«

Nein, was auf dem iPhone laufen darf und was nicht, bestimmt Steve Jobs (obwohl der, beziehungsweise seine Firma Apple, über Fern-Aktualisierungen die Software durchaus ändern und sogar löschen kann). Es gibt einen sogenannten »App Store«, eine scheinbar grenzenlose Sammlung von Programmen, die man teils kostenlos und teils kostenpflichtig auf seinem iPhone laufen lassen kann. Doch jedes dieser Programme ist zuvor von Apple durchleuchtet worden; es muss den Vorgaben und sogar dem Geschmack der Handy-Herren in der Firmenzentrale entsprechen. Ein Trend, der die Zukunft

des Internet prägen wird, glaubt Jonathan L. Zittrain, Jurapro-
fessor und Internetexperte an der Universität Harvard.
Auch diese Entwicklung wird in einigen Bereichen schon
viel weiter getrieben. Im amerikanischen Militär denken sie
über eine neue Generation eines Militärnetzwerks nach. Militärs hatten immer schon ihre eigenen Netze, aber zunehmend
ließen sie einen Teil des Datenverkehrs auch über verschlüsselte Kanäle im öffentlichen Internet laufen und setzten dabei
industriell produzierte Rechner ein, wie sie auch in Büros und
Jugendzimmern stehen. Den Generälen wird das allmählich
zu heiß. »Raus aus dem Internet!«, fordern einige in Militärkreisen – nachdem das Internet in den vergangenen Jahren
das Medium war, das Enthüllungen von Wikileaks über die
Krise in Afghanistan und im Irak transportierte, geheime Bot-
schaftsdepeschen aus amerikanischen Auslandsvertretungen
offenlegte, Baupläne für Militärflugzeuge in Sekundenschnel-
le außer Landes brachte und in dem sich die Hacker aller Länder vereinigen, um den einen großen Preis zu knacken: das
Computernetz des Pentagon.
Mit den gleichen Argumenten kann man feststellen: Es
gibt Dinge, die gehören gar nicht ins Internet. Atomkraft-
werke und das ganze Stromnetz, Krankenhausrechner im OP,
städtische Verkehrsleitsysteme, Industriesteuerungsanlagen,
Flughafentower. Solche kritischen Infrastrukturen, die wir für
unseren Alltag dringend brauchen, bei denen es um Leben
und Tod geht – sie müssen unwiderruflich vom Netz.

Literaturhinweise

Ars Electronica (Hg.): Philosophien der neuen Technologie. Merve, 1989.

Atkinson, Robert D. [u. a.]: The Internet Economy 25 Years After. Com. Transforming Commerce & Live. ITIF, 2010.

Atkinson, Robert D.: The Past and Future of America's Economy. Long Waves of Innovation that Power Cycles of Growth. Edward Elgar, 2004.

Augé, Marc: Non-Places. Introduction to an Anthropology of Supermodernity. Translated by John Howe. Verso, 1995.

Bamford, James: The Shadow Factory. The NSA from 9/11 to the Eavesdropping on America. Anchor, 2009.

Banks, Michael A.: On the Way to the Web. The Secret History of the Internet and Its Founders. Apress, 2008.

Benner, Chris: Work in the New Economy. Flexible Labor Markets in Silicon Valley. Blackwell, 2002.

Bennett, Colin J.: The Privacy Advocates. Resisting the Spread of Surveillance. MIT Press, 2008.

Berners-Lee, Tim: Weaving the Web. The Original Design and Ultimate Destiny of the World Wide Web. HarperCollins, 2000.

Brian, Arthur W.: The Nature of Technology. What It Is and How It Evolves. Free Press, 2009.

Brynjolfsson, Erik / Kahin, Brian: Understanding the Digital Economy. Data, Tools, and Research. MIT Press, 2000.

Brynjolfsson, Erik: Wired for Innovation. How Information Technology is Reshaping the Economy. MIT, 2010.

Cairncross, Frances: The Company of the Future. Harvard Business School Press, 2002.

Campbell, W. Keith / Twenge, Jean M.: The Narcissism Epidemic. Living in the Age of Entitlement. Free Press, 2009.

Carnoy, Martin: Sustaining the New Economy. Work, Family, and Community in the Information Age. Harvard University Press, 2000.

Carr, Jeffrey: Inside Cyber Warfare. O'Reilly, 2010.

Carr, Nicholas: The Big Switch. Rewiring the World, from Edison to Google. W.W. Norton, 2008.

Caspar, Johannes (Hg.): 22. Tätigkeitsbericht des Hamburgischen Beauftragten für Datenschutz und Informationsfreiheit, zugleich Tätigkeitsbericht der Aufsichtsbehörde für den nicht-öffentlichen Bereich 2008/2009. Vorgelegt im Februar 2010 von Prof. Dr. Johannes Caspar.

Castells, Manuel: The Informational City. Information Technology, Economic Restructuring and the Urban-Regional Process. Blackwell, 1989.

Castells, Manuel: The Internet Galaxy. Reflections on the Internet, Business, and Society. Oxford University Press, 2001.

Castells, Manuel [u. a.]: Mobile Communication and Society. A Global Perspective. MIT Press, 2007.

Clarke, Richard A., Knake, Robert K.: Cyber War. The Next Threat to National Security and What to Do About It. Ecco, 2010.

Daniels, Peter (Hg.): Service Industries in the New Economy. Routledge, 2003.

Davis, Melinda: The New Culture of Desire. 5 Radical New Strategies that Will Change Your Business and Your Life. The Free Press, 2002.

Deibert, Ronald / Palfrey, John / Rohozinski, Rafal / Zittrain, Jonathan (Hg.): Access Controlled. The Shaping of Power, Rights, and Rule in Cyberspace. MIT Press, 2010.

Dhanjani, Nitesh / Rio, Billy / Hardin, Brett: Hacking. The Next Generation. O'Reilly, 2009.

Doctorow, Cory: Little Brother. Aus dem Engl. von Uwe-Michael Gutzschhahn. Rowohlt, 2010.

Drucker, Peter: Managing in the Next Society. Truman Talley Books, 2002.

Eagle, N. [u. a.]: Inferring Social Network Structure Using Mobile Phone Data. In: Proceedings of the National Academy of Sciences, 2007.

Fischermann, Thomas: Next Economy. Der zweite Anlauf zur Internet-Revolution. Berlin Verlag, 2003.

Gates, Bill: Business @ the Speed of Thought. Succeeding in the Digital Economy. Warner Books, 1999.

Gaycken, Sandro / Kurz, Constanze (Hg.): 1984.exe. Gesellschaftliche, politische und juristische Aspekte moderner Überwachungstechnologien. Transcript, 2009.

Gaycken, Sandro: Cyberwar: Das Internet als Kriegsschauplatz. Open Source Press, 2011.

Gelernter, David: Mirror Worlds. The Day Software Puts the Universe in a Showbox. How it Will Happen and What it Will Mean. Oxford Univerity Press, 1992.

Gibson, William: Neuromancer. Voyager, 1984.

Gladwell, Malcolm: The Tipping Point. How Little Things Can Make a Big Difference. Little, Brown and Company, 2000.

Goldsmith, Jack / Wu, Tim: Who Controls the Internet? Illusions of a Borderless World. Oxford University Press, 2006.

Haraway, Donna J.: Simians, Cyborgs, and Women. The Reinvention of Nature. Routledge, 1991.

Harvey, David: The Condition of Postmodernity. An Enquiry into the Origins of Cultural Change. Blackwell, 1989.

Himanen, Pekka: The Hacker ë. A Radical Approach to the Philosophy of Business. Random House, 2001.

Imhorst, Christian: Die Anarchie der Hacker. Richard Stallman und die Freie-Software-Bewegung. Tectum, 2004.

Jackson, Maggie / McKibben, Bill: Distracted. The Erosion of Attention and the Coming Dark Age. Prometheus Books, 2009.

Jeanneney, Jean-Noël: Google and the Myth of Universal Knowledge. Engl. Übers. von Teresa Lavender Fagan. University of Chicago Press, 2006.

Joy, Bill: Why the Future doesn't need us. In: Wired, April 2000.

Kammerer, Dietmar (Hg.): Bilder der Überwachung. Suhrkamp 2008.

Kelly, Kevin: Out of Control. The Rise of Neo-Biological Civilization. Perseus, 1994.

Kelly, Kevin: What Technology Wants. Viking, 2010.

Kirkpatrick, David: The Facebook Effect. The Inside Story of the Company that is Connecting the World. Virgin Books, 2010.

Kurzweil, Ray: The Age of Spiritual Machines. When Computers Exceed Human Intelligence. Viking Press, 1999.

Lacy, Sarah: Once You're Lucky, Twice You're Good. The Rebirth of Silicon Valley and the Rise of Web 2.0. Gotham Books, 2008.

Leontief, Wassily W. / Duchin, Faye: The Future Impact of Automation on Workers. Oxford University Press, 1986.

Lessig, Lawrence: The Future of Ideas. The Fate of the Commons in a Connected World. Random House, 2001.

Levy, Stephen: Hackers. Heroes of the Computer Revolution. O'Reilly Media, 2010.

Lyon, David: Surveillance Society. Monitoring Everyday Life. Open University Press, 2000.

Lyon, David (Hg.): Theorizing Surveillance. The Panopticon and Beyond. Willian Publishing, 2006.

Lyon, Matthew / Hafner, Katie: Where Wizards Stay Up Late. Simon & Schuster, 1999.

Mather, Tim / Kumaraswamy, Subra / Latif, Sheed: Cloud Security and Privacy. An Enterprise Perspective on Risks and Compliance. O'Reilly, 2009.

McLuhan, Marshall: Verbi-Voco-Visual Explorations. Something Else Press, 1967.

McWilliams, Brian: Spam Kings. The Real Story Behind the High-Rolling Hucksters Pushing Porn, Pills, and @*#?% Enlargements. O'Reilly, 2004.

Menn, Joseph: Fatal System Error. The Hunt for the New Crime Lords Who are Bringing Down the Internet. Public Affairs, 2010.

Mitsuko, Ito [u. a.] (Hg.): Personal, Portable, Pedestrian: Mobile Phones in Japanese Life. MIT Press, 2006.

Mitsuko, Ito: Children with Keitai. When Mobile Phones Change from »Unnecessary« to »Necessary«. In: East Asian Science, Technology and Society, 2/2008.

Nye, David E.: When the Lights Went Out. A History of Blackout in America. MIT Press, 2010.

Ogburn, William Fielding: Social Change with Respect to Culture and Original Nature. B.W. Huebsch, 1922.
O'Hara, Kieron / Shadbolt, Nigel: The Spy in the Coffee Machine. The End of Privacy as We Know it. Oneworld, 2008.
Oram, Andy / Viega, John (Hg.): Beautiful Security. Leading Security Experts Explain How They Think. O'Reilly, 2009.

Palfrey, John / Gassner, Urs: Born Digital. Understanding the First Generation of Digital Natives. Basic Books, 2010.
Perez, Carlota: Technological Revolutions and Financial Capital. The Dynamics of Bubbles and Golden Ages. Edward Elgar, 2002.
Perrow, Charles: Normal Accidents: Living with High-Risk Technologies, Princeton University Press, 1999
Perrow, Charles: The Next Catastrophe. Reducing Our Vulnerabilites to Natural, Industrial, and Terrorist Desasters. Princeton University Press, 2007.
Poulsen, Kevin: Kingpin. How One Hacker Took Over the Billion Dollar Cyber Crime Underground. Crown, 2011.

Reed, Thomas C.: At the Abyss. An Insider's History of the Cold War. Presidio, 2004.
Rosenberg, Nathan: Schumpeter and the Endogeneity of Technology. Some American Perspectives. New Edition, Routledge, 2006.
Roszak, Theodore: The Cult of Information. A Neo-Luddite Treatise on High Tech, Artificial Intelligence, and the True Art of Thinking. University of California Press, 1994.

Sale, Kirkpatrick: Rebels Against the Future. The Luddites and Their War on the Industrial Revolution. Lessons for the Computer Age. Perseus Publishing, 1996.

Schaar, Peter: Das Ende der Privatsphäre. Der Weg in die Überwachungsgesellschaft. Goldmann, 2007.

Schiller, Dan: Digital Capitalism. Networking the Global Market System. MIT Press, 1999.

Schirrmacher, Frank: Payback. Warum wir im Informationszeitalter gezwungen sind zu tun, was wir nicht tun wollen, und wie wir die Kontrolle über unser Denken zurückgewinnen. Blessing, 2009.

Sennett, Richard: The Corrosion of Character. The Personal Consequences of Work in the New Capitalism. W.W. Norton & Company, 2000.

Shostack, Adam / Stewart, Andrew: The New School of Information Security. Addison-Wesley, 2008.

Simon, Anne-Catherine / Simon, Thomas: Ausgespäht und abgespeichert. Warum uns die totale Kontrolle droht und was wir dagegen tun können. Herbig, 2008.

Small, Gary / Vorgan, Gigi: iBrain. Surviving the Technological Alteration of the Modern Mind. HarperCollins, 2008.

Solove, Daniel J.: Understanding Privacy. Harvard University Press, 2008.

Stephenson, Neal: Snow Crash. Penguin, 1992.

Taylor, Frederick Winslow: Principles of Scientific Management. Harper & Brothers, 1911.

Turkle, Sherry: Alone Together. Why We Expect More from Technology and Less from Each Other. Basic Books, 2011.

Varian, Hal R.: Computer Mediated Transactions. Working Paper. March 6, 2010.

Virilio, Paul: The Vision Machine (Perspectives). Übers. ins Engl. Indiana University Press, 1994.

Weizenbaum, Joseph: Die Macht der Computer und die Ohnmacht der Vernunft. Aus dem Engl. von Udo Rennert. Suhrkamp, 1978.

Williamson, Oliver E.: The Economic Institutions of Capitalism. Free Press, 1985.

Wilson, Clay: Computer Attack and Cyberterrorism. Nova, 2009.

Yarrow, Kit / O'Donnel, Jayne: Gen BuY. How Tweens, Teens and Twenty-Somethings Are Revolutionizing Retail. Wiley John & Sons 2009.

Zittrain, Jonathan: The Future of the Internet and How to Stop It. Yale University Press, 2008.

Bibliografische Information der Deutschen Nationalbibliothek

Die Deutsche Nationalbibliothek verzeichnet diese Publikation
in der Deutschen Nationalbibliografie; detaillierte bibliografische
Daten sind im Internet über http://dnb.d-nb.de abrufbar.

Verlagsgruppe Random House FSC-DEU-0100
Das für dieses Buch verwendete FSC®-zertifizierte Papier
Munken Premium Cream liefert Arctic Paper Munkedals AB, Schweden.

1. Auflage
Copyright © 2011 by Gütersloher Verlagshaus, Gütersloh,
in der Verlagsgruppe Random House GmbH, München

Coverfoto: © Todd Davidson / getty images
Druck und Einband: GGP Media GmbH, Pößneck
Printed in Germany
ISBN 978-3-579-06682-0

www.gtvh.de